Quel avenir pour les archives en Europe ?

Enjeux juridiques et institutionnels

Quel avenir pour les archives en Europe ?

Enjeux juridiques et institutionnels

Colloque international les 11 et 12 décembre 2008
à l'Université Paris-Sud 11, Faculté Jean Monnet à Sceaux

organisé par

le **Centre de recherche sur le droit du patrimoine culturel**
(CECOJI-CNRS/ Université Paris-Sud 11)

en collaboration avec

la **Direction des archives de France**
(ministère de la Culture et de la Communication)

L'Harmattan

5-7, rue de l'Ecole polytechnique, 75005 Paris

http://www.librairieharmattan.com
diffusion.harmattan@wanadoo.fr
harmattan1@wanadoo.fr

ISBN : 978-2-296-12040-2
EAN : 9782296120402

Collection Droit du patrimoine culturel et naturel

dirigée par Marie Cornu et Jérôme Fromageau

Cette collection initiée par le Centre de recherche « Droit du patrimoine culturel et naturel » a pour but de développer et enrichir la réflexion sur les objets et modes de protection dans le domaine du patrimoine culturel et naturel. Les questions que soulèvent la conservation, la circulation, la valorisation du patrimoine sollicitent, en effet, ces deux disciplines. Le contexte d'un monument historique, son environnement, le paysage dans lequel il s'inscrit sont souvent essentiels à sa mise en valeur. Le droit de la culture et le droit de l'environnement développent cependant des concepts propres. Ils ne sont pas toujours en accord sur les méthodes et les moyens de protection, d'où l'intérêt de la confrontation et de la comparaison des ressources tirées de ces deux dispositifs.

C'est pourquoi la réflexion doit se renouveler sur les concepts fondamentaux du patrimoine, sur la délimitation des éléments qui méritent protection. Dans la compréhension des différents mécanismes et l'ouverture vers de nouveaux modèles, le droit comparé est essentiel, ainsi que le droit international.

Déjà parus

JEAN-PIERRE ALLINNE, RENAUD CARRIER (sous la direction de), *La culture au risque du marché. Le mécénat face à ses acteurs*, 2010.

CHRISTEL DE NOBLET, *Protection du patrimoine architectural aux États-Unis et au Royaume-Uni*, 2009.

ANTOINETTE MAGET, *Collectionnisme public et conscience patrimoniale. Les collections d'antiquités égyptiennes en Europe*, 2009.

MARIE CORNU, JÉRÔME FROMAGEAU (sous la direction de), *La revendication du patrimoine écrit. Questions juridiques et pratiques institutionnelles*, 2009.

CAROLINE RAINETTE, en collaboration et sous la direction scientifique de MARIE CORNU et CATHERINE WALLAERT, *Guide juridique sur le patrimoine scientifique et technique*, 2008.

LAURENCE MAYER-ROBITAILLE, *Le statut juridique des biens et des services culturels dans les accords commerciaux internationaux*, 2008.

MARIE BONNIN, *Les corridors écologiques. Vers un troisième temps du droit de la conservation de la nature*, 2008.

DIRECTION DES ARCHIVES DE FRANCE, CENTRE DE RECHERCHE SUR LE DROIT DU PATRIMOINE CULTUREL (sous la direction de), *Archives et sciences sociales. Aspects juridiques et coopérations scientifiques*, 2006.

NÉBILA MEZGHANI, JEAN-FRANÇOIS POLI (sous la direction de), *Droit et protection du patrimoine culturel dans les pays méditerranéens*, 2006.

BRIGITTE BASDEVANT, MARIE CORNU, JÉRÔME FROMAGEAU (sous la direction de), *Le patrimoine culturel religieux. Enjeux juridiques et pratiques cultuelles*, 2006.

MARIE CORNU, NÉBILA MEZGHANI (sous la direction de), *Intérêt culturel et mondialisation*, 2 tomes, 2004.

MARIE CORNU, JÉRÔME FROMAGEAU (sous la direction de), *La forêt à l'aube du XXI*[e] *siècle. Aspects politiques et juridiques*, 2 tomes, 2004.

PIERRE-LAURENT FRIER (sous la direction de), *Le nouveau droit de l'archéologie préventive*, 2004.

CRIDEAU-CNRS, Limoges (sous la direction de), *Les monuments historiques : un nouvel enjeu ?*, 2 tomes, 2004.

MARIE CORNU, JÉRÔME FROMAGEAU (sous la direction de), *Archives et Patrimoine*, 2 tomes, 2004.

MARIE CORNU, MARIE-AGNÈS FÉRAULT, JÉRÔME FROMAGEAU (sous la direction de), *Patrimoine architectural, urbain et paysager : enjeux juridiques et dynamiques territoriales,* 2003.

MARIE CORNU, JÉRÔME FROMAGEAU (sous la direction de), *Archives et Recherche*, 2003.

ANNIE HÉRITIER, *La genèse de la notion juridique de patrimoine artistique*, 2003.

MARIE CORNU, JÉRÔME FROMAGEAU (sous la direction de), *Le patrimoine culturel et la mer*, 2 tomes, 2002.

MARIE CORNU, JÉRÔME FROMAGEAU (sous la direction de), *Genèse du droit de l'environnement*, 2 tomes, 2001.

MARIE CORNU, JÉRÔME FROMAGEAU (sous la direction de), *Fondation et trust dans la protection du patrimoine*, 1999.

Mise en page et maquette : Marie-Laure Berthe, CNRS-CECOJI

Sommaire

Les grands défis archivistiques et la « modernisation » des États

Accès, transparence et communication : le renouveau du droit des archives

Patrimoine archivistique et politiques publiques, archives et autres biens culturels

Archives et mémoire collective

Les grands défis archivistiques et la « modernisation » des États

Les archives à l'épreuve de la réorganisation administrative
Pascal ÉVEN

Restructuration des services et
avenir du réseau décentralisé en France
Luc FORLIVESI

Les avatars des archives italiennes :
bilan et perspectives
Marco CARASSI

Réforme de la législation archivistique en Belgique :
entre sclérose et dislocation
Claude DE MOREAU DE GERBEHAYE

Les archives à l'épreuve de la réorganisation administrative

Pascal Éven
Direction des Archives de France,
Chef du département de la politique archivistique et
de la coordination interministérielle

Lors du colloque organisé par la direction des archives de France en septembre 2007 à Clermont-Ferrand, sur le thème *Les Archives face aux évolutions administratives*, avaient déjà été évoqués les nouveaux défis auxquels est aujourd'hui confronté le réseau des archives publiques françaises [1]. Prudemment, il avait été indiqué tout au long du colloque qu'il paraissait encore prématuré à cette date de dresser un bilan des conséquences pour les archives des transformations administratives en cours ou annoncées. Un an plus tard, cette affirmation prudente reste de mise car s'il est possible de mesurer l'impact de la réforme des services de l'État, aussi bien au niveau de l'administration centrale qu'à celui des services déconcentrés, les modifications annoncées dans l'architecture des collectivités territoriales de notre pays laissent subsister encore de nombreuses questions. La réforme des collectivités, dont on ne connaît guère encore les modalités, fait planer encore plus d'interrogations sur le fonctionnement futur du réseau des archives publiques françaises. En effet, les conséquences de la réforme territoriale pourraient être de nature à affecter davantage le réseau des archives que la réforme, révision ou revue générale des politiques publiques.

Depuis des décennies, ou peut-être depuis sa constitution, le réseau des archives départementales vivait dans le confort d'une organisation parfaitement équilibrée, chaque département reproduisant une architecture des ser-

[1] *Les Archives face aux évolutions administratives, Réforme de l'État, décentralisation, enjeux de la dématérialisation, actes du colloque de Clermont-Ferrand, 20-21 septembre 2007*, Paris, Direction des archives de France, 2008.

vices de l'État et des collectivités, sinon identique, du moins très proche. Les lois de décentralisation qui avaient concerné les archives départementales elles-mêmes à partir de 1986 dans leur rattachement et leur direction, n'avaient cependant pas entraîné de modifications fondamentales dans l'organisation des services administratifs ; les administrations départementales avaient certes développé leurs services de façon conséquente, à proportion des nouvelles compétences qui leur avaient été confiées mais d'un département à l'autre, elles avaient construit l'architecture de leurs services sur des modèles très proches. L'uniformité des structures administratives départementales, vieilles de deux siècles et caractéristiques de l'État centralisé tel qu'il avait été mis en place par le Premier Empire, n'avait pas été fondamentalement remise en question, à quelques variantes près.

En quelques années seulement, ce cadre jusque-là pérenne a connu cependant des transformations qui ont atteint en profondeur l'ossature administrative française ; aux réformes de l'administration centrale correspond en effet la transformation profonde des services de l'État décentralisé. La RGPP modifie certes les structures administratives, mais dans le domaine des archives, elle modifie également les conditions de travail des archivistes tandis que la réforme des collectivités territoriales et la remise en cause du cadre départemental appellent pour les archives départementales de nouvelles évolutions.

L'archiviste, témoin et acteur des réformes administratives

Il est de tradition d'affirmer, tout au moins la profession se plait-elle à le rappeler, que l'archiviste, au niveau national comme au niveau territorial, dispose d'un poste d'observateur privilégié pour suivre les transformations de l'administration. En relations obligées avec tous les services producteurs d'archives qui relèvent de sa compétence et sur lesquels il assure, selon l'expression consacrée, le contrôle scientifique et technique, il accompagne de près, dans la théorie comme dans la pratique, l'évolution des structures administratives. Cette vigilance tient à l'obligation qui lui est faite de veiller en effet tout particulièrement à la cohérence des fonds dont il assure la collecte et la conservation. Depuis ses années de formation, il a appris à retrouver et à reconstituer l'organisation des fonds d'archives bouleversés par les déménagements successifs ou l'incurie administrative, non seulement afin de restituer la cohérence administrative de ces fonds, mais surtout afin de faciliter les recherches ultérieures des historiens. À ce titre, le principe du respect des fonds qui, longtemps, a constitué une règle de base de la profession et qui, aujourd'hui encore, n'est pas remis officiellement en cause, a conduit les archivistes à devenir les chroniqueurs fidèles des transformations administratives dont ils étaient les témoins, notant soigneusement les conditions des fusions, des regroupements ou des cessations d'activité des différents services dont ils suivent les destinées et les papiers.

Combien d'introductions d'instruments de recherche n'ont-elles pas ainsi restitué les différentes étapes de l'histoire, parfois mouvementée, des différentes branches de l'administration, évoquant les conséquences des réformes administratives dans la production archivistique et ce n'est sans doute pas l'un des moindres intérêts de la profession d'archiviste que de décortiquer la composition des fonds dont elle assure le traitement et la conservation, de préciser les évolutions et les transformations successives de ces derniers en lien avec les évolutions successives des activités de l'administration qui les a produits, les conditions de l'apparition de certains documents, voire parfois de leur disparition. Ainsi, récemment, le département de la politique archivistique et de la coordination interministérielle a-t-il eu l'occasion, trop rare, de retracer, dans le cadre de l'élaboration d'une instruction sur la communicabilité des registres d'écrou et au prix d'une étude approfondie, toutes les étapes de l'histoire de ces registres sur deux siècles, les modifications apportées dans leur tenue, les rubriques successivement apparues ou supprimées, chacun de ces changements modifiant l'apport documentaire des registres, l'enrichissant le plus souvent, l'appauvrissant parfois, jusqu'à l'abandon, en définitive, du registre matériel, ces gros registres reliés en toile noire que tous les archivistes ont soigneusement récupérés dans les greffes des prisons, et leur remplacement par un registre immatériel, la fiche pénale, utilisée de nos jours.

On comprend aisément dans ces conditions la vigilance avec laquelle les archivistes suivent les transformations du paysage administratif. Le soin mis par les responsables des archives à suivre ainsi l'évolution de l'administration permet sans doute d'affirmer, qu'après les inspirateurs de la RGPP, les archivistes sont les agents de l'administration qui disposent sans doute de la vue la plus large sur les transformations de l'administration. Tout au moins sont-ils les mieux placés pour saisir les conséquences qui en résulteront pour la mémoire de la nation.

L'organisation administrative du pays n'a en effet pas cessé d'évoluer. L'historien spécialiste de l'histoire des institutions ou de l'administration sait bien que les services de l'État et ceux des collectivités ont connu bien des évolutions, qu'ils ont dû s'adapter à de nouvelles donnes politiques, économiques et techniques, en liens étroits avec les transformations de la société, les modifications des modes de vie, les besoins des contemporains et que ces transformations ont influé directement sur la nature, la composition et l'intérêt des fonds d'archives conservés. Pour ne prendre que quelques exemples évocateurs, les chercheurs en histoire judiciaire disposent de sources qui ont évolué dans le temps ; certains dossiers conservés par les services d'archives pour le XIXe siècle, restent les témoins de procédures depuis longtemps supprimées comme les poursuites engagées contre les auteurs de sacrilèges ; inversement, l'évolution de la société entraîne l'apparition de nouveaux types de dossiers comme par exemple récemment ceux relatifs aux PACS. De la même façon, de petites modifications réglementaires peuvent influer également sur l'intérêt des archives conservées. Toujours dans le domaine judiciaire, les généalogistes déplorent ainsi l'abandon, pour des raisons d'économie, de l'apposition des mentions marginales sur les actes de l'état civil contenus dans les registres constituant les collections des greffes et il n'est pas contestable que cette disposition, adoptée unilatéralement par le ministère de la Justice, a affaibli de façon sensible l'intérêt historique de ces documents et qu'elle a entraîné un transfert de la charge de consultation vers les communes, détentrices désormais des seuls registres complets. Il est vrai que la Chancellerie a rappelé à cette occasion, avec justesse, que les critères de tenue des registres de l'état civil de la nation ne pouvaient être fondés sur les soucis et préoccupations des généalogistes.

De la même façon, au cours des dernières décennies, les archivistes ont été amenés à prendre en charge de nouvelles catégories de dossiers produits par des administrations nouvelles, créées afin de répondre à des demandes sociales ou à de nouveaux besoins exprimés par la société, ceux par exemple des services des droits de la femme, des médiateurs de la République, des préfets ville pour se limiter à quelques exemples. Dans ce dernier domaine, celui de la politique de la ville, les plans successifs adoptés à l'égard des banlieues ont entraîné la constitution de nouveaux dossiers qui font déjà le bonheur des historiens spécialistes de l'histoire des quartiers en difficulté.

Si la profession des archivistes sait donc suivre et accompagner les évolutions administratives et faire face à leurs conséquences archivistiques, le défi auquel elle est actuellement confrontée tient sans doute à l'ampleur des transformations en cours effectuées dans le cadre de la RGPP, profonde réforme que l'on peut déjà, sans exagération, qualifier de « révolution administrative ». Bien souvent en effet les réformes tentées précédemment se sont traduites par la création de nouvelles structures sans qu'aient été supprimées véritablement celles auxquelles elles devaient se substituer. Sans remonter à l'Ancien Régime, caractérisé par l'empilement des structures administratives, l'exemple de la décentralisation constitue sans doute pour l'histoire contemporaine l'illustration la plus significative de la difficulté rencontrée pour réformer la carte administrative du pays ; on a vu en effet les conseils généraux doublonner les administrations de l'État et bien des transferts de compétences ont laissé subsister des fonctions de l'État dont l'utilité n'était plus évidente.

Or la réforme actuelle, qui repose sur des critères à la fois politiques et économiques et qui vise à réduire le train de vie de l'État de façon drastique et à introduire une plus grande cohérence dans le fonctionnement de l'administration territoriale, se traduit par un effort sans précédent de concentrations, de fusions, de regroupements des services aussi bien dans les services centraux des ministères que dans les services déconcentrés en passant par les établissements publics et les conséquences de cette réforme ne peuvent évidemment rester anodines sur le plan archivistique.

La tâche de l'archiviste devient ainsi particulièrement prenante, qu'il suive la restructuration d'une administration centrale ou les transferts de compétences entre services de l'État et services des collectivités territoriales. Mais lorsque la réforme touche successivement tous les services de l'État, ce défi prend des proportions préoccupantes et place l'archiviste dans une situation difficile surtout s'il ne dispose guère de place en raison de la saturation de ses magasins.

La difficulté du présent exercice tient en effet au fait que l'ensemble de l'appareil administratif est concerné par la réforme. Les historiens traceront dans quelques années les étapes de l'élaboration de la réforme administrative que nous connaissons, de sa conception à sa mise en œuvre et à son déroulement. Il n'en demeure pas moins que pour les archivistes, le point de départ de la réforme restera associé, dès les premières années du XXIe siècle, aux travaux de la mission de simplification du ministère de l'Économie et des Finances, chef de file de cette réorganisation. Dans les années suivantes, ce sont les structures périphériques qui ont commencé à être remodelées et restructurées, songeons par exemple à l'administration des haras ou au réseau des succursales de la Banque de France ou encore à celui des chambres de commerce et d'industrie. Ce n'est cependant qu'avec le lancement de la RGPP que, véritablement, le cœur de l'administration a été à son tour concerné et que se sont succédés les plans de restructuration des différentes branches de l'administration.

Les conséquences archivistiques de la réforme administrative

On peut d'ores et déjà dresser un premier bilan des conséquences pour les services d'archives de ce mouvement de réformes.

Première conséquence, les réformes en cours entraînent incontestablement un accroissement sensible des versements administratifs en provenance des services restructurés, transformés, transférés ou supprimés. Les enquêtes statistiques annuelles élaborées par les services comme les rapports d'activité établis par la direction des archives de France témoignent de cet accroissement significatif de la collecte au cours des dernières années. Pouvait-il en être autrement lorsque certains services ont procédé au versement et à l'élimination de toutes leurs archives anciennes ? L'augmentation du volume des éliminations encadrées apparaît parallèle à celle des versements et le nombre de visas accordés a connu une augmentation semblable. Les réformes se traduisent également par de nombreux transferts de dossiers vers les administrations désignées pour reprendre les attributions de celles qui sont supprimées.

Il en résulte pour le personnel des archives des sollicitations pressantes et une vigilance constante pour éviter le phénomène classique des temps de restructurations, les déperditions documentaires que la profession désigne pudiquement sous le terme d'éliminations intempestives. Il est en effet difficilement évitable que dans un tel contexte, au milieu des transferts d'attributions et des déménagements, certains fonds d'archives ne soient négligés et perdus. L'histoire récente des archives livre maints exemples de fonds ainsi abandonnés dans les locaux évacués par les services ; ce fut notamment le cas lors de l'acte II de la décentralisation, au niveau des services déconcentrés de l'Équipement notamment.

De fait, les équipes des archives sont mobilisées sur tous les fronts à la fois ; on comprend aisément que les services moins dotés en personnel aient du mal à accompagner les conséquences de la réforme et à faire face aux nécessités nouvelles de la collecte. Les archivistes doivent alors multiplier leurs interventions, interrompre les travaux déjà programmés et le traitement des fonds déjà engagé pour intervenir dans les services, accompagner les restructurations, éviter les destructions, assurer la formation des agents chargés de suivre les dossiers des services transférés, bref intervenir en même temps dans tous les services de l'administration centrale ou des services déconcentrés. Les responsables des archives, conservateurs en mission auprès des ministères ou archivistes départementaux, doivent multiplier les contacts avec leurs homologues ou correspondants, veiller à ce que la dimension archives soit respectée, convaincre les acteurs de la réforme, les responsables des missions de simplification, les metteurs en scène de ces réformes, les chefs de service. Ils doivent veiller à ce que les transferts de dossiers d'une administration à une autre, de la fonction État à la fonction territoriale, soient accompagnés de l'établissement de bordereaux de versement et de conventions qui permettront ultérieurement de retrouver les dossiers, de comprendre l'évolution des structures, voire de procéder à la reconstitution des fonds d'archives.

Qui dit collecte dit parallèlement traitement des fonds collectés : les programmes de classement élaborés par les responsables des services d'archives se trouvent modifiés par la nécessité de traiter relativement rapidement les fonds entrés dans les collections afin de permettre les recherches administratives.

L'archiviste doit également persuader les responsables des ministères, les préfets ou les exécutifs territoriaux de prévoir à l'occasion des transferts et regroupements de dossiers, les locaux et le personnel nécessaires à la conservation, dans des conditions satisfaisantes, des archives, tâche particulièrement ardue en période de réduction et de compression des surfaces et des effectifs.

L'exemple de la restructuration du ministère de la Justice illustre les difficultés rencontrées par le réseau des archives. La réorganisation de la carte judiciaire a en effet nécessité une attention particulière de la part des équipes d'archivistes, présents dans les greffes pour faire effectuer les éliminations réglementaires qui accusaient parfois un retard certain, faire verser dans les services d'archives les dossiers définitifs de procédures qui devaient l'être ou encore gérer le transfert des archives courantes et intermédiaires vers les juridictions désignées pour reprendre les attributions de celles qui venaient d'être supprimées. Il a fallu évidemment beaucoup de diplomatie aux archivistes pour faire réaliser ces travaux indispensables dans les juridictions supprimées par des équipes souvent inquiètes et démoralisées, pour persuader les responsables des juridictions d'accepter les archives des tribunaux voisins supprimés, trouver des locaux parfois pour entreposer ces archives en attente de rangement.

Regroupements, fusions et suppressions entraînent parallèlement la fermeture de nombreux locaux de stockage intermédiaires situés dans des locaux vendus ou cédés à d'autres administrations. Pour de nombreux responsables administratifs, le recours aux nouvelles technologies, les suppressions des lieux de stockage et des postes d'agents chargés de les conserver, trier et communiquer, entrent dans les plans d'économie imposés par la réforme. Il convient d'ajouter au demeurant que la nouvelle loi sur les archives du 15 juillet 2008, qui permet désormais l'externalisation encadrée des archives intermédiaires, accentue le phénomène.

L'externalisation et ses conséquences

L'externalisation des archives publiques, longtemps prohibée, est devenue désormais possible en vertu des dispositions de la loi du 15 juillet 2008 sur les archives codifiée dans le code du patrimoine. De fait, le recours à des prestataires privés pour la conservation des archives courantes et intermédiaires des administrations ne constituait pas une nouveauté tant il était déjà pratiqué par les services de l'État ainsi que par les collectivités territoriales. L'instruction interministérielle de novembre 2001, par un effet que n'attendaient sans doute pas ses auteurs, en interdisant aux services d'archives départementales d'accueillir ces mêmes archives courantes et intermédiaires, lois de décentralisation obligent, conduisait à l'externalisation des dossiers d'archives courantes et intermédiaires des services de l'État [2]. Il n'en demeure pas moins que les réformes actuelles ne donnent que plus d'attrait à la formule, désormais légale, auprès d'administrateurs soucieux d'une meilleure gestion de leurs archives et en même temps d'une rationalisation de leurs locaux.

Le recours à l'externalisation connaît en effet une faveur toute particulière au sein des juridictions souvent confrontées à des problèmes de place, à des locaux exigus et mal équipés et à un déficit de personnel. Les archives définitives sont certes exclues de l'externalisation mais comment empêcher qu'elles ne soient confiées à des prestataires privés lorsque la sélection entre archives définitives et archives éliminables intervient seulement au terme d'une durée d'utilisation administrative qui peut s'étendre sur de nombreuses années ? Il convient une fois encore que l'archiviste soit particulièrement attentif et qu'il conserve la possibilité matérielle de vérifier que cette sélection est bien effectuée et que les dossiers de conservation définitive sont bien restitués par les prestataires et remis à ses services. L'encadrement réglementaire prévu pour l'externalisation, soit un décret en Conseil d'État [3], doit en principe empêcher toute destruction intempestive, il n'évitera pas un contrôle rigoureux de la part de l'archiviste, surtout si les documents concernés sont externalisés non dans les limites de son département mais dans un département plus ou moins voisin. Une nouvelle fois, le contrôle scientifique et technique de l'État conserve toute son actualité.

---

[2] Circulaire du Premier ministre NOR PRMX0105139C relative à la gestion des archives dans les services et établissements publics de l'État, publiée au *Journal officiel* le 4 novembre 2001.

[3] Décret n° 79-1037 du 3 décembre 1979 relatif à la compétence des services d'archives publics et à la coopération entre les administrations pour la collecte, la conservation et la communication des archives publiques (version consolidée au 19 septembre 2009).

Intervenir dans l'urgence, éviter les destructions, assurer un appui logistique sont une chose ; organiser la gestion des archives à moyen et à long terme en est une autre. Les responsables des archives contemporaines dans les services départementaux d'archives, les missionnaires dans les ministères ont dû, dans une seconde étape ou bien parallèlement, élaborer ou créer des instructions de tri et des tableaux de gestion pour les directions et services nouvellement créés, avec une difficulté supplémentaire, l'absence parfois d'instructions de tri pour certaines catégories de documents.

Un nouveau défi, la dématérialisation des documents

Lié directement à la réforme, le développement des nouvelles technologies de l'administration numérique constitue un nouveau défi qui entraînera une modification sans doute décisive des métiers de la conservation des archives en dépit du déni officiel actuel.

La gestion électronique des documents offre en effet la possibilité aux administrations qui l'adoptent de faire disparaître, totalement ou partiellement, sinon le document papier, du moins certaines procédures, et par conséquent d'alléger la charge de l'archivage du papier qui exige des locaux pour accueillir les archives ainsi que du personnel qualifié pour en assurer le traitement et la communication. Exemplaire sans doute a été la démarche poursuivie en ce domaine par la mission de simplification du ministère de l'Économie et des Finances, évoquée plus haut. Dès le début des années 2000, ses responsables avaient en effet misé sur l'administration électronique et programmé la dématérialisation des procédures dans les principaux domaines de compétence du ministère : hypothèques, cadastre, enregistrement, fiscalité des entreprises et des particuliers. Certes la mission de simplification avait-elle pris le soin de prendre contact avec la direction des archives afin d'obtenir son aval sur les procédures engagées et un programme de partenariat avait été établi pour élaborer de nouvelles instructions de tri et actualiser les typologies des documents produits par les services fiscaux en en supprimant une proportion importante et en abaissant presque systématiquement les délais d'utilisation administrative. Le but de ces différentes mesures consistait à diminuer le volume des documents à conserver et la durée de cette conservation.

La dématérialisation de séries entières d'archives participait de ce souci d'élimination du papier. L'expérience conduite dans le domaine des hypothèques avec la numérisation complète des registres de formalités postérieurs à l'année 1956, date d'une importante réforme des services fiscaux, l'atteste ; les documents numérisés ont été ensuite successivement éliminés sur la base d'un accord presque clandestin consenti par la direction alors que quelques années plus tard, l'instruction du 14 janvier 2005 rappelait la nécessité de conserver les originaux papier des documents numérisés lorsque leur conservation définitive était prévue par les instructions.

En l'occurrence, en l'espace de quelques années, le ministère de l'Économie et des Finances a réduit sensiblement la surface réservée à la conservation de ses archives et les coûts induits par cette conservation en termes notamment de personnel. Parallèlement, il obtenait que les documents papier conservés, soit ceux antérieurs à 1956, fassent l'objet d'un versement systématique dans les services des archives départementales avant 2012. L'expérience est significative mais bien d'autres exemples pourraient être recensés d'une dématérialisation conçue comme moyen d'une réforme et d'une modernisation des services.

Est-il possible de tirer déjà des conséquences de cette évolution technologique pour les services d'archives ? Du côté des avantages, les progrès enregistrés par l'administration électronique contribuent certes à accélérer le versement des documents de nature historique que les administrations s'empressent de diriger vers les services d'archives lorsqu'elles adoptent le numérique et la dématérialisation des procédures, la coexistence d'une conservation papier apparaissant peu souhaitable dans la plupart des cas. Les responsables des archives ont vu ainsi arriver dans leurs services des séries de documents qu'ils désespéraient parfois de récupérer. Pour rester dans le domaine fiscal, le cas du cadastre ancien apparaît particulièrement évocateur. Pendant des décennies, les archivistes avaient tenté d'obtenir le versement des plans cadastraux du XIXe siècle, du cadastre dit napoléonien, indispensable pour les recherches topographiques et particulièrement prisés par les généalogistes, mais l'administration fiscale restait frileuse, ne souhaitant pas abandonner des documents qui, affirmait-elle faisaient encore référence. En l'espace de quelques années, tous les plans du cadastre du XIXe siècle ont rejoint les rayonnages des archives départementales.

Quel archiviste se plaindra, sauf celui dont le dépôt est saturé, de l'arrivée de tels documents dans son service, aucun bien évidemment ; il n'en demeure pas moins qu'il lui faudra faire preuve d'une plus grande vigilance à l'égard de la sauvegarde des archives électroniques désormais produites et dont la conservation pérenne doit être assurée, sous peine de perdre des pans entiers de la mémoire nationale. Là encore, un nouveau défi se pose parce qu'il lui faut convaincre les administrations productrices de la nécessité d'organiser cet archivage pérenne. Les bureaux de Bercy, aussi performants et efficaces soient-ils, peinent encore à mettre en place les groupes de travail conjoints avec l'administration des archives destinés à mettre au point les procédures d'une conservation pérenne des archives électroniques, aussi bien pour les hypothèques que pour le cadastre ou les autres fonctions dématérialisées.

Une autre conséquence de la dématérialisation doit également retenir l'attention du réseau des archivistes, la recentralisation technique de la conservation des archives électroniques pour de grands secteurs comme ceux déjà évoqués de l'administration fiscale comme les hypothèques ou le cadastre ou encore les recensements de population. La question du niveau approprié d'archivage se pose en effet. Ce niveau peut-il être autre que national dans la mesure où seules les Archives nationales disposent à l'heure actuelle des services capables d'assurer la conservation à long terme de ces archives qui exigent un traitement permanent par l'organisation de migrations régulières sur de nouveaux supports. On pourrait bien évidemment envisager le reversement de cette mémoire électronique aux services départementaux d'archives pour ne pas interrompre les séries territoriales déjà constituées. Peut-on croire cependant sérieusement que telles des tranches d'un cake, des portions des archives électroniques relatives aux hypothèques ou aux recensements, soient redistribuées dans les services des archives départementales, alors qu'il sera sans doute beaucoup plus simple à l'avenir de les consulter sur place ou à distance aux Archives nationales ? À moins de supposer que toutes les composantes du réseau aient le moyen d'assurer la conservation des archives électroniques, les archives territoriales risquent ainsi de voir se tarir, à terme, le versement de certaines catégories d'archives.

La réforme administrative et les progrès techniques peuvent également induire des modifications des politiques de conservation que l'archiviste doit suivre avec une très grande attention. La production sur support électronique des matrices cadastrales a ainsi modifié les conditions d'accès du public à ces documents. L'administration fiscale a en effet remplacé dans les mairies les matrices microfilmées qui avaient déjà remplacé celles sur support papier, par des disquettes que la CNIL a demandé de détruire chaque année au moment du dépôt dans la commune de la nouvelle version actualisée. L'expérience généralisée au niveau national en 2004, a suscité de vives réactions de la part du public habitué à consulter ces documents dans toutes les mairies du pays. N'était désormais disponible que la dernière version actualisée de la matrice. Le temps passant, il en résultait inévitablement une solution de continuité avec les anciennes matrices encore conservées par la mairie, rendant de ce fait impossibles les recherches des particuliers. Le principe de la publicité foncière, conquête de la Révolution, se trouvait ainsi battu en brèche et l'administration fiscale, même si elle estime que la gestion du cadastre n'a pas pour but de satisfaire les recherches des particuliers et des généalogistes, a dû reculer et organiser une consultation de ces matrices. Il n'en demeure pas moins qu'une telle décision, prise unilatéralement par l'administration du cadastre d'une part, la CNIL de l'autre, sans concertation avec les archives, a bouleversé les habitudes des chercheurs et compromis l'information du public.

Expérimentations et nouvelles réformes

Le mouvement de réforme actuel se traduit donc par un remodelage profond des services territoriaux de l'État, le regroupement des différentes directions et services en deux ou trois directions selon la taille du département et sa population, mais au-delà de ces regroupements, la réforme se traduit par une importance accrue donnée au niveau régional avec la création de pôles administratifs. La région est ainsi devenue l'échelon principal de l'organisation territoriale de l'État pour la mise en œuvre des politiques nationale et communautaire. Les directions régionales, voire interrégionales acquièrent ainsi un rôle majeur dans la définition des politiques de l'État au niveau local, mais le renforcement des compétences du niveau régional, la création de directions interrégionales, au même titre que celle des agences régionales de santé par exemple, modifient là encore et le cadre et la nature des archives collectées par les services départementaux d'archives. En effet, tandis que les dossiers décisionnels seront conservés au niveau régional, les départements non chefs-lieux de région devront conserver les dossiers relatifs à l'application de ces politiques, plus nominatifs et d'un intérêt moindre. À vrai dire, cette différence entre dossiers élaborés par les services régionaux et départementaux de l'État existe déjà mais elle devrait s'accentuer.

Par ailleurs, les encouragements donnés aux préfets pour innover dans l'organisation de leurs services et donner sa place à une certaine expérimentation portent atteinte nécessairement aux règles de collecte, de tri et de traitement des archives contemporaines. Jusqu'à présent, les instructions de tri successivement adoptées par les services de l'État s'adossaient à une organisation administrative identique dans les différents départements et elles pouvaient s'appliquer indistinctement aussi bien dans le département du Nord que dans celui des Bouches-du-Rhône. Il n'est pas certain qu'il en soit de même dans l'avenir. Cet abandon de l'uniformité administrative des services de l'État entraînera des conséquences non négligeables dans l'élaboration des instructions de tri interministérielles produites par la direction des archives de France. Il conviendra de modifier ces instructions en mettant l'accent moins sur les services producteurs mais davantage désormais sur les fonctions, évolution que la direction a, au demeurant, amorcée depuis déjà plusieurs années avec plusieurs instructions sur les dossiers supports comme, à titre d'exemple, les dossiers nominatifs de personnel.

La détermination des lieux de conservation des archives se posera de la même façon lorsqu'une direction interrégionale couvrira plusieurs régions. Il en sera de même pour les structures comme les directions interrégionales des routes, dont les limites ne correspondront plus forcément avec celles des départements. Bien sûr, le lieu d'implantation de la structure continuera à déterminer le lieu de conservation des archives ; il n'en demeure pas moins que les chercheurs éprouveront davantage de difficultés pour s'orienter et retrouver les dossiers qu'ils recherchent.

Les encouragements donnés à l'expérimentation peuvent révéler des dangers pour la sauvegarde des fonds et exigent une très grande prudence des archivistes ainsi que le montrent les avatars de la base Waldec lancée par le ministère de l'Intérieur afin de disposer d'une base complète des associations établies dans le pays et qui, on le sait, caractérisent le paysage social français. La liberté d'interprétation donnée aux informaticiens et aux agents du réseau préfectoral a entraîné l'adoption de procédures diverses d'un département à l'autre, certaines sous-préfectures transformant la destination de cette base en en faisant un instrument d'archivage ce qu'elle n'avait pas vocation à être. Tandis que dans certains départements, une partie seulement des documents relatifs aux associations étaient dématérialisés, les plus importants comme les statuts ou les déclarations, dans d'autres, les dossiers ont été entièrement dématérialisés. En certains endroits ont été soigneusement conservés les originaux papier, dans d'autres, on a procédé à leur destruction. Cette campagne a été réalisée sans associer les Archives de France et ce n'est que grâce aux investigations de plusieurs archivistes départementaux que ces expérimentations ont été découvertes. Quand on sait l'intérêt présenté pour les chercheurs par les dossiers d'associations générés par les services des préfectures dans la première moitié du XXe siècle, on ne peut que s'alarmer que des dispositions aient pu être adoptées pour détruire tout ou partie des archives numérisées sans égard aucun pour la réglementation archivistique et les procédures destinées à éviter la destruction des archives publiques.

Or la base Waldec ne constitue pas un exemple isolé : les facilités offertes par les nouvelles technologies permettent aujourd'hui la destruction par une simple manipulation de quantités impressionnantes d'informations et toutes les procédures savamment mises au point par les archivistes pour éviter les destructions, peuvent être ainsi contournées.

En revanche, la mutualisation des services supports, fortement encouragée, risque de ne pas donner dans le domaine des archives des résultats tangibles ; elle vise évidemment les secteurs immobiliers et logistiques et si certains courageux projets de création de services d'archives intermédiaires mutualisés ont été proposés, on peut craindre qu'ils n'aient pas davantage de résultats effectifs que ceux qui avaient été proposés par la circulaire de novembre 2001 ou lors des projets de réorganisation des services de l'État.

La réforme des collectivités territoriales, bien qu'elle reste encore à l'état de projet et qu'on n'en connaisse pas encore exactement les tenants et aboutissants, est appelée également à modifier le paysage administratif français et par conséquent le paysage archivistique. Si le cadre départemental auquel les élus semblent attachés subsistera sans doute, le regroupement des collectivités et la suppression de niveaux superflus deviennent des objectifs clairement affichés. La réforme devrait en premier lieu accélérer le mouvement vers l'intercommunalité déjà largement répandue sur le territoire. Dans le domaine des archives, la loi du 15 juillet 2008 a comblé un vide juridique en facilitant la mutualisation des archives, en permettant notamment aux groupements de collectivités d'organiser l'archivage de leurs dossiers ainsi que celui des papiers de leurs communes membres. Le nombre des services intercommunaux d'archives devrait dans ces conditions augmenter rapidement dans les années qui viennent et ces nouveaux venus dans le paysage archivistique auront certainement à cœur de développer leurs activités.

Si l'on doit se réjouir qu'ils puissent prendre en charge les archives des petites communes et éviter ainsi leur disparition, il conviendra d'éviter que ces structures ne prennent en charge les dossiers d'autres services publics et ne se transforment ainsi en « annexes » des archives départementales, contribuant ainsi à la « balkanisation » des services d'archives dénoncée par la profession et par les milieux de la recherche. La tentation existe, favorisée par certains élus, de constituer des services documentaires à l'échelle d'une portion du territoire et plusieurs exemples ont déjà été recensés de telles dérives. Les archivistes devront rappeler fermement que les minutes des notaires, que les dossiers des services publics ou des organismes consulaires ne peuvent pas aboutir sur les rayons des services intercommunaux.

Les compétences des collectivités territoriales risquent de faire l'objet d'une nouvelle définition ; dans l'état actuel des choses, il apparaît toutefois que seule la commune devrait conserver une compétence générale, la loi devant préciser celles des autres niveaux. Il est sans doute difficile de préciser pour l'heure les conséquences de cette réforme pour les services d'archives régionaux et départementaux. Comment se fera la répartition des fonds entre eux, pourra-t-on maintenir l'équilibre actuel ? Les métropoles annoncées se doteront-elles de services d'archives, comment sera assurée la répartition des dossiers avec les départements et régions sur le territoire desquels ces métropoles seront créées ? Autant de questions qui n'ont pas encore de réponses.

* * *

Sans faire de l'archivistique fiction, les évolutions actuelles de l'administration, les réformes en cours et celles qui s'annoncent, les évolutions technologiques enfin apparaissent souvent lourdes de conséquences pour le réseau des archives de France. Les défis s'accumulent pour une profession qui œuvre dans le domaine sans doute le plus fragile du patrimoine mais dont la vocation n'est pas que patrimoniale et qui doit maintenir, plus que jamais son rôle interministériel, et conserver avec les différentes branches de l'administration un contact permanent. Le partenariat fructueux mis en place avec la mission de simplification du ministère de l'Économie et des Finances montre que le réseau des archives peut encore prendre toute sa part dans la conservation raisonnée de la mémoire du pays. La cohérence du réseau des services d'archives sur lequel repose la sauvegarde de la mémoire contemporaine, constitue par ailleurs un atout de taille pour la poursuite des missions qui ont été confiées à ce même réseau ; il convient de veiller tout particulièrement à le conforter et à lui conserver son rôle.

Restructuration des services et avenir du réseau décentralisé en France

LUC FORLIVESI
Directeur des Archives départementales d'Indre-et-Loire

Je vous remercie pour l'occasion qui m'est donnée de faire le point sur l'évolution rapide à laquelle est soumise l'administration départementale de l'État. Sans entrer dans le débat lié aux propositions du comité pour la réforme des collectivités locales, mon propos s'appuiera sur l'analyse des changements prévus à l'échelle départementale [1].

Au cœur de la réflexion se trouve le choix du juste échelon qui convienne à la mise en œuvre des politiques de l'État pour le plus grand bénéfice du citoyen dans un contexte de réforme profonde des structures. L'État et les collectivités territoriales sont touchés mais à un rythme et selon des modalités différents. Depuis la loi constitutionnelle de 2003, et dans la continuité des lois de 1982/83, l'organisation de la France est « décentralisée ». Ce qui signifie notamment que les collectivités peuvent s'administrer librement et disposent d'une large autonomie dans l'organisation de leurs services administratifs. Les organigrammes sont soumis aux éventuels changements de majorité ou même à l'évolution des pratiques ou des politiques à mettre en œuvre (transfert des TOS, mise en œuvre de l'APA etc.).

---

[1] Le texte de cette communication est mis à jour au 15 avril 2009. Le troisième rapport d'étape de la RGPP publié le 16 février 2010 est consultable en ligne à l'adresse suivante : http://www.rgpp.modernisation.gouv.fr.
Bibliographie :
Colloque Association des Archivistes français, *Réformes, décentralisations, fusions. Quelle place pour les services d'archives dans les organisations* ?, Paris, 2005 actes publiés dans la *Gazette des Archives*, n° 200, 2005.
Les Archives face aux évolutions administratives : réforme de l'État, décentralisation, enjeux de la dématérialisation. Publié en ligne le 30 octobre 2008 (version 1). Actes du colloque national de la direction des Archives de France. Clermont-Ferrand, 20 et 21 septembre 2007.

Du côté de l'État, le mouvement est désormais bien engagé. Sans revenir sur les fondements de la revue générale des politiques publiques (RGPP) et sa mise en œuvre dans les ministères, je voudrais limiter mes exemples au cadre départemental. Si l'on en croit deux articles du *Figaro Économie* du vendredi 3 avril 2009, le « big bang approche dans les préfectures » mais « le chantier avance en silence ... ». Autant dire que, si la modification du paysage administratif qui se profile théoriquement pour le 1er janvier 2010 ne fait pas encore la une des médias, elle n'en demeure pas moins un vrai sujet de débat au sein des préfectures, des directions, des services et des agents concernés. Sans parler ici des réformes profondes de la carte judiciaire ...

Ces mutations ont bien évidemment des conséquences archivistiques qui touchent toute la chaîne de l'archivage. Le simple rappel du caractère organique de la production des archives publiques soulève leur extrême sensibilité aux modifications de leur milieu environnant et aux variations des conditions légales et réglementaires qui les font naître.

Si l'on s'en tient à la valeur primaire des archives, c'est le bon fonctionnement des services qui est en jeu, sur le plan juridique, institutionnel et opérationnel. À chaque service qui change de rattachement ou cède une partie de ses compétences correspond au moins un transfert d'archives courantes voire intermédiaires. Les enjeux sont importants dans la mesure où il s'agit du fonctionnement quotidien des services à court et moyen terme dans le cadre du service public. À un autre niveau, ces modifications profondes peuvent avoir un impact certain sur la constitution d'une mémoire écrite destinée à terme à servir de matériau aux historiens. Dans cette situation, l'archiviste occupe une position particulière et peut seul tenir ce double discours, difficile à faire entendre dans son rapport au temps long.

Il me semble utile de présenter la démarche de réforme suivie par l'État depuis 2004, avec en contrepoint les occurrences du rappel de la réglementation sur les archives. Une deuxième partie présentera les outils dont disposent les archivistes pour accompagner ces modifications et ces transferts de compétence et – à titre d'exemple – leur mise en œuvre en Indre-et-Loire.

1 – La particularité de ces mouvements réside dans l'introduction de la variété comme mode d'organisation ou d'exercice de compétences en lieu et place d'une certaine uniformité. La loi constitutionnelle n° 2003-276 du 28 mars 2003 a affirmé l'organisation décentralisée de la République. Cette reconnaissance d'un mouvement séculaire porte également que, dans un cadre limité, les collectivités territoriales peuvent « déroger à titre expérimental

aux dispositions législatives et réglementaires qui régissent l'exercice de leurs compétences ». Ces modifications temporaires produiront des archives dont la spécificité sera un critère à prendre en compte lors de la collecte, de la sélection et du tri des dossiers, en fonction de circulaires nationales basées sur l'uniformité des cas.

Sans remonter trop haut dans le temps, il me paraît que la circulaire du Premier ministre du 13 mai 2004, précédant la loi de décentralisation, met en place un cadre utile à connaître. Le fonctionnement en mode « projet » est à l'ordre du jour et les plans stratégiques de l'État en région (PASER) ou en département (PASED) font suite aux projets territoriaux de l'État (PTE), jugés trop généraux dans leurs objectifs. Le but demeure de proposer une liste réduite d'orientations et d'actions prioritaires pour une période de trois ans. La généralisation des indicateurs chiffrés n'est pas étrangère au passage à la gestion en mode « LOLF ». Le premier paragraphe évoque la mutualisation des fonctions de soutien mais ne mentionne pas l'archivage.

Sans détailler ce que j'évoquerai plus loin, force est de constater que ces modalités stratégiques n'ont pas été beaucoup utilisées par les services d'archives pour rappeler opportunément l'intérêt et la nécessité d'un plan d'archivage [2].

Une nouvelle circulaire du 16 novembre 2004 relative à la réforme de l'administration départementale fait le lien avec la deuxième phase de la décentralisation organisée par la loi du 13 août 2004 [3]. La volonté d'une organisation plus claire des services y est exprimée dès le préambule. Les préfets de département sont sollicités pour faire des propositions de réorganisations des services déconcentrés, voire imaginer des « rapprochements » d'entités administratives.

Cette circulaire lance par exemple le mouvement de fusion des directions départementales de l'Agriculture et de la Forêt et des directions départementales de l'Équipement. Les possibilités de mutualisations y figurent sous forme énumérative (recrutement, formation, communication, etc.).

Après la mise en œuvre nationale des PASED, une circulaire du 28 juillet 2005 [4] reprend l'analyse des premiers projets transmis par les préfets. Divers

[2] D'après un relevé de 2005, sur 64 PASED, seuls 6 incluaient des fiches relatives à l'archivage.

[3] (NOR : PRMX0407781C). Dès l'automne 2004, d'autres circulaires du Premier ministre organisent des pôles régionaux et revoient le fonctionnement de cet échelon. Un comité de l'administration régionale (CAR) remplace par exemple l'ancienne conférence administrative régionale.

[4] (NOR : PRMX0508656C).

modes de fonctionnement y sont listés pour lesquels des expériences ont été menées (pôles, guichet unique, missions et délégations interservices, etc.), et donc des archives publiques produites dans un cadre particulier.

Le mouvement ainsi lancé a retenu l'attention de la direction des Archives de France qui, par une circulaire du 29 juillet 2005, a diffusé un « vade mecum » sur les transferts d'archives consécutifs à la « nouvelle » décentralisation. Loin de se limiter aux aspects pratiques, ce texte met pour la première fois en perspective les réformes administratives et leurs incidences sur les mouvements d'archives. Concrètement, la nécessité de s'informer est rappelée mais tardivement par rapport à la mise en œuvre des PASED. L'outil le plus opérationnel reste le modèle de convention de mise à disposition d'archives courantes et intermédiaires entre service déconcentré de l'État et nouveau service d'une collectivité. Le préfet et le chef de l'exécutif local sont invités à signer un protocole récapitulant les transferts et les modalités réglementaires de versement et d'élimination. Cette dernière proposition n'a pas été facile à mettre en œuvre en Indre-et-Loire et le dispositif s'est limité non sans mal à la signature tripartite des bordereaux de transfert.

Le gouvernement poursuit sa marche en avant et une liste des départements où les réorganisations de services sont mises en place est diffusée dans une circulaire du 2 janvier 2006 [5]. De nouvelles perspectives sont énumérées, comme la fusion des corps d'inspection du travail et un département, le Lot, est choisi comme terrain d'expérimentation d'une réorganisation des services en trois directions : sécurité, populations et territoires, épaulées par une direction de soutien. Les mutualisations sont toujours mentionnées et leurs périmètres détaillés. Rien sur la fonction « archives » si ce n'est dans l'annexe 6 où seuls les espaces d'archivage sont cités.

La révision générale des politiques publiques entre en jeu à la fin de l'année 2007 et la circulaire du Premier ministre du 7 juillet 2008 [6] étend à tous les départements l'expérimentation du Lot en en modifiant le périmètre.

Le changement fondamental réside dans la distinction faite entre le niveau régional et le niveau départemental. Dans le premier cas, l'organisation reste calquée sur les grands découpages ministériels tandis qu'au deuxième échelon, l'organisation départementale répond aux « besoins des citoyens »

---

[5] Par exemple, fusion des directions départementales de l'Équipement et des directions départementales de l'Agriculture et de la Forêt dans l'Ariège, l'Aube, le Cher, le Loir-et-Cher, le Lot, les Yvelines, le Territoire de Belfort et le Val-d'Oise.

[6] (NOR : PRMX0816855C).

et facilite le dialogue avec les élus locaux. On insiste donc sur la modularité qui devient un paramètre d'analyse prioritaire. Chaque préfet de département peut prévoir deux ou trois directions, en fonction de critères statistiques ou sociaux. De plus, le rôle du secrétariat général de la préfecture est renforcé : c'est l'instance essentielle pour la coordination interministérielle des services de l'État. Les mutualisations restent vivement encouragées pour les fonctions support mais les exemples demeurent les mêmes (accueil, standards, reprographie, etc.). La mise en œuvre du nouveau schéma se précise par la définition du rôle des préfigurateurs et des futurs directeurs. Les trois phases préparatoires trouveront leur terme au 1er janvier 2010. Dans les deux cas, les incidences archivistiques d'un tel mouvement sont patentes.

L'année 2008 se termine avec une circulaire du Premier ministre [7] qui fixe les ultimes détails du processus de réforme de l'État au sein des départements. L'accent est mis sur le caractère interministériel des nouvelles directions départementales. Cette dernière fonction doit même être clairement identifiée au sein du secrétariat général, voire matérialisée au sein d'un service spécifique. Les fonctions support sont analysées en annexe et l'archivage refait surface à côté de la reprographie. Il est signalé que la Mission interministérielle pour la réforme de l'administration territoriale de l'État (MIRATE) demeure l'instance de validation de ces propositions.

La réaction de la direction des Archives de France, également touchée par la RGPP au sein du ministère de la Culture, a été prompte et une courte instruction du 23 mars 2009 [8] a pour objet la gestion des archives dans le cadre de la réforme des services territoriaux de l'État. Au-delà de l'aveu d'un manque de sollicitation des services départementaux, l'annonce de directives communes élaborées avec la MIRATE et la transmission en copie d'une lettre du secrétaire général du ministère de l'Intérieur aux préfets donne des arguments aux archivistes. Même si le rappel fait aux préfigurateurs est court, les termes en sont très clairs et les obligations réglementaires relatives au traitement des archives publiques précisément énumérées. Le directeur des services d'archives est également sollicité pour fournir au préfet des rapports réguliers sur l'état d'avancement du chantier. Un texte de base auquel il faudra donner sens et plein effet sur le terrain...

Au terme de cette énumération un peu sèche, il y a lieu de s'attarder sur les conséquences de cette réforme. Il me semble clair qu'une des premières questions qui se posera aux préfigurateurs reste celle de l'avenir des agents

[7] (N° 5359/SG du 31 décembre 2008).
[8] (DPACI/RES/2009/007).

et de leurs missions. Un tel bouleversement des modes opératoires ne peut laisser indifférent un personnel habitué depuis longtemps parfois à un fonctionnement bien balisé dans un ressort géographique inchangé. Les questions immobilières qui viennent s'ajouter à ce tableau confirment que la question de l'archivage ne se posera pas de façon « sereine », sauf exception. Et cette remarque vaut pour les mouvements d'archives liés aux réorganisations et aux transferts mais aussi pour le futur pilotage de cette fonction éminemment interministérielle.

2 – Les services départementaux d'archives se retrouvent dans une situation cruciale. Sans revenir sur le code du patrimoine et la définition des archives publiques, il me semble utile de préciser que le décret 79-1037 du 3 décembre 1979 modifié contient l'essentiel des définitions et des mesures relatives à la gestion des archives des services de l'État comme des collectivités territoriales. L'exercice du contrôle scientifique et technique y est précisé et son périmètre en est clair ; les trois âges des archives y sont recensés et les modalités de sélection détaillées. Théoriquement, la base réglementaire est solide et l'archiviste ne devrait pas connaître de difficultés à les faire appliquer.

Depuis la « première » décentralisation, son positionnement à la confluence du contrôle scientifique et technique de l'État et de la gestion du patrimoine archivistique du département le situe au cœur de ce mouvement de réforme territoriale. Ce poste « d'opérateur unique », au plus près du terrain, théoriquement et réglementairement « idéal », n'est pas si aisé à défendre, voire simplement à occuper. En effet, l'action des archivistes dépend bien souvent de leur positionnement hiérarchique dans les collectivités et de leur reconnaissance réelle par les services de l'État, à commencer par le préfet lui-même.

Symétriquement, il faut que l'archiviste et son équipe soient réactifs aux moindres sollicitations qui permettraient de faire passer le message. Il faut souvent prouver son utilité, être opportuniste et mettre en œuvre des outils pratiques… En un mot, il faudrait privilégier la fonction d'aide et de conseil aux services producteurs d'archives plutôt que de mettre en avant le contrôle.

La longue pratique des services d'archives obéit à un schéma de fonctionnement dans lequel le traitement des archives se fait de façon bilatérale. Le producteur saisit l'archiviste parce qu'il rencontre une difficulté ou bien l'archiviste s'intéresse à un secteur de l'administration pour mettre en place des procédures. Le dialogue peut être fructueux et une réelle prise de conscience de l'importance de l'archivage dans les services peut naître de ce travail commun mais il reste basé sur une sorte de « volontariat ».

Sans vouloir ici détailler tous les dispositifs déjà mis en place, il est possible par exemple de faire entendre la bonne parole archivistique à chaque occasion, en invitant systématiquement les services producteurs à prévoir des réunions de direction dans les locaux des archives. La participation aux collèges des chefs de services de l'État représente une autre forme d'apostolat, dans la mesure où l'archiviste y est invité. Il faut parfois un peu d'abnégation pour prendre la parole et rappeler pour la énième fois l'importance d'un archivage vertueux.

Il me semble que d'autres voies peuvent faciliter les relations avec les services producteurs surtout à la veille d'un grand changement. En Indre-et-Loire, la mise en place du PASED a permis de bâtir un plan triannuel (2004-2006) de visite et de bilan archivistique dans la mesure où une action prioritaire était intitulée « Rationaliser l'archivage des services ». Inséré dans une batterie d'actions de mutualisations et grâce à la sollicitation du préfet lui-même, le dispositif a permis de modifier l'image de l'archivage qui devenait une « priorité stratégique » de l'État départemental. Sans être dupe de la portée réelle de ces termes, il faut s'y arrêter pour souligner la facilité qui a été donnée à mes collaborateurs pour faire leur travail (voir fiche PASED). Rien n'a vraiment changé sur le fond de leurs pratiques mais la vision du rôle de l'archiviste a évolué. Le déroulement de l'action a été évalué sur des indicateurs définis avec les services de la préfecture et des bilans semestriels ont ponctué les visites de services, la demande de désignation des correspondants « archives » par voie de circulaire et leur formation (voir fiche de bilan 2006). Les fiches des visites effectuées par bureaux ont permis de faire un état des lieux sur une courte période et de mieux appréhender les secteurs à traiter en priorité. Les points analysés portaient sur l'identification du responsable de l'archivage, la connaissance de la législation et de la réglementation dans le domaine, les procédures de gestion des archives courantes et intermédiaires, la description des locaux et la description qualitative et quantitative des dossiers.

Au terme de ces trois ans, et au-delà du nombre de tableaux de gestion validés, la démarche a abouti à la mise en œuvre d'une charte d'archivage prévue dès 2004 non comme un point d'arrivée mais comme « une étape » essentielle du dispositif. Cette expression d'inspiration toute médiévale, sorte de loi commune ou de « règle fondamentale » si l'on croit Balzac, a été également mise en œuvre dans le département du Nord pour les archives de l'État ou encore en Loir-et-Cher pour les archives du Conseil général. Le point commun de toutes ces démarches demeure la volonté de fédérer les services producteurs autour d'un référentiel commun, tout à la fois catalogue de définitions et précis d'archivage. Les différences résident dans la présence ou l'absence de tableaux de gestion liés au texte « solennel » qui contient les engagements généraux des services. L'adjonction de ces outils par direction ou service n'a pas été retenue en Indre-et-Loire de façon à alléger le texte. Il me paraissait nécessaire de « simplifier » les procédures pour produire un texte lisible, en fournissant ensuite par direction et par service les tableaux mis au point. Une première proposition de texte a été faite au préfet et aux directeurs et chefs de services de l'État avec un délai de réponse pour d'éventuelles modifications. Des échanges par messagerie ont permis de clarifier les termes et de replacer la démarche dans le contexte général. Certains services ont pris l'attache de leur ministère de tutelle pour avoir un avis extérieur. D'autres ont demandé des précisions sur la réalité de leur signature. Il leur a été répondu que c'était un engagement à rationaliser leurs pratiques et non un satisfecit une fois que tout était en place.

Le résultat tient en trois pages, avec un préambule qui rappelle les obligations légales et réglementaires relatives aux archives publiques et cite la circulaire du 2 novembre 2001. Le bon archivage est présenté comme une pratique qui favorise la gestion courante des affaires, sans faire référence à l'Histoire : c'est avant tout pour que l'administration fonctionne mieux et qu'elle garantisse les droits des citoyens à une certaine transparence. La première partie résume les engagements des services dans le domaine de l'archivage et trois rubriques traitent de la gestion courante des dossiers, des archives intermédiaires et des conditions d'élimination des dossiers. Les recommandations sont courtes et rédigées sur un mode télégraphique. Viennent ensuite les engagement des Archives départementales où sont détaillées les possibilités d'aide et de conseil en archivage, la mise à disposition d'outils de gestion, les modalités de versement et d'élimination des dossiers et, *in fine*, la conservation des documents « historiques ». Les seize exemplaires validés par les sous-préfets, directeurs et chefs de service ont été contresignés par le préfet le 17 décembre 2007.

Cet outil sert régulièrement de point commun de référence avec les producteurs d'archives et tous, à un stade particulier de développement de leur politique d'archivage, peuvent faire appel comme avant à leurs correspondant au sein des Archives départementales. C'est simplement un outil pratique qui permet de sortir de la logique bilatérale et des sollicitations des archivistes parfois mal comprises.

En conclusion, il me paraît utile de revenir sur l'articulation indispensable qu'il faut préserver entre les différents acteurs de l'archivage. La réduction annoncée du nombre d'agents de l'État dans les départements, y compris dans les services d'archives, ne plaide apparemment pas pour un renforcement des structures chargées de l'archivage. Et l'avènement de l'e-administration devrait faire basculer sur des bases nationales bon nombre de documents qui étaient stockés sous forme papier à l'échelon départemental. Pourtant, la réalité de la mise en place de ces systèmes nous montre que tout n'est pas encore si simple et que le papier a de beaux jours devant lui. Il y aura encore pendant quelques années de la place pour une archivistique moderne, décomplexée et intégrée aux modes de fonctionnement qui sont en train de voir le jour dans les structures de l'État départemental.

Encore faut-il qu'une veille stratégique nationale assure la sérénité de nos pratiques locales et que, même si les organigrammes de nos directions évoluent, il y ait une permanence de préconisations pour le traitement des archives courantes et intermédiaires. C'est le rôle qui est normalement dévolu à une direction centrale ou à une structure capable de préparer des outils pratiques et méthodologiques d'archivage pour répondre aux sollicitations des archivistes de terrain. Même si l'avenir des circulaires et des outils de gestion est sans doute plus dans l'analyse des fonctions plutôt que des services à géométrie variable, il reste une coordination et une réflexion commune à nourrir. Une future norme de description des fonctions préparée par le Conseil international des Archives [9] favorisera la prise en compte indispensable de la provenance des archives au cours de leur cycle de vie, de façon à éviter que les modifications des structures n'altèrent la compréhension du contexte de production.

Comme l'écrivait le naturaliste Buffon dans son *Histoire naturelle*,

« *Quoiqu'il paraisse à la première vue que les grands ouvrages [de la Nature] ne s'altèrent ni ne changent, et que dans ses productions, même les plus fragiles et les plus passagères, elle se montre toujours et constamment la même, … on reconnaîtra qu'elle admet des variations sensibles, qu'elle reçoit des altérations successives, qu'elle se prête*

---

[9] Conseil international des Archives, norme de description internationale pour les fonctions/activités des collectivités. Projet validé au congrès international de 2008, consultable en ligne : http://www.ica.org/sites/default/files/ISAF_FRE.pdf.
Direction des Archives de France, note d'information du 23 juillet 2007 DITN/RES/2007/006, « Records management et gestion des archives courantes et intermédiaires », en ligne sur le site http://archivesdefrance.culture.gouv.fr.

même à des combinaisons nouvelles, à des mutations de matière et de forme, qu'enfin, autant elle paraît fixe dans son tout, autant elle est variable dans chacune de ses parties. »

Orientation n° 5 :
Mutualiser les compétences et les moyens

Fiche extraite du PASED d'Indre-et-Loire, 29 septembre 2004

Action 5.2 : Rationaliser l'archivage des services

Les pratiques en matière d'archivage des différents services de l'État sont très hétérogènes. Cette hétérogénéité et l'insuffisante sensibilité de certains services aux contraintes pesant sur les archives sont sources d'inefficacité. En outre, la problématique nouvelle liée à l'archivage électronique oblige à apporter de nouvelles réponses et à mettre en œuvre de nouvelles pratiques. Dans ces conditions, il apparaît souhaitable d'engager une démarche de dynamisation et d'harmonisation de la politique d'archivage au sein des différents services de l'État dans le département.

1. Présentation de l'action

L'action consiste à élaborer, en matière d'archivage, une charte cadre qui pourra être déclinée au sein de chaque service de l'État dans le département.

Les éléments constitutifs de la charte devront répondre aux objectifs suivants :

— définition d'un tableau de gestion,
— formalisation des procédures,
— organigramme et schéma d'organisation,
— identification des moyens,
— réalisation d'outils,
— recommandations en matière d'archives électroniques.

Cette action peut se décomposer en plusieurs sous-actions :

— mise en place d'un réseau de responsables et de correspondants,
— organisation d'une journée d'information sur les archives électroniques,
— réalisation d'un état des lieux et d'un bilan de l'existant par la mise en place d'entretiens bilatéraux entre la direction des Archives et chaque service déconcentré,
— rédaction de la charte cadre,
— élaboration de tableaux de gestion pour les services déconcentrés qui en sont totalement ou partiellement dépourvus.

2. Effets attendus

Cette action devrait générer deux effets principaux :

- une meilleure prise en compte, dès la production des documents, des contraintes liées à leur archivage,
- une harmonisation des pratiques des différents services de l'État.

3. Organisation

Pilote de l'action : Direction départementale des archives.

Services concernés : l'ensemble des services de l'État.

Partenaires : sans objet.

Incidence sur une structure de coopération interministérielle existante : aucune.

4. Calendrier

12 mois pour la réalisation du bilan.

6 mois pour l'élaboration de la charte cadre.

18 mois pour la déclinaison de la charte cadre et du suivi de la mise en œuvre.

5. Indicateurs de suivi

L'échéancier.

Le nombre d'entretiens bilatéraux pour l'établissement du bilan.

Le nombre de tableaux de gestion mis au point.

Le nombre de chartes signées.

Le volume des documents versés.

Le volume des documents éliminés.

Orientation 5 : mutualiser les compétences et les moyens

Action 5.2 : Rationaliser l'archivage des services
2ème semestre 2006 – PASED – Indre-et-Loire
Service pilote : direction des Archives départementales
Services associés : tous les services de l'État

Niveau d'avancement des opérations 2005 et premier semestre 2006						Niveau des indicateurs par rapport aux objectifs assignés		
Opération	0 %	< 25 %	25 à 75 %	> 75 %	100 %	Indicateur	Objectif	Réalisé
1					X	n° 1 archives éliminées		1 268.35m.l.
2					X	n° 2 archives versées		228.66 m.l.
3				X		N° 3		
4					X	N° 4		
5			X			N° 5		

Commentaires

L'action 5.2 qui porte sur la rationalisation de l'archivage des services comporte des éléments qui se déroulent de façon concomitante : visite des locaux, analyse des procédures et analyse des documents produits ou reçus.

Le cadre réglementaire est notamment défini par la circulaire du Premier ministre du 2 novembre 2001 relative à la gestion des archives courantes et intermédiaires par les services et établissements publics de l'État.

Au 1er septembre 2006,

- le réseau des correspondants « archives » stratégiques et opérationnels a été mis en place (réalisation 100 %),
- la journée d'études sur les archives électroniques a eu lieu le 14 décembre 2004 avec les intervenants et le public visé (réalisation 100 %),
- la fiche type de visite a été élaborée et mise en œuvre,
- tous les services recensés au lancement du PASED ont été visités au moins une fois (réalisation 100%),
- les tableaux de gestion des documents, regroupant pour chaque service typologie des documents produits ou reçus, durée d'utilité administrative et sort final, sont en cours d'élaboration.

Pour les services de la préfecture, 75 % des bureaux ont été visités et traités. Le tableau de gestion commun aux deux sous-préfectures est achevé.

Objectifs
- fin 2006, rédaction de la charte cadre pour l'archivage,
- premier semestre 2007 achèvement des tableaux de bord pour la gestion des documents,
- même période : présentation « officielle » de la charte d'archivage (modalités et procédures communes aux directions et services) avec un tableau de gestion adapté par direction et services.

Points de blocage identifiés	Facteurs et leviers de succès
– les interventions et les compétences croisées, les prochaines décentralisations (même si les Archives interviennent pour l'État et les collectivités). La situation des services de la DDE illustre parfaitement le problème. – manque de temps dans les services pour se consacrer régulièrement à l'archivage ; – absence de formation à la fonction « archives » dans les formations initiales des agents.	– réseau de correspondants actifs dans les services à quelques exceptions près et d'agents – territoriaux - des archives motivés ; – difficulté des services à trouver de la place pour stocker in situ, donc nécessité de traiter la question des archives qui prennent de la place... ; – prise en compte des questions d'archives électroniques par le service informatique de la préfecture (dossiers d'étrangers notamment).
Perspectives d'évolution de l'action – poursuite de l'accueil de réunions de service ou de direction à Chambray avec mise au point sur l'archivage du service concerné et visite des locaux ; – recensement prochain des système de dématérialisation et des projets d'archives électroniques natives.	Propositions d'ajustements de l'action – développement d'une formation interne à la fonction « archives » ; – sensibilisation des services informatiques et visites de départements pilotes dans le domaine.

Charte d'archivage de la préfecture et des services déconcentrés de l'État en Indre-et-Loire

Préambule

Les services de l'État en Indre-et-Loire produisent chaque jour des documents qui sont le résultat tangible de leur action et de la continuité du service public. Toutes ces archives publiques sont, dans l'immédiat, d'utilité courante pour le bon fonctionnement de l'administration dans le cadre de l'instruction des affaires dont ces services ont la charge. La circulaire du Premier ministre du 2 novembre 2001 (PRMX0105139C, *JO* du 04-11-2001) a clairement réaffirmé la responsabilité de chaque administration sur la gestion de ses archives courantes et intermédiaires ainsi que la nécessité d'une prise en compte de cette fonction dans les organigrammes.

Ces archives représentent une composante essentielle du droit d'accès à l'information des citoyens et conservent également la mémoire de l'activité des services de l'État, de leur action dans le département, de leur impact sur la société. Une part de ces dossiers constituent à terme la documentation historique de la recherche.

Face à cette masse considérable de documents, l'administrateur cherche à savoir comment agir pour retrouver aisément le dossier nécessaire à l'exercice de ses fonctions ; l'archiviste pour sa part se demande comment préserver les documents qui seront utiles à l'historien. La mise en place d'un mode d'intervention commun aux deux protagonistes de l'archivage, le producteur et l'archiviste, permet de concilier le respect des prescriptions légales et le bon fonctionnement interne des services.

Or, la fonction « archives » n'est que rarement identifiée dans les organigrammes et la formation des agents souvent limitée dans ce domaine. L'hétérogénéité et l'insuffisante sensibilité des services aux contraintes réglementaires des archives sont sources de dysfonctionnements. En outre, la problématique nouvelle liée à l'archivage électronique oblige à apporter de nouvelles réponses et à mettre en œuvre de nouvelles pratiques. C'est pourquoi une action spécifique consacrée à la rationalisation de l'archivage des services a été validée en 2004 dans le cadre du PASED d'Indre-et-Loire.

À l'issue de cette démarche, il apparaît nécessaire d'engager la préfecture, les sous-préfectures et les services déconcentrés de l'État dans une politique durable d'archivage pour pérenniser les bonnes pratiques. En plus des outils méthodologiques mis au point avec chacune des administrations qui ont participé à la démarche, il paraît indispensable de solenniser les engagements respectifs des producteurs et des Archives départementales à travers une « charte d'archivage » signée par tous les directeurs et chefs de services de l'État, sous la haute autorité du préfet.

Engagements des services

Gestion courante des dossiers

– mettre en place dans chaque service un plan de classement et de gestion des archives courantes ;

– bien tenir ses dossiers et les épurer régulièrement ;

– ne procéder à aucune élimination de dossiers sans le visa réglementaire du directeur des Archives départementales ;

– prévenir les Archives départementales des changements dans l'organisation et les attributions du service ainsi que dans la typologie des dossiers produits ;

– en cas de transfert de compétences, établir un bordereau de transmission des dossiers visé par le service producteur, le service destinataire et les Archives départementales.

Traitement des archives intermédiaires

– transférer régulièrement les dossiers qui ne sont plus d'utilité courante dans un local sain réservé à cet usage ;

– prendre contact avec le correspondant du service aux Archives départementales ;

– repérer les dossiers éliminables et lancer la procédure d'élimination ;

– conditionner les dossiers en boîtes et numéroter les boîtes ;

– rédiger un bordereau de versement et l'adresser au correspondant du service pour examen ;

– participer à la mise à jour des tableaux de gestion des archives ;

– avertir le plus tôt possible le correspondant du service aux Archives départementales des projets de dématérialisation de dossiers ou de lancement de téléprocédures. Cette réflexion se fait en lien avec les ministères et directions de tutelle ;

– limiter l'externalisation de l'archivage aux seules archives éliminables à terme selon le cadre réglementaire.

Élimination des dossiers

– ne procéder à aucune élimination de dossiers sans le visa du directeur des Archives départementales ;

– une fois le visa du directeur des Archives départementales obtenu, organiser la destruction matérielle des dossiers.

Engagements des Archives départementales

Aide et conseil dans la gestion quotidienne des documents

– assister les services dans leur réflexion sur la gestion des dossiers et la mise en œuvre de l'archivage ;

– former périodiquement les correspondants « archives » et les agents des services aux techniques d'archivage.

Mise à disposition d'outils de gestion

– fournir les outils réglementaires nécessaires à la bonne gestion des documents dans les services de la préfecture et des services déconcentrés : circulaires, tableaux de tri et de conservation des archives ; guide d'archivage ; protocole pour l'archivage électronique ;

– prendre en compte la continuité du cycle de vie des documents afin d'assurer un meilleur contrôle des archives courantes et intermédiaires des services et préserver la documentation historique de la recherche ;

– fournir les dossiers aux services versants dans les plus brefs délais, dans la mesure où ils sont précisément référencés sur les bordereaux de versement.

Versements et élimination des dossiers

– relire et signer les bordereaux de versements remplis par les services ;

– relire et signer les bordereaux d'élimination.

Conservation et protection des documents « historiques »

– assurer de bonnes conditions de conservation aux documents versés quels que soient les supports ;

– garantir l'application du code du patrimoine.

À Tours, le 17 décembre 2007

Le préfet d'Indre-et-Loire

Le directeur de …………..

Le directeur des Archives départementales d'Indre-et-Loire

Les avatars des archives italiennes : bilan et perspectives

Marco Carassi
Directeur, Archives d'État de Turin

Si le noir paraît dominer le futur des archives, Michel Pastureau nous offre une consolation esthétique en nous apprenant que cette couleur indique le deuil, bien sûr, mais aussi l'élégance.

Faut-il croire alors que pour assurer l'élégance de nos vêtements, on soit obligé de nous réduire en deuil ?

Pour essayer de jeter le plus objectivement possible un coup d'œil sur la situation italienne actuelle, ses racines et ses perspectives, on prendra en compte la législation, qui a marqué des progrès considérables, l'organisation des archives publiques, qui est en ce moment sous de sombres nuages, et les activités exercées, susceptibles de nouveaux développements.

Prenons d'abord un peu de recul historique. Au moment de l'Unification nationale italienne (1861) les différences régionales sont très marquées même dans le domaine des archives des anciens États : le ministère de tutelle est parfois l'Intérieur, ailleurs l'Instruction, mais aussi les Finances, la Justice, la Guerre. En 1874 le lien hiérarchique est concentré pour tous les services d'archives dans le ministère de l'Intérieur [1]. Les statistiques montrent que, pendant les trente ans suivants, trois quarts des recherches sont faites pour des buts administratifs et privés. Le Conseil des Archives coordonne le réseau au niveau national, mais pour tenir compte des traditions archivistiques régionales très différentes et accompagner en souplesse le processus d'homogénéisation, sont créées en 1874 [2] dix Surintendances aux archives (supprimées d'ailleurs peut-être trop tôt en 1891).

---

[1] Décret royal RD 5 mars 1874, n. 1852.
[2] Décret royal RD 31 mai 1874, n. 1949.

La méthode de classement par matières largement appliquée jusqu'à l'Unification nationale est remplacée par le règlement de 1875 [3] par la « méthode historique » (respect interne des structures d'origine des fonds). L'inapplicable délai annuel des versements est porté à dix ans.

La formation du personnel est confiée à plusieurs écoles de paléographie et archivistique, dont l'origine remonte dans le temps (celle de Turin date de 1826).

Le tournant du siècle est marqué par deux textes normatifs très importants concernant la production des archives courantes dans les administrations publiques : la circulaire adressée aux Communes par le ministère de l'Intérieur en 1897 [4] et le règlement pour les archives des bureaux d'État en 1900 [5].

Le règlement de 1911 pour les Archives d'État, partiellement en vigueur jusqu'en 1999, confirme le délai de dix ans pour les versements des documents administratifs et judiciaires. Provinces et Communes sont autorisées à demander la création de nouveaux services d'Archives d'État, moyennant finance et bâtiments. Le mécanisme administratif qui règle les destructions de documents est précisé : l'autorisation est attribuée au directeur des Archives d'État, compétent par territoire.

Avec la loi de 1939 [6] le réseau des Archives d'État s'étend à presque toutes les provinces, mais la nouveauté principale est la parution dans chaque chef-lieu régional d'un nouveau type de Surintendance, un bureau conçu exclusivement pour la tutelle des archives publiques non d'État et des organismes et personnes privés.

La loi archivistique de 1963 [7], de niveau technique excellent mais dépourvue de sanctions et de moyens suffisants d'application, est une étape importante dans la modernisation du système archivistique italien. À coté de la tutelle, déjà confiée aux Surintendances, sur les archives des organismes publics non d'État, la loi introduit les commissions de surveillance sur les archives des bureaux décentralisés de l'État. Un représentant du directeur des Archives d'État compétent par territoire est membre de droit de ces commissions. Le mécanisme ainsi créé tend à concrétiser la révolution idéologique survenue avec la chute du fascisme et la Constitution républicaine de 1948. Si jusque-là les archives avaient eu pour but de construire la mé-

---

[3] Décret royal RD 27 mai 1875, n. 2552.

[4] Circulaire du ministère de l'Intérieur 1er mars 1897 n. 17100-2, signée Astengo.

[5] Décret royal RD 25 janvier 1900, n. 35.

[6] Loi 22 décembre 1939, n. 2006, nouvelle organisation des Archives du Royaume.

[7] Décret du Président de la République DPR 30 septembre 1963, n. 1409.

moire de l'État-nation (sauf survivances de fortes mémoires locales), après ce tournant juridique, la mise à disposition des chercheurs de fonds toujours plus récents répond à l'exigence constitutionnelle de l'impartialité de la conservation de la mémoire, ouverte aux différents points de vue. Il faut signaler toutefois que l'augmentation de 10 à 40 ans pour le délai des versements, censée éviter l'excès de consultations purement administratives auprès des Archives d'État, finit par avoir des conséquences néfastes sur les archives accumulées pendant si longtemps auprès des bureaux producteurs.

La création en 1974 [8] du ministère pour les Biens culturels et l'Environnement (auquel le ministère de l'Intérieur céda la direction générale pour les Archives, tout en gardant certaines compétences concernant la tutelle des archives confidentielles) parut couronner une longue attente. On ne tint toutefois aucun compte des suggestions de la commission d'étude Papaldo qui avait précédé la naissance du nouveau ministère et suggéré la création d'une structure légère, atypique, fondée sur la haute professionnalité de ses agents. Le résultat fut que l'application d'une vaste stratégie de sauvegarde de cet immense patrimoine public et privé fut confiée à un organisme bureaucratique très lourd, riche en structures de sommet, mais faible sur le terrain.

Les Régions, autorités locales auxquelles l'État confia progressivement des compétences administratives importantes, essayèrent longtemps de se faire attribuer tout le secteur des biens culturels, mais l'État décida de ne céder que la valorisation en gardant toujours la tutelle [9]. Cette séparation (et concurrence) de compétences sur les mêmes biens ne fut pas sans inconvénients.

Les Archives d'État et les Surintendances archivistiques vécurent, dans les années quatre-vingt du siècle passé, une période qui, *a posteriori* semble heureuse pour l'envergure des projets et la richesse de leur réalisation. Trente ans de travaux aboutirent entre 1981 et 1994 à la publication des quatre volumes du *Guide général des Archives d'États italiens* [10], entreprise sans pareil de description standardisée de milliers de fonds à partir des trésors des chartes des anciens États italiens, jusqu'aux versements les plus récents. Le *Guide* met en valeur le particularisme institutionnel d'un pays dont l'unification nationale est relativement récente. Il met aussi en évidence la richesse mais

---

[8] Loi 29 janvier 1975, n. 5 de conversion du Décret-loi 14 décembre 1974, n. 675.

[9] Décret législatif D.Lgs 31 mars 1998, n. 112.

[10] Ministero per i Beni Culturali e Ambientali, Ufficio Centrale per i Beni Archivistici, *Guida generale degli Archivi di Stato Italiani*, Roma 1981 (vol. 1), 1983 (vol. 2), 1986 (vol. 3), 1994 (vol. 4).

aussi les lacunes d'un patrimoine archivistique dont l'accumulation a été influencée souvent par les espaces plus ou moins disponibles dans les dépôts.

Pendant les deux dernières décennies du XXe siècle, pour chercher à rattraper les retards dus aux carences chroniques du budget du ministère, des lois spéciales permirent des investissements sur les bâtiments des archives, des bibliothèques et des musées et dans les systèmes informatiques, les numérisations et les sites web.

La conscience se diffusa que les sources pour l'histoire sont à sauvegarder dès leur création dans les archives courantes, mais le fonctionnement réel des « commissions de surveillance » continua de poser toujours pas mal de problèmes aux archivistes. Aussitôt que les documents cessent d'être utiles aux fonctions quotidiennes, les administrations productrices ont tendance à les oublier dans des lieux peu convenables, comme d'ailleurs à renvoyer *sine die* les versements des dossiers ayant accompli les quarante ans prévus par la loi.

Les archives des bureaux d'État (tribunaux, préfecture, police et désormais peu d'autres), les seuls tenus aux versements aux Archives d'État, sont une minorité dans le panorama des archives publiques italiennes. La majorité des archives publiques est donc gardée sans limite auprès du producteur. L'orgueil de l'indépendance de chaque administration locale et de chaque organisme public est toutefois contrebalancé par la fréquence des dispersions et des dégradations d'archives.

La tutelle des Surintendances archivistiques prévue par la loi pour servir de contrepoids au polycentrisme de la conservation a des degrés d'efficacité assez différents d'une région à l'autre, à cause de l'inégale distribution des ressources et des inspecteurs sur le territoire (un bureau avec plus de fonctionnaires attire plus de crédits en raison de sa capacité accrue de dépenses).

Mais le phénomène général de la diminution progressive des archivistes d'État frôle leur extinction : depuis des années les retraités ne sont pas remplacés ; phénomène dont les effets sont d'autant plus néfastes qu'il pèse plus lourdement sur les Archives d'État et les Surintendances du Nord de l'Italie, déjà traditionnellement défavorisées en terme de personnel. La multiplication des travaux scientifiques confiés par l'administration archivistique et par les organismes publics aux archivistes qui pratiquent la libre profession est parfois le seul moyen auquel recourir (bien sûr moyennant argent, si on en dispose) pour éviter la paralysie de l'activité de compétence.

Si telle est la crise des Archives d'État vue de l'intérieur, le monde de la recherche universitaire vit lui aussi depuis plusieurs années un déclin accéléré : les mémoires de maîtrise en histoire sont de moins en moins fréquents et les thèses de la troisième et de la cinquième année sont souvent rédigées sans référence à des sources archivistiques inédites.

Les travaux de classement et d'élaboration d'inventaires se trouvent ainsi dévalorisés, et les archivistes ressentent la double baisse d'intérêt pour leur travail de la part de leur public traditionnel et des décideurs politiques.

Considérons maintenant, très rapidement, comment, au cours de ces dernières décennies, l'organisation du ministère a confirmé que le fébricitant ne cesse de se retourner dans son lit, imputant à ses positions sur la paillasse la responsabilité de son malaise.

La Direction générale des archives, cédée par le ministère de l'Intérieur, se borna à changer de nom en 1974, devenant *Ufficio centrale per i beni archivistici* dans le cadre de la structuration originaire du nouveau ministère pour les Biens culturels et l'Environnement [11].

En 1998 [12] le ministère adopte le nom de *Ministero per i beni e le attività culturali*, ministère auquel sont attribuées aussi les compétences sur les spectacles, les sports et les équipements sportifs. Le règlement d'organisation [13] prévoit au sein du Conseil national des biens culturels une augmentation des membres de nomination ministérielle par rapport aux membres électifs. Un Secrétariat général est créé pour coordonner les Directions générales, dont le rôle s'en trouve affaibli. En périphérie, les bureaux de tutelle archéologique, des monuments et des beaux-arts sont subordonnés à un directeur général à compétence régionale (*Soprintendente regionale ai beni culturali*), auquel toutefois échappent les Archives d'État, les Surintendances archivistiques et les Bibliothèques d'État qui continuent de dépendre de leur respective direction générale centrale. Les seules surintendances déléguées à pouvoir émettre directement un décret de classement (d'où obligations légales à la charge du propriétaire) sont celles pour les archives. La tendance générale est de réduire les interlocuteurs ministériels locaux vis-à-vis des syndicats et des politiciens au niveau régional. Beaucoup d'archivistes se réjouissent d'avoir été laissés à l'extérieur de ce mécanisme d'homologation, mais le revers de la médaille est une certaine marginalisation des bureaux locaux de l'Administration archivistique dans les programmes de coopération État-Régions et dans la distribution des crédits, les instances ministérielles cen-

[11] Ministero per i beni culturali e ambientali, crée par le décret présidentiel DPR 3 décembre 1975, n. 805.

[12] Décret législatif D.Lgs 20 octobre 1998, n. 368.

[13] Décret présidentiel DPR 29 décembre 2000, n. 441.

trales préférant souvent des accords culturels et financiers directs avec les communautés locales.

La Direction générale pour les Archives retrouve en 1998 son nom d'avant 1975 et est, comme les autres sept directions centrales, subordonnée au Secrétaire général.

Peu après la réforme du ministère, en 1999, presque toutes les lois en vigueur sur les différentes catégories de biens culturels sont fusionnées dans un seul texte [14]. Sauf les quelques épaves restées en vigueur, les articles de la loi sur les archives de 1963 sont donc fondus avec ceux concernant les beaux-arts, les monuments, etc. Ceci a des conséquences parfois bizarres, comme dans le cas de la proclamation assez musclée qui défend de « démolir » les archives (art. 21, c.1). Les archives publiques sont reconnues, pour la première fois au niveau législatif, biens culturels dès leur origine (archives courantes). Globalement la tutelle sur les archives non d'État est élevée au niveau de la sévère normative en matière d'archéologie et de bâtiments historiques. Les sanctions pour la division non autorisée d'un château en mini-appartements deviennent en effet applicables aux manipulations des archives, mais l'activité de vigilance de la part des Surintendances archivistiques – qui pourraient assurer une vision d'ensemble en contrepoids au polycentrisme de la conservation – est largement influencée, voire affaiblie, par le manque de ressources opérationnelles.

D'ailleurs la tutelle des Archives d'État sur les archives des bureaux qui restent compétence de l'État au niveau local reste peu incisive. Seules les Archives d'État les plus dynamiques s'organisent pour suivre non pas strictement la lettre mais plutôt l'esprit de la loi et ainsi venir en aide, ou carrément se substituer, aux services qui ne remplissent pas leurs obligations, surtout en matière de grands versements arriérés.

La loi prévoit la collaboration entre État et communautés locales pour le catalogage des biens culturels, en fonction de la sauvegarde (la tutelle revient exclusivement à l'État) et de la valorisation des biens (compétence concurrente). L'administration archivistique développe dans les années quatre-vingt-dix ses projets de description informatisée du patrimoine archivistique national, non sans rapport avec la menace apportée par l'ouverture des frontières internes de l'Union européenne, phénomène susceptible de favoriser le départ inaperçu de documents importants pour l'histoire de l'Italie. Un système informatique dit « *Anagrafe* » laisse le pas à *SIUSA* (Système in-

---

[14] Décret législatif D.Lgs 29 octobre 1999, n. 490, Testo unico delle disposizioni legislative in materia di beni culturali e ambientali.

formatif unifié des surintendances archivistiques) et à *SIAS* (système analogue qui fait pendant du côté des Archives d'État).

Entre 2000 et 2004, s'étant multipliées les lois qui – en poursuivant l'efficacité, la transparence administrative et le respect de la vie privée – influencent la production et l'organisation des archives publiques, l'administration des Archives d'État établit des groupes de travail en collaboration avec les communautés locales et les organismes publics intéressés, pour produire des documents techniques d'orientation sur les archives courantes, propres à attirer l'adhésion spontanée. On travaille sur les plans de classification et les tableaux de gestion des Universités, des Régions, des Agences sanitaires, des Provinces, des Communes, des Chambres de commerce, des Écoles…

Les manuels de gestion des archives, dérivés d'un modèle anglo-saxon, commencent à se diffuser. Le Centre national pour l'informatique dans l'administration publique (CNIPA) offre sur son site une ébauche de manuel, que chacun doit personnaliser sur la réalité de son organisme. Les Surintendances et les Archives d'État offrent un support technique pour la rédaction de ce type de document, dont la qualité – tout comme la formation du personnel – est décisive pour le bon fonctionnement des archives comme instrument d'efficacité administrative.

D'autres groupes de travail s'occupent des archives des hôpitaux psychiatriques, des architectes du XXe siècle, des observatoires astronomiques, etc.

L'année 2004 est marquée aussi par une nouvelle réforme du ministère [15] avec son règlement [16]. Les nouveautés principales sont la multiplication des directions générales centrales et la création des directions régionales (avec rang de directions générales), avec pour conséquence l'affaiblissement des directions générales techniques et des surintendances territoriales titulaires de la tutelle, quoique celles compétentes pour les archives et les Archives d'État restent exclusivement reliées à la Direction générale pour les archives. On ressuscite en revanche une modalité autrefois expérimentée comme très utile de rencontres périodiques des responsables des différents services du ministère dans chaque région. C'est le *Comitato regionale di coordinamento* où archivistes et bibliothécaires siègent à côté des architectes, archéologues et historiens de l'art. La réforme apporte une complication ultérieure en subordonnant la Direction générale pour les archives (et celle pour les bibliothèques) à un nouveau Département ministériel pour les Archives et Biblio-

---

[15] Décret législatif D.Lgs 8 janvier 2004, n. 3.
[16] Décret présidentiel DPR 10 juin 2004, n. 173.

thèques qui finit par drainer du personnel, ralentir les procédures administratives et absorber une partie des crédits que les deux directions générales techniques avaient jusqu'alors directement distribués aux bureaux locaux dépendants (Archives d'État, Surintendances archivistiques et Bibliothèques d'État). La preuve des inconvénients économiques de la multiplication des organes et des niveaux hiérarchiques est fournie par la création au niveau national de l'Institut central pour les archives (ICAR), avec mission d'élaboration théorique et d'expérimentation professionnelle. Idée excellente, mais laissée sans l'indispensable support de crédits suffisants.

La menace de la fusion des deux directions générales des archives et des bibliothèques, proposée pendant l'été 2007, suscite des protestations qui ont pu paraître corporatistes seulement à ceux qui ignorent l'habitude des archivistes et des bibliothécaires (tout comme des historiens de l'art et des architectes des monuments historiques) de collaborer aux initiatives de valorisation culturelle sans que cela signifie confondre les critères scientifiques de description et gestion des catégories de biens de respective compétence.

Le malade toutefois ne devait pas cesser de se révolter dans son lit, car à l'automne 2007 un nouveau règlement du ministère [17] supprime les Départements, ramène en vie le Secrétariat général et subordonne les Surintendances archivistiques ainsi que les Archives d'État à la respective *Direzione Regionale per i Beni Culturali e Paesaggistici*. Puisque celle-ci a rang de direction générale, et que la Direction générale pour les archives heureusement survit, les Archives d'État et les Surintendances archivistiques disposent désormais de deux sources de crédits (mais le cauchemar est : que faire lorsque chacune renvoie à l'autre puisqu'elles sont également taries ?), et se réveillent dans la situation admirablement illustrée par Carlo Goldoni dans la pièce « Arlequin serviteur de deux patrons ».

Pour ajouter une dernière notation sur le sujet de l'organisation ministérielle, l'été 2009 voit une énième réforme [18], qui toutefois devrait essentiellement épargner le domaine des archives, sauf à grignoter quelques compétences de la Direction générale du secteur spécifique pour les donner aux directions régionales (autorisations aux prêts, aux dépôts,…) et à une nouvelle Direction générale centrale. Celle-ci est créée ayant pour mission la valorisation, l'internationalisation, la promotion, la publicité et le marketing du patrimoine culturel, en vue d'orienter surtout l'action des services vers le soutien au tourisme de qualité. Reste à savoir quelles conséquences indirec-

---

[17] Décret présidentiel DPR 26 novembre 2007, n. 233.

[18] Décret présidentiel DPR 2 juillet 2009, n. 91.

tes cela aura sur les domaines d'activités, qui ne peuvent pas être directement liés au tourisme, comme la tutelle sur les archives publiques (courantes comprises).

La loi sur les biens culturels de 1999 est révisée en 2004, lorsqu'elle prend le nom de code [19]. Le texte est centré sur les biens à sauvegarder et prévoit la possibilité de déléguer la tutelle sur les archives aux Régions qui le demandent et sont en état de l'assumer, selon les principes de différenciation (établir clairement les domaines respectifs) et d'aptitude (« *adeguatezza* »). Le mécanisme se justifie dans la foulée de la décentralisation, mais reste dans le flou : comment l'État, s'il perd la tutelle sur les biens diffusés sur le territoire, va-t-il pouvoir exercer une fonction résiduelle d'orientation et de contrôle, dans un domaine que la Constitution lui attribue ?

Il ne s'agit pas seulement du risque de perdre l'expérience précieuse d'une administration de haute professionnalité, mais aussi de voir s'affaiblir et, à terme, disparaître un point de repère central, au-dessus de la mêlée, sur des questions techniques et scientifiques délicates et compliquées, à la frontière entre la valeur juridico-administrative des archives et leur caractère culturel.

De nouvelles perspectives sur l'organisation des archives s'ouvrent par rapport à la dématérialisation des archives publiques, de plus en plus produites sur des supports numériques, quoique la part du papier reste considérable en vue d'une conservation plus facile et moins coûteuse sur la longue durée. À vrai dire on a souvent l'impression que les administrations considèrent suffisant, pour faire de l'innovation, de passer aux documents numériques sans repenser les procédures administratives. Certes, le défi technique que pose la conservation du numérique remet en cause la tradition italienne du polycentrisme de la conservation des archives publiques. Qui, en effet, va pouvoir assurer la conservation de ses propres archives, dont la presque totalité est hybride (numérique et analogue), tout en gardant de façon impartiale le contexte d'origine des documents pour en sauvegarder l'authenticité et l'accessibilité ?

Peut-être des nouvelles formes institutionnelles telles que des fondations mi-publiques mi-privées, ou des Archives territoriales en forme de consortium, ou encore un renforcement du réseau des Archives d'État, qui a l'avantage d'être déjà présent dans chaque province et déjà utilisé de temps

[19] Décret législatif D.Lgs 22 janvier 2004, n. 42, Codice dei beni culturali e del paesaggio.

en temps pour y déposer les archives des organismes publics en difficulté. Autant de formules qu'on pourrait expérimenter sachant qu'en temps de maigres ressources, l'union, si elle ne fait vraiment la force, au moins elle limite la faiblesse. Mais il faudra aussi poursuivre un sain rapport entre dépenses et résultats sans tomber victime de l'adoption acritique de modèles d'organisation de l'entreprise privée. Le risque est de ne pas tenir compte à fond de l'exigence d'une sauvegarde impartiale et vigoureuse du double caractère des archives publiques, qui sont garantie des droits des administrations et des citoyens et, en même temps, biens culturels.

La législation italienne [20] offre plusieurs outils juridiques pour innover dans la matière : la « programmation négociée », « l'entente institutionnelle de programme », « l'accord de programme cadre », « le pacte territorial », « le contrat de programme », « le contrat de zone ». Le *Code des biens culturels* [21] prévoit encore différentes possibilités de collaboration pour la valorisation et la gestion de biens culturels publics.

Apparemment la solution la plus simple et la moins coûteuse serait de renforcer le réseau qui existe en cherchant la collaboration de tous les organismes publics et privés intéressés. C'est d'ailleurs ce qu'on fait déjà en bonne mesure sur le plan de l'intégration des descriptions informatisées des fonds d'archives. Même les institutions qui se concurrençaient jalousement il y a quelques années, travaillent maintenant à l'intégration sur le web de leurs bases de données. La Direction générale des archives développe un plan ambitieux de portail archivistique national ouvert à la collaboration de tous les conservateurs d'archives publiques et privés. Les ressources numériques de plus en plus nombreuses qui reproduisent désormais des fonds entiers d'archives seront ainsi accessibles plus correctement à travers un système cohérent et partagé de riches descriptions, sans forcer à plat sur une seule dimension de type bibliographique la structure complexe des fonds et leur relation avec les organismes producteurs.

De toute façon il est clair que, même pour laisser aux Archives d'État les seules fonctions actuelles, il faudra reconsidérer le désinvestissement dramatique des six dernières années, reprendre la politique de construction de dépôts, et programmer le rééquilibrage quantitatif et le relais générationnel du personnel scientifique, qui dans sa grande majorité s'approche de la retraite sans avoir pu transmettre à des jeunes collègues l'expérience accumulée. Ce passage de témoin est beaucoup moins facile en Italie qu'en France, puisque

---

[20] Cfr. art. 2, c. 203 Loi 23 décembre 1996, n. 662.

[21] Cfr. D.Lgs cité à la note 19, artt. 102, 112, 115.

l'Unification nationale de la péninsule est relativement récente et les particularités des histoires régionales et des fonds d'archives sont très riches et complexes. Ceci est vrai pour les Archives d'État comme pour les Surintendances, qui se consacrent à la tutelle des très nombreuses archives qui restent chez l'organisme producteur sur le territoire des huit mille communes italiennes. Sans parler de la nécessité d'éviter aux archivistes professionnels de suffoquer, absorbés par des tâches administratives qui débordent du cœur de leur fonction propre.

Une stratégie de mise à jour constante des compétences du personnel paraît d'ailleurs essentielle dans un environnement technique, administratif, socio-économique et culturel en cours de changement accéléré. Les écoles d'archivistique, paléographie et diplomatique existantes auprès des plus importantes Archives d'État sont sans doute à réformer pour leur permettre également de venir à l'encontre des exigences du personnel sans notions de latin, chargé des archives courantes et intermédiaires des administrations. Il ne faut pas oublier d'autre part que des archivistes de formation traditionnelle se sont révélés d'excellents gestionnaires d'archives courantes et informatiques, grâce aussi aux méthodes acquises en étudiant la diplomatique du document médiéval.

Une collaboration serait souhaitable avec les cours d'archivistique organisés par les Universités mais quelques institutions académiques ont des difficultés à reconnaître que les écoles des Archives d'État ont parfois des compétences de plus haut niveau et disposent presque toujours d'une plus grande facilité à montrer et discuter des cas réels, car ce qui rend vraiment efficace l'enseignement d'une théorie est sa liaison à la pratique. Pour le personnel déjà en service, des séminaires fréquents, concentrés en peu de jours, avec des experts ayant mis les mains dans la pâte du travail quotidien, seraient peut-être plus utiles que des longs cours tenus par des luminaires des différentes doctrines dont les publications sont facilement lisibles chez soi. Cours qu'on finit souvent par ne plus fréquenter pour des raisons de temps et d'argent.

Faut-il conclure que si les décideurs politiques sont si distraits, voire très peu intéressés vis-à-vis des archives, c'est peut-être aussi parce qu'ils reflètent l'ignorance du grand public en la matière, et culpabilisent les archives pour l'absence d'un retour monétaire évident à cet investissement très particulier. Si c'était le cas, il faudrait alors travailler à une nouvelle légitimation du rôle stratégique des archives dans une moderne société démocratique.

Car il ne s'agit pas seulement de défendre nos droits bien fondés, ou – selon les lamentations les plus vagues et fréquentes – d'éviter de perdre nos racines et nos identités (dont les archives témoignent en réalité la nature pluraliste et évolutive, à l'opposé du mythe d'un bloc homogène et stable de caractères et de valeurs), mais surtout de savoir utiliser le trésor de notre mémoire archivistique pour sélectionner chaque fois les données vraiment significatives afin d'élucider des problèmes de plus en plus complexes, dans les orientations personnelles ainsi que dans la mise en œuvre des politiques publiques.

Le domaine de l'enseignement n'est pas le seul terrain sur lequel se joue cette partie. Pourra-t-on faire passer l'idée qu'une conservation efficace et impartiale du passé offrirait à tous des moyens rassurants pour ne pas avancer à tâtons dans l'obscurité totale, mais pour comprendre le chemin parcouru, méditer sur les choix retenus et ceux qu'on a écartés, pour confronter les alternatives actuelles, et pour prendre des décisions moins aléatoires et plus partagées ? Vaste programme…

Réforme de la législation archivistique en Belgique : entre sclérose et dislocation

Claude de Moreau de Gerbehaye
Chef de département aux Archives générales du Royaume et Archives de l'État dans les provinces (Belgique)

Introduction

La structure organique des Archives de l'État en Belgique est héritée de la pyramide « jacobine » française élaborée et appliquée durant la période d'annexion à la République (1795-1815) [1]. Cependant, l'émancipation de la langue néerlandaise et de la culture flamande a transformé la Belgique unitaire en une fédération tiraillée entre une multiplicité d'États et dotée de sept assemblées législatives distinctes.

Cette évolution a rendu plus aigu le questionnement sur l'indissolubilité du lien archives – bien culturel, devenu juridiquement incompatible avec les réformes de l'État. En effet, désormais parmi les compétences transférées de l'État fédéral aux entités fédérées figurent notamment l'enseignement et la culture. Seule une dizaine d'institutions, les « Établissements scientifiques fédéraux », c'est-à-dire les grands musées, la Bibliothèque royale, les Archives générales du Royaume, l'Observatoire, l'Institut royal météorologique, etc., a échappé au transfert ou au dépeçage, conformément à une loi spéciale [2] promulguée exactement huit ans après celle du 8 août 1980, qu'elle complète par un article 6*bis*, § 2, 4° [3].

---

[1] Sur l'évolution de la structure des Archives de l'État en Belgique, voir C. de Moreau de Gerbehaye, « Une territorialité raisonnée. L'application du principe des ressorts aux Archives de l'État en Belgique », dans *Lach* Liber amicorum *Herman Coppens*, éd. Michel Van der Eycken et Erik Houtman, t. I, Bruxelles, 2007 (Archives générales du Royaume et Archives de l'État dans les provinces. Studia, 115), pp. 107-130.

[2] En vertu de l'art. 4, dernier alinéa, de la Constitution coordonnée de 1994, une loi [à majorité] spéciale ne peut être adoptée que dans la mesure où le quorum de présence atteint

Le présent exposé vise à dresser l'état d'une question dont l'évolution est difficilement prévisible, même à court terme. Selon l'écoute qu'accordera le pouvoir politique aux instances scientifiques compétentes et, par ailleurs, en fonction de la volonté réelle de parvenir à une solution durable, les progrès attendus se concrétiseront rapidement ou seront reportés à une échéance ultérieure, faute d'accord ou par inapplication de nouveaux textes peu compétents ou mal réfléchis. Inversement, la réponse scientifique doit s'inscrire dans un contexte politique extrêmement complexe et fragile. L'appui des experts gouvernementaux s'avèrera indispensable pour la réussite de la transposition juridiquement correcte des propositions émanant des spécialistes de la discipline archivistique.

1. La situation légale des archives à partir de 1955

La loi actuellement en vigueur fut promulguée le 24 juin 1955. Se limitant aux dispositions essentielles, elle compte 7 articles [4].

Un seul arrêté d'exécution vit rapidement le jour, celui qui règle l'article 1er, alinéa 6, de la loi. Pris le 12 décembre 1957 [5], il traite de l'organisation des transferts d'archives : versements, dons et legs, dépôts.

Quant à l'arrêté ministériel prévu aux articles 3 et 4 portant règlement d'ordre intérieur, il n'a vu le jour après plus d'un demi-siècle (20 juin 2006) en traitant des conditions d'accès aux documents entrés aux Archives de l'État, tant par versement que par donation ou dépôt [6].

Aucune disposition abrogatoire n'étant stipulée dans la loi de 1955, certains textes antérieurs – souvent oubliés – restent en vigueur, notamment :

- La loi du 7 messidor an II [25.06.1794] « concernant l'organisation des archives établies auprès de la représentation nationale » [7]. L'article 37 notamment demeure la base légale des principes de la publicité et de la gratuité.

---

les 50 % dans les deux collèges linguistiques (français et néerlandais) tant à la Chambre des représentants qu'au Sénat et où les votes atteignent les 2/3 des voix exprimées, tant à la Chambre qu'au Sénat.

[3] La liste de ces établissements a été arrêtée par le Roi le 30 octobre 1996 (publication au *Moniteur belge* [désormais : *MB*] 7 décembre 1996) ; M. Beumier et N. Brynaert, *Les Établissements scientifiques fédéraux*, Bruxelles, 2004 (Courrier hebdomadaire du CRISP [Centre de recherche et d'information socio-politiques], nos 1855-1856), pp. 6-8 et 67-68.

[4] *MB*, 12 août 1955. – Le journal officiel belge ne paraît plus sur papier depuis 2003. Il est accessible à l'adresse électronique suivante : http://www.ejustice.just.fgov.be/cgi/welcome.pl.

[5] *MB*, 20 décembre 1957.

[6] *MB*, 25 juillet 2006, 2e éd., avec *addendum* (2 août 2006).

[7] Un avis du Conseil d'État du 3 avril 1990, p. 15, réaffirme que ce texte est toujours d'application.

- La loi du 5 brumaire an V [26.10.1796] portant réunion dans les chefs-lieux de département de tous les titres et papiers acquis à la République pose le principe des futurs dépôts de l'État dans les provinces. L'application du texte sera étendue à la future Belgique par décret du 16 brumaire suivant [06.11.1796].
- La loi du 25 ventôse an XI [16.03.1803], modifiée et complétée principalement par deux lois du 04.05.1999, organisant le notariat, dont l'article 62 reste d'application pour les minutes, répertoires et tables des actes [8].
- Quant au Code civil du 21 mars 1804, son article 45, § 1er, sera complété par la loi du 31 mars 1987 en vue de limiter la consultation des actes de moins de cent ans.
- Le Code pénal énumère des peines à l'encontre des fonctionnaires publics ou des particuliers s'étant rendus coupables d'avoir « méchamment ou frauduleusement détruit ou supprimé des actes ou titres » (articles 240-242 et 527).

En dépit de sa volonté généraliste, le maigre arsenal législatif en vigueur n'en contient pas moins un certain nombre de vides juridiques ou de verrous qui compliquent la tâche des producteurs légaux ou potentiels, ainsi que des archivistes chargés de collecter, de préserver et de valoriser les matériaux de la mémoire collective.

Des principes généraux – également absents d'autres textes législatifs – ne sont pas abordés, tels que l'inaliénabilité et l'imprescriptibilité des archives en tant que domaine public de l'État, des entités fédérées, des provinces, des communes, des institutions publiques, etc. En outre, l'énumération limitative d'institutions assujetties à la loi [9] constitue un obstacle important dans l'action des archivistes face à des détenteurs d'archives publiques récalcitrants. En n'étendant pas d'emblée la mesure à toutes les personnes physiques et morales exerçant en tout ou partie une parcelle de pouvoir public, bon nombre d'organismes créés ultérieurement à la liste de 1955 et d'autres refusant de ressortir à la catégorie – certes actuellement plus restreinte – des

---

[8] Il avait été question d'intégrer les obligations imposées aux archives notariales dans la loi de 1955 relative aux archives. Mais cette initiative émanant de parlementaires ne fut finalement pas couronnée de succès (C. de Moreau de Gerbehaye, « Des archives notariales à la recherche historique », dans *Notariat et archives. Actes de la journée d'étude organisée à Bruxelles le 5 mai 2009*, éd. M. Nuyttens, Bruxelles, 2010 (Archives générales du Royaume, Miscellanea archivistica, Studia, 185), p. 29-37.

[9] « Les documents [...] conservés par les tribunaux de l'ordre judiciaire, le Conseil d'État, les administrations de l'État et les provinces » à titre obligatoire ; « [...] par les communes et par les établissements publics » à titre facultatif.

« établissements publics » parviennent à s'exonérer de toute obligation légale.

2. De la déconcentration à la décentralisation

Dans les années 1960, le maillage des dépôts provinciaux (ex-départementaux) fut complété par une série de bâtiments supplémentaires.

La première série, constituée de dépôts auxiliaires, fut créée par l'État, en vue de renforcer les capacités des dépôts de chef-lieu : Beveren, en Flandre orientale, et Saint-Hubert, en province de Luxembourg.

Dans le second cas de figure, les dépôts provinciaux transféraient une partie de leurs fonds et collections dans un chef-lieu d'arrondissement de la même province, suite à un accord passé avec la ville d'accueil qui affectait un édifice dans ce but à disposition de l'État [10]. Durant cette décennie, prenait corps le désir de rapprocher davantage encore les archives des citoyens et notamment des écoles. C'est l'époque où les Archives de l'État développèrent une politique pédagogique par des campagnes d'expositions permanentes et temporaires, ainsi que la publication de nombreux catalogues et dossiers documentaires. Dans ce contexte naquirent les dépôts de Courtrai (en Flandre occidentale, outre le dépôt de Bruges), Huy (en province de Liège, à côté de celui de Liège), Renaix (en Flandre orientale à côté de celui de Gand, pour l'arrondissement d'Audenarde) et Tournai (en Hainaut, en plus de celui de Mons).

La période des réformes de l'État qui donna naissance aux trois communautés (flamande, française et germanophone) et aux trois régions (Bruxelles-Capitale, Flandre et Wallonie) entre 1980 et 1993 fut le coup d'envoi d'un certain nombre d'ondes de choc aussi bien dans la consistance que dans la structure des Archives de l'État dont celles-ci sont loin d'être sorties.

Avec le transfert de compétences de l'État fédéral aux communautés et régions (les « entités fédérées ») par le vote de lois spéciales, la compétence de l'éducation et de la culture échappait à l'État belge, à l'exception des dix Établissements scientifiques fédéraux au nombre desquels appartiennent les Archives de l'État.

Cet état de fait, que certains imaginent provisoire à tout le moins pour plusieurs de ces dix institutions, se maintient dans un contexte incertain. L'instabilité provient notamment de deux particularités coulées dans la Constitution coordonnée de 1994. Celles-ci confèrent une teinte fédérale insolite à la Belgique.

---

[10] Conventions passées entre l'État et les villes d'accueil sur la base de l'arrêté royal du 28 novembre 1963 (*MB*, 20 décembre 1963).

En premier lieu, les textes des assemblées législatives fédérale et fédérées (sauf la région bruxelloise) sont totalement équipollents. Il n'y a donc aucune prééminence du niveau fédéral face à un exercice exclusif des compétences intégralement transférées, notamment en matière de culture.

D'autre part, l'article 35 de la loi fondamentale traitant des compétences résiduelles stipule que : « L'autorité fédérale n'a de compétences que dans les matières que lui attribuent formellement la Constitution et les lois portées en vertu de la Constitution même. Les communautés ou les régions, chacune pour ce qui la concerne, sont compétentes pour les autres matières, dans les conditions et selon les modalités fixées par la loi ». Mais cette loi fixant l'entrée en vigueur de l'article 35 ne peut être votée aussi longtemps que la liste des compétences exclusives de l'État fédéral n'aura pas été adoptée par le Parlement [11].

Le ministère de l'Éducation nationale et de la Culture, devenu le bicéphale ministère de l'Éducation nationale et de la Culture française et ministère de l'Éducation nationale et de la Culture néerlandaise, fut donc divisé et transféré aux communautés flamande, française et germanophone, hormis les dix établissements déjà évoqués. Ceux-ci sont depuis lors chapeautés par les Services fédéraux des affaires scientifiques, techniques et culturelles, qui ont pris la dénomination de Service public de programmation politique scientifique fédérale par arrêté royal du 12 décembre 2002.

Les réformes de l'État compliquent l'exercice du rôle de gardien de la mémoire nationale assigné aux Archives de l'État. Car les six nouvelles entités fédérées ne sont pas intégrées à la liste des pouvoirs publics figurant dans la loi « nationale » de 1955. D'autre part, les lois spéciales de réforme n'ont jamais divisé les compétences en matière de collecte, de sauvegarde, de communication ou de surveillance des archives publiques sur le territoire belge.

---

[11] Dans *La Belgique fédérale. Fondements constitutionnels et légaux*, [Ottignies], 1994, p. 9, M. Uyttendaele et J. Sohier identifient la mesure à une « technique consistant à inscrire un principe dans une « coquille vide » en en reportant l'exécution aux calendes grecques [...] ».

La Belgique, ses communautés et ses régions

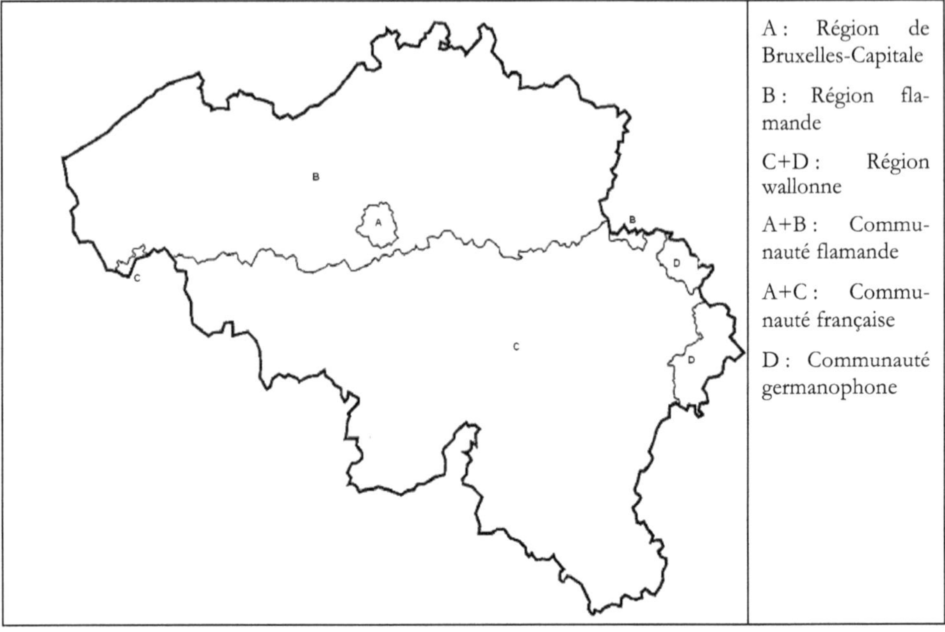

Enfin, la tutelle administrative sur les pouvoirs provinciaux et communaux a, quant à elle, été transférée de l'État belge aux trois régions (Bruxelles, Flandre et Wallonie). Cette disposition implique que les Archives de l'État sont amenées à intervenir dans des institutions ne relevant plus totalement de celui-ci. Par contre, il demeure vrai que certaines missions purement étatiques continuent à être exercées par les provinces et les communes (état civil, police, milice, cadastre, etc.).

Dans la structure des Archives de l'État, la seule évolution tangible durant les années 1980 fut la création d'un dépôt à Eupen. Les archives de la partie germanophone de la province de Liège, qui forme la troisième communauté de Belgique, y sont désormais conservées.

3. Nouvelles préoccupations « citoyennes »

Parallèlement aux mouvements centrifuges qui ont caractérisé l'évolution institutionnelle belge au cours de ce dernier demi-siècle, des préoccupations en phase avec les évolutions politiques, socio-économiques et culturelles générales se sont manifestées et ont débouché sur des résultats normatifs auxquels les Archives de l'État doivent s'adapter et qu'elles doivent assimiler dans leur processus de réforme législative en préparation.

La protection de la vie privée à l'égard des traitements de données à caractère personnel a fait l'objet d'un texte législatif promulgué le 8 décembre 1992 [12]. Il a ensuite été complété par les arrêtés royaux n°s 1 et 2 du 28 février 1993 [13].

En contrepartie aux mesures de protection du « *privacy* », l'application du principe de *glasnost* aux pouvoirs publics a commencé à se décliner en Europe occidentale. Outre le nouvel article 32 de la Constitution, la loi du 11 avril 1994 [14] fut adoptée concernant la publicité de l'administration de l'État, suivie de celle du 12 novembre 1997 [15], applicable à l'administration dans les provinces et les communes. Dans la foulée et suite aux transferts de compétences aux entités fédérées, la Communauté flamande a adopté son propre décret [16], abrogeant la loi sur son territoire.

Le développement exponentiel de l'informatique au cours des dernières décennies et l'introduction de l'électronique dans tous les secteurs de la vie quotidienne, y compris la production de documents qui devraient conserver soit une force probante, soit une valeur historique à moyen ou long terme, amène les législateurs à combler les vides juridiques qui se créent. Ainsi, à titre d'exemple, une loi fixant certaines règles relatives au cadre juridique pour les signatures électroniques et les services de certification a reçu la sanction royale le 29 septembre 2001 [17].

Enfin, le concept de patrimoine culturel a connu un développement considérable. Ayant depuis longtemps dépassé la sphère familiale pour acquérir un statut d'héritage sociétal, il se trouve aux portes du secteur archivistique, avec l'inconvénient d'être « encore en voie de formation selon les juristes » [18]. En deux siècles, se sont agrégés autour du noyau immobilier la composante mobilière et plus récemment le domaine de l'immatériel. En outre, la distinction entre le droit de propriété et celui de l'usage au sens large offre encore une brèche où la notion patrimoniale peut prospérer. Les décrets des communautés française (11 juillet 2002) [19] et flamande (24 jan-

[12] *MB*, 18 mars 1993.

[13] *Idem.*

[14] *MB*, 30 juin 1994.

[15] *MB*, 19 décembre 1997.

[16] Par exemple, le décret du Parlement flamand du 26 mars 2004 (*MB*, 1er juillet 2004).

[17] *MB*, 29 septembre 2001.

[18] J.-M. Leniaud, art. « Patrimoine », dans *Encyclopædia Universalis*, t. XVIII, Paris, 2008, pp. 463-464.

[19] *MB*, 24 septembre 2002.

vier 2003) [20] plantent, délibérément ou non, les premiers jalons d'une politique de contrôle intégral de l'information et de la documentation publique et privée produite dans leurs ères respectives du territoire belge.

4. Les législations en matière d'archives privées

Les évolutions institutionnelles ayant transféré la culture aux communautés, les monuments et sites aux régions [21] et la recherche scientifique finalement aux trois niveaux (fédéral, communautaire et régional [22]), rien n'empêchait celles-ci de légiférer pour leurs ressorts respectifs. Cependant, l'exclusivité culturelle ne signifie pas pour autant une interdiction, intimée au niveau fédéral, d'acquérir des archives privées. En effet, il revient au particulier lui-même, soucieux de donner, léguer ou déposer ses archives, d'opérer le choix de la personne publique ou privée qui lui sied.

L'État fédéral conserve la faculté offerte par l'article 1er, alinéa 5, de la loi du 24 juin 1955 : « Les archives appartenant à des particuliers ou des associations privées peuvent également être transférées aux Archives de l'État, à la demande des intéressés ».

Quant aux communautés flamande et française, elles reconnaissent et subventionnent des centres d'archives privées qui s'engagent à remplir la même fonction. Dès le 27 juin 1985, la Communauté flamande légiférait à propos des centres d'archives et de documentation de droit privé néerlandophones. Le décret fut remplacé par un second, daté du 19 juillet 2002 [23]. Du côté de la Communauté française, c'est le décret du 13 juillet 1994 qui remplit le même office jusqu'à son remplacement par celui du 12 mai 2004 [24].

5. Les législations en matière d'archives publiques

La loi de 1955 conserve son caractère national, aussi longtemps qu'elle ne sera pas modifiée ou abrogée par d'autres lois, ordinaires ou spéciales, ni par la Constitution. Toutefois, les nouvelles entités fédérées, créées après 1955, disposent du pouvoir de prendre des mesures en vue de la protection

---

[20] *MB*, 14 mars 2003.

[21] Ressortissant à la culture en vertu de la loi spéciale du 8 août 1980 (art. 4, 4°) dans un premier temps, les « monuments et sites » ont été soustraits aux compétences des communautés pour rejoindre l'« aménagement du territoire » (art. 6, 7°), attribution régionale, en 1988.

[22] C'est une loi spéciale du 16 juillet 1993 « visant à achever la structure fédérale de l'État » (*MB*, 20 juillet 1993) qui a ajouté un art. 6*bis* à la loi de réformes institutionnelles de 1980.

[23] *MB*, 1er octobre 2002, modifié à plusieurs reprises.

[24] *MB*, 18 juin 2004, modifié à plusieurs reprises.

de leurs propres archives, puisqu'elles ne figurent évidemment pas dans la liste des organes énumérés à l'article 1er, alinéa 1er.

Alors qu'aucune des communautés ne dispose encore de ses textes respectifs en matière d'archives publiques, un décret a été adopté à ce propos par le Parlement de la Région wallonne depuis le 6 décembre 2001 [25].

Mais deux aspects de la politique archivistique se retrouvent en position délicate. D'une part, la surveillance des producteurs d'archives appartient au niveau fédéral, ce que supportent difficilement les entités fédérées, qui ne lui sont pas subordonnées. D'autre part, le transfert obligatoire des archives provinciales et celui facultatif des archives communales dans les dépôts de l'État sont parfois mal acceptés, alors que la tutelle administrative a été transférée aux trois régions.

L'entrelacs des compétences asymétriques devient tel que les interprétations et les contradictions se multiplient à la faveur de l'urgence de certaines questions, sans compter la tentation d'un usage immodéré de la caducité en guise d'abrogation.

Domaines exclusifs des entités fédérées sur leurs archives et sur les archives privées

Territoire	Archives publiques	Archives privées confiées aux organismes agréés
Bruxelles	Communauté française Communauté flamande Région Bruxelles-Capitale	Communauté française ou flamande
Flandre (région)	Communauté flamande [26]	Communauté flamande
Wallonie (partie francophone)	Communauté française Région wallonne	Communauté française
Communauté germanophone (Wallonie)	Communauté germano-phone Région wallonne	Communauté germanopho-ne

Les archives s'apparentent à l'encéphalogramme d'un pouvoir public. Aussi longtemps que celui-ci fonctionne, il produit des archives. En revanche, lorsqu'il arrête d'en créer, son existence et sa reconnaissance s'évanouissent presque instantanément. En dépit de la modestie de son objet, ce constat pourrait s'ajouter aux quatre conditions nécessaires et consti-

[25] *MB*, 20 décembre 2001.

[26] La communauté et la région flamande sont fusionnées, la première disposant de compétences supplémentaires sur la région de Bruxelles-Capitale.

tutives d'un État, telles qu'elles furent définies lors de la Convention de Montevideo en 1933 [27].

Si la perte du contrôle de sa mémoire est suicidaire pour un État, la répartition entre les entités fédérées et le transfert de la compétence archivistique seraient tout aussi problématiques en raison de l'asymétrie institutionnelle. En effet, les archives privées ressortissent prioritairement aux communautés, tandis que les archives des pouvoirs publics subordonnés seraient en revanche du domaine des régions.

6. Les enjeux

Le Parlement de la Communauté flamande prépare un texte de décret depuis de nombreuses années, avec le soutien très actif de la puissante association professionnelle des bibliothécaires, archivistes et documentalistes flamands. Ce texte sera probablement le plus ambitieux et le plus « entreprenant » vis-à-vis des prérogatives fédérales. La ligne de conduite, qui s'est déjà manifestée dans certaines déclarations politiques, vise à absorber intégralement la notion d'archives dans celle de patrimoine culturel, composante exclusive des seules entités fédérées (Communauté flamande et Région wallonne principalement). À terme, les archives de l'État fédéral finiraient, selon ce scénario, par être cogérées par les gouvernements qui ont recueilli la culture dans leurs attributions.

Le projet d'ordonnance de la Région de Bruxelles-Capitale a ressurgi après plusieurs années de léthargie. Limité légitimement aux seules archives produites par les institutions du pouvoir régional – en y incluant les archives des cabinets ministériels, à l'instar du décret wallon du 6 décembre 2001 –, il pourrait être adopté prochainement par le Parlement régional [28].

Depuis une vingtaine d'années, les tractations, propositions et projets de loi fédérale patiemment élaborés, tombent systématiquement en caducité, car leur complexité et certaines résistances à caractère politique ne leur ont pas encore permis d'aboutir avant les fins de législature. À ces considérations, s'ajoute la frilosité devant les coûts supplémentaires engendrés par la mise en place des plans de sauvetage d'archives toujours repoussés, aux-

[27] Convention concernant les droits et les devoirs des États, adoptée par la Septième Conférence internationale américaine, signée à Montevideo le 26 décembre 1933. – Les quatre autres conditions étant : la communauté humaine, le territoire, la puissance publique, déjà définies antérieurement par R. Carré de Malberg, auxquelles s'ajoute la reconnaissance par d'autres États (cf. Ch. Behrendt et F. Bouhon, *Introduction à la théorie générale de l'État*, t. I : *Manuel*, [Bruxelles, 2009] (Collection de la Faculté de droit de l'Université de Liège), pp. 59-63).

[28] L'ordonnance relative aux archives de la Région de Bruxelles-Capitale vient en effet d'être votée, puis promulguée le 28 janvier 2009 (*MB*, 26 mars 2009, 1e éd.).

quels on porte peu d'intérêt ou que l'on n'a pas voulu voir durant des décennies, au profit d'économies dans ce secteur « non prioritaire ».

En effet, les projets de nouveaux textes prenaient en considération de nombreuses évolutions intervenues en un peu plus d'un demi-siècle, principalement :

1) les évolutions constitutionnelles, dont l'adaptation à la structure fédérale du pays ;

2) les évolutions de la terminologie archivistique, plus encore en langue néerlandaise ;

3) la définition du concept d'archives publiques, avec le rappel des caractères d'inaliénabilité et d'imprescriptibilité qui les protègent ;

4) l'intégration des nouveaux supports matériels de l'information ;

5) le remplacement d'une liste limitative des institutions visées, rapidement incomplète, surtout dans un pays où l'« inventivité » institutionnelle est réputée. Les définitions d'archives publiques et de pouvoirs publics, avec éventuellement dérogations strictement encadrées, auraient pu remplacer une nomenclature dont sont nommément absents le Parlement, le chef de l'État, la Cour constitutionnelle (ex-Cour d'arbitrage), la Cour des comptes, les cabinets des mandataires publics, les institutions publiques à statut spécial (sociétés anonymes de droit public, « parastataux », etc.) ;

6) la réduction du délai ordinaire de communication des documents de 100 à 30 ans, à l'instar des pratiques de plus en plus répandues en Europe ;

7) l'ajout de sanctions pénales [29] ou administratives mieux ciblées ;

8) la nécessité de prévoir la conclusion d'« accords de coopération » contraignants entre l'autorité fédérale et toutes les entités fédérées, avant l'abrogation complète de la loi de 1955 ;

9) le maintien ou le partage du droit de surveillance ;

10) le maintien de principes de conservation communs et concertés ;

[29] À l'heure actuelle, le *Code pénal* pourrait être invoqué, si l'on admet que les termes « registres », « minutes ou actes originaux de l'autorité publique », « pièces », « titres », correspondent à la notion d'archives publiques par nature ou par destination.

11) le rappel de l'autorisation préalable et coordonnée à l'élimination de toutes les archives publiques ;

12) l'intégration ou l'adaptation des lois votées en matière de protection de la vie privée à l'égard des traitements de données à caractère personnel et de la publicité des actes administratifs.

Devant cet obstacle insurmontable et l'urgence de pouvoir assurer la continuité d'un service public efficace, dynamique et responsable, on se trouve contraint à ne défendre, avec moins d'ambition et moins de panache, qu'une série limitée de modifications ponctuelles du texte de 1955, plutôt qu'à continuer à vouloir substituer l'ancien texte par un tout neuf [30].

La sclérose et la méfiance ont eu raison des tentatives de refondation de la loi, mais paradoxalement elles ont pour vertu de maintenir sa portée intégralement nationale. Car dans le climat d'accaparement des compétences culturelles et patrimoniales par les entités fédérées qui les avaient obtenues, un nouveau texte aurait pu déboucher sur un dépeçage de la compétence archivistique.

Conclusion

Il existe toujours une marge de manœuvre entre la sclérose et la dislocation, mais elle se rétrécit si elle n'est pas utilisée et si elle ne donne pas de résultats tangibles à court terme. En clair, il appartient aux Archives de l'État et à ses décideurs d'accepter ou de s'opposer au processus d'extinction escompté par leurs détracteurs.

Mais la question de fond apparaît clairement dans le cas belge. Elle se résume en deux questions :

— Un État, privé de droit à la culture, peut-il survivre ?

— Un État de droit, privé d'archives, c'est-à-dire de mémoire stable, garantie de la sauvegarde des droits et gisement de la connaissance du passé et des racines, peut-il exister ?

Dans un tel contexte, l'archiviste public doit-il opter entre son statut de fonctionnaire ou de scientifique ? À cette question existentielle, une tentative de réponse en deux temps peut être proposée. Des deux fonctions, il existe une majeure et une mineure, mais l'une ne peut exister sans l'autre.

[30] La méthode a produit des résultats récents, puisqu'une « loi portant dispositions diverses » du 6 mai 2009 (*MB*, 19 mai 2009) stipule en ses articles 126 à 132 les modifications ponctuelles à insérer dans la loi de 1955. Parmi celles-ci figure la réduction fameuse du régime ordinaire de la publicité et donc de la consultation de 100 à 30 ans.

La composante administrative garantit l'intégrité des archives et leur authenticité, leur conservation en dehors des intérêts particuliers et commerciaux, leur accès au plus grand nombre et leur transmission aux générations futures. Les fonctionnaires publics sont assermentés et, en apportant la garantie de l'État, ils sont aptes à communiquer à tout citoyen et à tout pouvoir public les pièces probantes dont il aurait besoin ou à délivrer des extraits et copies qui font foi en justice. Bref, ils doivent à la fois soutenir et exercer une parcelle de la puissance publique au service de la mémoire, comme matériau de l'histoire.

Mais sans la composante scientifique, comment arbitrer dans la perspective de la longue durée les éliminations colossales et inéluctables, mais pertinentes, qui doivent déboucher sur la bonne conservation de la quintessence des archives sélectionnées. Sans connaissance scientifique, historique, administrative et technique, comment conserver et inventorier correctement des documents dont on ne connaîtrait pas la valeur, que l'on serait incapable de lire, de transcrire ou de critiquer. Sans les démarches issues de la pratique des sciences humaines, pourrait-on espérer l'application de principes et de savoir-faire à haute valeur intellectuelle et humaniste ?

Les deux visions sont donc complémentaires et indispensables, mais le second aspect reste au service du premier, car la confiance et la sécurité ne sortent renforcées que par un traitement neutre et basé sur des considérations à long terme, dans un contexte de stabilité garantie pour tous indistinctement. Serait-il absurde que les archivistes d'*institutions publiques* disposent d'un statut d'indépendance comparable à celui des magistrats de l'ordre judiciaire ou de la Cour des comptes ? Dans les pays où la bonne gouvernance est auditée sérieusement, la gestion des archives fait partie du contrôle, exercé avec le concours d'archivistes.

Accès, transparence et communication : le renouveau du droit des archives

Le projet de convention du Conseil de l'Europe sur l'accès aux documents publics

LAURENT VEYSSIÈRE
Conservateur en chef du patrimoine (Direction de la Mémoire, du Patrimoine et des Archives, ministère de la Défense)
Expert gouvernemental auprès du Conseil de l'Europe, groupe d'experts DH-S-AC

La transparence des administrations est aujourd'hui considérée comme l'un des éléments-clés de la bonne gouvernance et l'un des aspects les plus révélateurs d'une société véritablement démocratique et pluraliste. Les institutions européennes n'ont eu de cesse de la réclamer, lui reconnaissant la vertu de permettre la participation éclairée des citoyens dans les questions d'intérêt général. Le droit d'accès aux documents publics, aspect primordial de cette transparence, est perçu comme essentiel pour l'épanouissement des personnes et pour l'exercice des droits de l'Homme fondamentaux. Il renforce également la légitimité des autorités publiques aux yeux du public et la confiance que celui-ci place en elles. Pour toutes ces raisons, le Conseil de l'Europe estime que les systèmes juridiques nationaux devraient reconnaître et mettre en œuvre de manière efficace un droit d'accès pour tous aux documents produits et détenus par les autorités publiques. Afin d'encourager les pays dans cette voie, le Conseil de l'Europe s'est engagé à rédiger un acte juridique contraignant, une convention sur l'accès aux documents publics.

De 2003 à 2008, j'ai eu l'opportunité de participer à la rédaction de ce document en tant qu'expert gouvernemental auprès du Conseil de l'Europe, au sein du groupe d'experts dénommé DH-S-AC. La Commission d'accès aux documents administratifs (CADA), chargée de désigner le représentant français au sein de ce groupe, m'avait en effet choisi, étant le seul rapporteur de la commission à connaître indifféremment les lois du 17 juillet 1978 sur l'accès aux documents administratifs et du 3 janvier 1979 sur les archives.

Ce groupe, créé en 1997, avait reçu, dès son premier mandat délivré par le Comité directeur des droits de l'Homme (CDDH) et approuvé par les délégués des ministres, mission d'examiner « les différentes options existantes en vue de l'élaboration d'un instrument juridique contraignant ou d'autres mesures incorporant des principes de base sur le droit d'accès du public aux informations détenues par les autorités publiques » [1]. Dans un premier temps, le DH-S-AC s'est plutôt attaché à la deuxième option et ses travaux ont abouti à l'élaboration en 2002 de la *Recommandation* Rec (2002)2 *sur l'accès aux documents publics.*

À la suite de cette recommandation s'est tenu à Strasbourg du 27 au 29 novembre 2002 un séminaire intitulé « *Quel accès aux documents publics ?* » qui a été une réussite. Les représentants des gouvernements et de la société civile qui y ont participé ont alors souligné la nécessité d'élaborer, au sein du Conseil de l'Europe, un instrument juridique contraignant sur l'accès aux documents publics.

Le Comité directeur des droits de l'Homme (CDDH), lors de sa 55e réunion (17-20 juin 2003), a en conséquence demandé au Comité des ministres de lui donner mandat pour examiner l'opportunité d'élaborer un tel instrument. Le mandat occasionnel accordé au CDDH lui demandait d'« établir, à la lumière de la recommandation (2002)2 sur l'accès aux documents publics, un bilan des législations nationales existantes dans ce domaine et, sur cette base, d'examiner l'opportunité d'élaborer un projet d'instrument juridique contraignant sur l'accès aux documents publics, assorti d'un rapport explicatif ».

Le groupe DH-S-AC s'est également chargé de la rédaction d'un guide sur l'accès aux documents publics, visant à faciliter une large diffusion des principes contenus dans ladite recommandation. La rédaction en a été achevée lors de la 10e réunion du groupe en septembre 2003. Il a été publié en 2004 en anglais et en français et a rapidement été épuisé. Il est aujourd'hui disponible sous format électronique [2].

---

[1] Documents DH-S-AC (1998)001. Les documents cités dans ce texte sont pour la plupart en ligne sur le site du Conseil de l'Europe : http://www.coe.int/DefaultFR.asp, cliquer sur Activités : Droits de l'Homme et affaires juridiques ; Activités normatives ; puis sur Droit et politique des droits de l'Homme ; puis sur Accès aux informations officielles (DH-S-AC).

[2] http://www.coe.int/t/f/projets_integres/democratie/DocAccess_Guide_fr.pdf.

Lors de la 11e réunion qui s'est déroulé à Strasbourg en septembre 2004, une majorité des experts du DH-S-AC ont considéré qu'il était approprié de commencer des travaux en vue de l'élaboration d'un instrument juridique contraignant. La majorité du groupe a recommandé par conséquent au CDDH de demander au Comité des ministres de lui donner un nouveau mandat pour lui permettre d'aller plus loin dans ses travaux, en vue :

— d'examiner le type de convention qu'il serait opportun d'élaborer,
— de l'éventualité d'un mécanisme de suivi,
— puis de rédiger un projet de convention répondant aux conclusions qu'il aurait alors tirées de ses travaux.

Les arguments juridiques étaient nombreux.

1) L'adoption d'un instrument juridique contraignant sur l'accès aux documents publics permettrait de mieux assurer la prise en compte, au niveau national, des règles figurant dans la recommandation (2002)2. En l'espace de cinq ans, cette recommandation s'était en effet avérée déjà fort utile pour aider les gouvernements à élaborer des lois ou mettre à jour des lois plus anciennes. Un instrument juridique contraignant rendrait le processus encore plus simple. Il aiderait à amender les lois existantes et inciterait au respect de ces lois au niveau national. En effet, dans la mesure où cet instrument deviendrait partie intégrante du droit national, cela aiderait les juges nationaux à rendre un verdict dans des affaires d'accès aux documents publics.

2) Un tel instrument consacrerait l'obligation qui incombe à chaque État membre du Conseil de l'Europe de faciliter l'accès de chaque individu aux documents émanant de son administration, notamment à ceux qui contiennent des informations nécessaires à la prise des décisions sur des questions d'intérêt public. Un instrument juridique contraignant permettrait ainsi de reconnaître à tout individu un droit justiciable d'accès aux documents publics. Cet instrument, bien entendu, n'octroierait pas un droit absolu mais un droit contrebalancé par des protections encadrées de façon appropriée et qui concerneraient des intérêts spécifiques.

3) Pour certains, puisque de nombreux États membres du Conseil de l'Europe sont déjà liés par la Convention d'Aarhus [3] qui reconnaît l'accès du public aux documents publics en matière d'environnement, il n'y a pas de raisons objectives pour limiter l'accès à ces seuls documents et ne pas l'étendre à tous les documents publics.

À l'inverse, la position française, tout en soulignant l'intérêt de cette problématique, était qu'une telle entreprise lui paraissait prématurée.

1) En effet, la France estimait que l'élaboration d'un instrument contraignant interviendrait deux ans seulement après l'adoption de la recommandation, sans que l'on sache réellement si les États membres du Conseil de l'Europe avaient effectivement pris des dispositions pour la mettre en œuvre ou non.

2) En deuxième lieu, il lui paraissait particulièrement opportun que, préalablement à l'engagement de tout travail de négociation d'un instrument contraignant, soit menée une étude sur le degré de protection actuellement offerte par la convention européenne des droits de l'Homme (articles 8 et 10 notamment) afin de s'assurer du caractère utile de l'élaboration d'un instrument juridique supplémentaire.

3) Plus simplement, la France était et est toujours, de manière générale, hostile à l'inflation de normes juridiques européennes venant s'empiler à la législation nationale.

Suite à la décision quasi unanime du DH-S-AC d'élaborer un texte, la position française a évolué en grande partie grâce à la force de persuasion de la Commission d'accès aux documents administratifs (CADA). L'objectif a été alors d'obtenir, comme pour la recommandation, un texte qui n'oblige pas la France à changer sa législation. D'autre part, le DH-S-AC a toujours cherché à ce que le représentant français soit l'un des moteurs de la rédaction. Grâce à cette conjonction, la loi française n° 78-753 du 17 juillet 1978 est devenu un modèle, et la France un des pays les plus actifs au sein du groupe.

Les réunions suivantes (en janvier, juin et novembre 2006) ont été consacrées à l'élaboration d'un projet de convention sur l'accès aux documents publics. Mais faute de temps, le texte n'a pas été achevé, ce qui a

[3] Convention sur l'accès à l'information, la participation publique au processus décisionnel et l'accès à la justice en matière d'environnement, adoptée à Aarhus, Danemark, le 25 juin 1998.

provoqué une demande d'extension du mandat qui a été accordée par le Comité des ministres du 30 juin au 31 décembre 2007. Les deux réunions suivantes du groupe (en juillet et octobre 2007), ont permis d'achever les travaux et de présenter un projet de texte. Enfin, la dernière réunion de l'existence du DH-S-AC, en février 2008, à la suite d'une nouvelle extension du mandat, a permis de rédiger un rapport explicatif.

Une réunion interministérielle qui s'est tenue le 19 mars dernier, et devant laquelle j'ai présenté le projet de convention et son rapport explicatif, a décidé que la France se déclarerait favorable à l'adoption de cette convention, lors de la réunion du Comité directeur des droits de l'Homme à la fin du mois de mars 2008. Celui-ci a légèrement amendé le texte puis l'a validé à son tour et l'a transmis au Comité des ministres qui, le 27 novembre 2008, l'a adopté et a convenu de reprendre la question de l'ouverture à la signature de la Convention du Conseil de l'Europe sur l'accès aux documents publics lors de l'une ses réunions en 2009.

Il est difficile de présenter un texte aussi long dans le cadre d'un colloque [4], ainsi seuls trois thèmes sont présentés ici : la terminologie européenne, les règles de communicabilité et les notions communes au projet et à la législation française.

La terminologie utilisée dans le projet de convention

L'expression « autorités publiques » recouvre les autorités administratives à l'échelon national, régional et local. Elle englobe également les organes législatifs et les autorités judiciaires dans la mesure où ils accomplissent des fonctions administratives telles que définies par le droit national. Les personnes physiques ou morales sont également concernées dans la mesure où elles exercent une autorité administrative. Afin d'améliorer la transparence, les futures Parties à cette convention pourront élargir le champ d'application de la convention. Plusieurs pays ont déjà étendu l'accès aux organes législatifs et aux autorités judiciaires dans un texte législatif ou plus. Par le biais d'une déclaration au moment de la signature ou de la ratification de la convention, ils pourront ainsi inclure les organes législatifs et les autorités judiciaires en ce qui concerne l'ensemble de leurs activités.

[4] Pour une étude plus détaillée du texte, on se reportera à l'article « Le Conseil de l'Europe et la transparence administrative : le projet de Convention sur l'accès aux documents publics », à paraître dans *La Gazette des archives*.

Si le texte de la convention se veut identique en français et en anglais, on voit rapidement dans le rapport explicatif qu'il existe bien deux grandes notions d'accès en Europe, renvoyant à la grande différence des lois et des pratiques existantes. Ainsi, il s'avère que la version anglaise est destinée aux pays ayant des lois sur l'accès à l'information et la version française à ceux ayant des législations sur l'accès aux documents.

Ensuite, le terme principal de la convention : « documents publics » ne signifie pas qu'il concerne les archives publiques. Cette expression fait partie du jargon administratif européen, au même titre que documents officiels, et se traduit en droit français par « documents administratifs » renvoyant ainsi à la loi du 17 juillet 1978. Il s'agit d'une définition très large : sont considérés comme « documents publics » les documents rédigés ou reçus et détenus par les autorités publiques, qui sont enregistrés sur quelque support physique que ce soit quels que soient sa forme ou son format (textes écrits, informations enregistrées sur bande, sonore ou audiovisuelle, photographies, courriels, informations stockées sur un support électronique, telles que des bases de données électroniques, etc.). Alors qu'il est généralement facile de définir cette notion en ce qui concerne les documents sur support papier, il est plus difficile de définir ce qu'est un document lorsque les informations sont conservées électroniquement dans des bases de données. Dans certains pays, l'accès sera donné à des informations précises telles qu'elles seront spécifiées par le demandeur si cette information est facilement récupérable avec les moyens existants. Dans d'autres, des compilations dans des bases de données d'informations qui ont des caractéristiques communes seront considérées comme un document.

Les dispositions générales sur le droit d'accès

Dans la convention, la notion de secrets absolus incommunicables à toute personne et de secrets relatifs communicables uniquement à l'intéressé n'existe pas, contrairement à la loi française. Cette disposition sera laissée à l'appréciation des Parties à la convention.

Les limitations au droit d'accès aux documents publics ne sont permises que dans la mesure où elles visent à protéger certains intérêts mentionnés dans une liste à l'article 3 paragraphe 1. Puisque le principe fondamental est le droit d'accès aux documents, toute limitation de ce droit doit être établie précisément dans la loi. Cette liste est donc exhaustive. Les limitations s'appliquent au contenu du document et à la nature de l'information. Cela n'empêche pas, bien entendu, que les législations nationales réduisent le nombre des motifs de limitation, ou qu'elles les formulent de façon plus stricte, en vue d'accorder un accès plus large aux documents publics [5].

Cette liste regroupe les notions suivantes : la sécurité nationale, la défense et les relations extérieures ; la sûreté publique ; la prévention, la recherche et la poursuite des activités criminelles ; les enquêtes disciplinaires ; les missions de tutelle, l'inspection et le contrôle par l'administration ; la vie privée et les autres intérêts privés légitimes ; les intérêts commerciaux et d'autres intérêts économiques ; la politique économique, monétaire et de change de l'État ; l'égalité des parties à une instance juridictionnelle et le bon fonctionnement de la Justice ; l'environnement ; les délibérations au sein de ou entre les autorités publiques concernant l'examen d'un dossier.

On trouve enfin une expression très répandue dans les pays anglo-saxons et nordiques, le « *harm test* », traduit en français par « évaluation des risques ». L'usage administratif est plutôt d'utiliser l'expression « bilan coûts-avantages ». C'est à la demande des pays nordiques que cette notion juridique, inscrite dans toutes les législations de ces pays, a été portée au texte de la convention. Cette évaluation entre les intérêts en jeu doit avoir lieu lorsqu'il est décidé de la révélation d'un document. Elle peut se faire au cas par cas, ou bien sur la base d'une disposition législative ou réglementaire couvrant l'accès à un certain type de documents dans un domaine particulier.

L'issue de l'évaluation des risques est étroitement liée à l'écoulement des délais. Pour plusieurs limitations, certains événements conduisent inévitablement à la cessation de cette limitation. Dans d'autres cas l'écoulement du temps peut réduire le dommage résultant de la divulgation de l'information. Le paragraphe 3 évoque donc le devoir pour les futures Parties d'examiner la possibilité de fixer des délais maximaux pour les limitations au droit

[5] Loi du 17 juillet 1978, art. 6-I : « Ne sont pas communicables les documents administratifs dont la consultation ou la communication porterait atteinte : au secret des délibérations du gouvernement et des autorités responsables relevant du pouvoir exécutif ; au secret de la défense nationale ; à la conduite de la politique extérieure de la France ; à la sûreté de l'État, à la sécurité publique ou à la sécurité des personnes ; à la monnaie et au crédit public ; au déroulement des procédures engagées devant les juridictions ou d'opérations préliminaires à de telles procédures, sauf autorisation donnée de l'autorité compétente ; à la recherche, par les services compétents, des infractions fiscales et douanières ; ou, de façon générale, aux secrets protégés par la loi. II – Ne sont communicables qu'à l'intéressé les documents administratifs : dont la communication porterait atteinte au secret de la vie privée et des dossiers personnels, au secret médical et au secret en matière commerciale et industrielle ; portant une appréciation ou un jugement de valeur sur une personne physique, nommément désignée ou facilement identifiable ; faisant apparaître le comportement d'une personne, dès lors que la divulgation de ce comportement pourrait lui porter préjudice ».

d'accès aux documents publics [6]. L'accès ne pourra plus jamais être refusé après l'expiration de tout délai prévu par la loi.

Il est à noter que les nouvelles dispositions du II de l'article L. 213-2 du code du patrimoine, vont poser des problèmes à la France dans un avenir proche. En effet, il est désormais envisagé des cas pour lesquels il n'est plus prévu de délai maximum de limitation au droit d'accès [7].

Quelques thèmes communs à la convention et à la loi française

Les demandes d'accès

La personne qui demande un document public n'est pas dans l'obligation de donner les raisons pour lesquelles elle souhaite y avoir accès. Il n'est ainsi pas exigé que les Parties accordent aux demandeurs le droit de présenter leur demande de façon anonyme, mais le texte les y encourage en incluant une obligation optionnelle à cet égard. Dans les pays où un tel droit existe, il n'a pas été jugé nécessaire d'exiger des demandeurs leur identité lorsque, dans le même temps, il n'y a pas d'obligation pour le demandeur de donner des raisons pour justifier sa demande. En France, la CADA a reconnu que le droit d'accès aux documents administratifs est ouvert à toute personne physique ou morale, sans condition de nationalité. Le demandeur n'a pas à préciser les motifs de sa demande ou à justifier d'un quelconque intérêt pour agir.

La réduction au minimum des formalités est vivement encouragée. Chaque Partie est libre de fixer ses propres formalités, mais le but est d'en avoir le moins possible et qu'elles soient aussi simples que possible. De plus, toute formalité exigée doit répondre à un besoin justifié. Dans certains pays, les demandes doivent être faites par écrit (par fax, lettre, courriel). Dans d'autres, elles peuvent être formulées par oral (dans les bureaux de l'autorité publique concernée ou par téléphone) et les procédures écrites ne s'appliquent qu'en cas de refus d'accès partiel ou total.

---

[6] Loi du 17 juillet 1978, art. 6-III : « Les documents administratifs non communicables au sens du présent chapitre deviennent consultables au terme des délais et dans les conditions fixés par les articles L. 213-1 et L. 213-2 du code du patrimoine ».

[7] Code du patrimoine, art. L. 213-2, II : « Ne peuvent être consultées les archives publiques dont la communication est susceptible d'entraîner la diffusion d'informations permettant de concevoir, fabriquer, utiliser ou localiser des armes nucléaires, biologiques, chimiques ou toutes autres armes ayant des effets directs ou indirects de destruction d'un niveau analogue ».

L'identification des documents

L'autorité publique devra déployer des efforts raisonnables pour aider le demandeur à identifier le document public pertinent. Cela signifie que le demandeur n'est pas obligé d'avoir identifié préalablement le document demandé. Le demandeur doit formuler sa demande avec suffisamment de clarté pour permettre à un fonctionnaire qui a été formé d'identifier le document demandé. C'est l'autorité publique qui a la responsabilité de garder ses documents classés de manière à pouvoir les identifier aisément. Les registres publics de documents sont reconnus être d'une grande aide. L'autorité a une certaine marge d'appréciation pour déterminer dans quelle mesure il est raisonnable de fournir une aide. Cette aide est particulièrement importante lorsque le demandeur est handicapé, illettré ou un étranger maîtrisant mal ou pas la langue.

Orientation d'une demande vers l'autorité qui détient le document

La demande d'accès à un document public doit être instruite par toute autorité publique qui détient le document [8]. Cela signifie notamment qu'un document reproduit en plusieurs exemplaires, détenus par plusieurs autorités, peut être demandé auprès de chacune d'entre elles. S'il s'avère que l'autorité publique ne détient pas le document ou qu'elle n'est pas habilitée à traiter la demande, elle doit transmettre la demande à l'autorité publique compétente ou orienter le demandeur vers celle-ci [9]. En outre, une demande d'accès doit être instruite sur une base d'égalité. Le meilleur principe est que les demandes doivent être traitées dans leur ordre d'arrivée. Aucune distinction ne doit être faite en fonction de la nature de la demande ou du statut du demandeur.

Délai de traitement

Une réponse rapide à une demande est l'essence même du droit d'accès aux documents publics. Dans de nombreux pays, la loi prévoit un délai

[8] Loi du 17 juillet 1978, art. 2 : « Sous réserve des dispositions de l'article 6, les autorités mentionnées à l'article 1er sont tenues de communiquer les documents administratifs qu'elles détiennent aux personnes qui en font la demande, dans les conditions prévues par le présent titre ».

[9] Loi du 12 avril 2000, art. 20 : « Lorsqu'une demande est adressée à une autorité administrative incompétente, cette dernière la transmet à l'autorité administrative compétente et en avise l'intéressé ».

maximal pour prendre la décision [10], la communiquer au demandeur et, en cas de décision favorable, délivrer le document. En revanche, dans un petit nombre de pays qui ont une longue et forte tradition de transparence comme la Suède, la seule règle est que les demandes doivent être traitées immédiatement. Ces pays craignent que la fixation de délais maximums puisse avoir l'effet involontaire de rallonger les délais de traitement des demandes au maximum ou de réduire la volonté des autorités de traiter des demandes compliquées. Dans de nombreux pays, une bonne pratique consiste à informer le demandeur de tout retard dans le déroulement de la procédure. Le fait de fixer un délai maximum ne doit pas encourager les autorités publiques à attendre son expiration pour communiquer le document demandé. Plus la communication est rapide, plus l'esprit de la convention est respecté.

Demandes abusives

Lorsque la demande est manifestement abusive (demandes systématiques et en nombre dans le but d'entraver le travail normal d'une administration, demandes répétées du même document dans un laps de temps très court par le même demandeur), elle peut être refusée.

Justification du refus

L'autorité publique doit motiver les raisons du refus d'accès aux documents publics [11]. Une condition minimale est d'indiquer le fondement juridique du refus, en faisant référence aux dispositions pertinentes de la loi, et d'expliquer de quelle manière ces dispositions s'appliquent.

Choix du support : choix de l'accès

Il appartient au demandeur d'indiquer le type d'accès qu'il préfère [12]. L'autorité publique devra tenir compte de cette préférence à chaque fois que

---

[10] Décret 2005-1755 du 30 décembre 2005, art. 17 : « Le silence gardé pendant plus d'un mois par l'autorité compétente saisie d'une demande de communication de documents en application de l'article 2 de la loi du 17 juillet 1978 vaut décision de refus ».

[11] Loi du 11 juillet 1979, art. 1 : « Les personnes physiques ou morales ont le droit d'être informées sans délai des motifs des décisions administratives individuelles défavorables qui les concernent. À cet effet, doivent être motivées les décisions qui refusent une autorisation, sauf lorsque la communication des motifs pourrait être de nature à porter atteinte à l'un des secrets ou intérêts protégés par les dispositions des deuxième à cinquième alinéas de l'article 6 de la loi n° 78-753 du 17 juillet 1978 ».

[12] Loi du 17 juillet 1978, art. 2 : « L'accès aux documents administratifs s'exerce au choix du demandeur et dans la limite des possibilités techniques de l'administration : *a)* Par consultation gratuite sur place, sauf si la préservation du document ne le permet pas ; *b)* Sous réserve que la reproduction ne nuise pas à la conservation du document, par la délivrance d'une copie sur un support identique à celui utilisé par l'administration ou compatible avec celui-

cela est possible. Mais cela peut être irréalisable ou impossible dans certains cas. J'ai ainsi fait ajouter dans le rapport explicatif, à l'instar de la loi française, qu'il peut s'avérer justifié de refuser l'accès direct à la version originale d'un document si celle-ci est fragile ou en mauvais état. Dans de tels cas, l'autorité publique doit délivrer une copie du document.

Occultation

Si une limitation ne s'applique qu'à une partie des informations contenues dans un document, le reste du document doit normalement être mis à disposition [13]. Il doit être clairement indiqué à quel endroit les informations ont été effacées et quel était leur volume. Si la version expurgée du document sollicité est trompeuse ou vide de sens, les Parties à la convention peuvent refuser l'accès au document dans son ensemble.

Sources alternatives

L'accès peut également être accordé en orientant le demandeur vers des sources alternatives facilement accessibles. Par exemple, si un document est publié sur Internet et est facilement accessible pour un demandeur, les autorités publiques peuvent l'orienter vers cette autre source d'accès. En tout cas, le caractère « facilement accessible » d'un document doit être évalué au cas par cas : tout le monde n'a pas, par exemple, accès à Internet. Le principe est que la consultation sur place doit être gratuite. Toutefois, il est reconnu que les services d'archives publiques et les musées peuvent faire facturer au demandeur le coût des services fournis.

Conclusion

Que pourrait changer cette convention dans la pratique française ? Peu de choses comme on vient de le voir. La loi française ayant été une référence durant les travaux du DH-S-AC et les intérêts français ayant été préservés, aucun changement n'est à prévoir dans la législation actuelle. La portée de la future convention sera ainsi plus faible que notre législation nationale. La loi n° 78-753 du 17 juillet 1978 portant diverses mesures d'amélioration

ci et aux frais du demandeur, sans que ces frais puissent excéder le coût de cette reproduction, dans des conditions prévues par décret ; *c)* Par courrier électronique et sans frais lorsque le document est disponible sous forme électronique ».

[13] Loi du 17 juillet 1978, art. 6-III : « Lorsque la demande porte sur un document comportant des mentions qui ne sont pas communicables en application du présent article mais qu'il est possible d'occulter ou de disjoindre, le document est communiqué au demandeur après occultation ou disjonction de ces mentions ».

des relations entre l'administration et le public et diverses dispositions d'ordre administratif, social et fiscal comporte déjà l'intégralité des dispositions prévues par le projet de texte de la convention.

Projet de Convention du Conseil de l'Europe sur l'accès aux documents publics à la date du 3 avril 2008

Préambule

Les États membres du Conseil de l'Europe et les autres signataires de la présente Convention ;

Considérant que le but du Conseil de l'Europe est de réaliser une union plus étroite entre ses membres afin de sauvegarder et de promouvoir les idéaux et les principes qui sont leur patrimoine commun ;

Ayant à l'esprit, en particulier, l'article 19 de la Déclaration universelle des Droits de l'Homme, les articles 6, 8 et 10 de la Convention de sauvegarde des Droits de l'Homme et des Libertés fondamentales, la Convention des Nations unies sur l'accès à l'information, la participation publique au processus décisionnel et l'accès à la justice en matière d'environnement (Aarhus, le 25 juin 1998), et la Convention pour la protection des personnes à l'égard du traitement automatisé des données à caractère personnel du 28 janvier 1981 (STE n° 108) ;

Ayant à l'esprit également la Déclaration du Comité des Ministres du Conseil de l'Europe sur la liberté d'expression et d'information adoptée le 29 avril 1982 et les Recommandations du Comité des Ministres aux États membres n° R (81) 19 sur l'accès à l'information détenue par les autorités publiques ; n° R (91) 10 sur la communication à des tierces personnes de données à caractère personnel détenues par des organismes publics ; n° R (97) 18 concernant la protection des données à caractère personnel collectées et traitées à des fins statistiques ; n° R (2000) 13 sur une politique européenne en matière de communication des archives et Rec (2002) 2 sur l'accès aux documents publics ;

Considérant l'importance que revêt, dans une société démocratique pluraliste, la transparence des autorités publiques ;

Estimant que l'exercice du droit d'accès aux documents publics :

(i) fournit une source d'information au public ;
(ii) aide le public à se former une opinion sur l'état de la société et sur les autorités publiques ;
(iii) favorise l'intégrité, le bon fonctionnement, l'efficacité, et la responsabilité des autorités publiques contribuant ainsi à affirmer leur légitimité ;

Estimant, par conséquent, que tous les documents publics sont en principe publics et communicables, sous réserve, seulement, de la protection d'autres droits et intérêts légitimes,

Sont convenus de ce qui suit :

Titre I

Article 1 – Dispositions générales

1. Les principes ci-après devraient s'entendre sans préjudice des lois et règlements nationaux et des traités internationaux qui reconnaissent un droit d'accès plus large aux documents publics.

2. Aux fins de la présente Convention :

a. i. On entend par « autorités publiques » :

1) le gouvernement et l'administration aux niveaux national, régional et local ;

2) les organes législatifs et les autorités judiciaires dans la mesure où ils accomplissent des fonctions administratives selon le droit national ;

3) les personnes physiques ou morales, dans la mesure où elles exercent une autorité administrative.

ii. Chaque Partie peut, au moment de la signature ou au moment du dépôt de son instrument de ratification, d'acceptation, d'approbation ou d'adhésion, par une déclaration adressée au Secrétaire général du Conseil de l'Europe, déclarer que la définition des termes « autorités publiques » contient également un ou plusieurs des éléments suivants :

1) les organes législatifs pour ce qui concerne leurs autres activités ;

2) les autorités judiciaires pour ce qui concerne leurs autres activités ;

3) les personnes physiques ou morales, dans la mesure où elles accomplissent des fonctions publiques ou fonctionnent grâce à des fonds publics, selon le droit national.

b. On entend par « documents publics » toutes informations enregistrées sous quelque forme que ce soit, rédigées ou reçues et détenues par les autorités publiques.

Article 2 – Droit d'accès aux documents publics

1. Chaque Partie garantit à toute personne, sans discrimination aucune, le droit d'accéder, à sa demande, à des documents publics détenus par des autorités publiques.

2. Chaque Partie prend, dans son droit interne, les mesures nécessaires pour donner effet aux dispositions pour l'accès aux documents publics énoncées dans la présente Convention.

3. Ces mesures doivent être prises au plus tard au moment de l'entrée en vigueur de la présente Convention à son égard.

Article 3 – Limitations possibles à l'accès aux documents publics

1. Chaque Partie peut limiter le droit d'accès aux documents publics. Les limitations sont établies précisément dans la loi, nécessaires dans une société démocratique et proportionnelles au but de protéger :

a. la sécurité nationale, la défense et les relations extérieures ;

b. la sûreté publique ;

c. la prévention, la recherche et la poursuite des activités criminelles ;

d. les enquêtes disciplinaires ;

e. les missions de tutelle, l'inspection et le contrôle par l'administration ;

f. la vie privée et les autres intérêts privés légitimes ;

g. les intérêts commerciaux et d'autres intérêts économiques ;

h. la politique économique, monétaire et de change de l'État ;

i. l'égalité des parties à une instance juridictionnelle et le bon fonctionnement de la Justice ;

j. l'environnement ; ou

k. les délibérations au sein de ou entre les autorités publiques concernant l'examen d'un dossier.

Les États concernés peuvent, au moment de la signature ou au moment du dépôt de leur instrument de ratification, d'acceptation, d'approbation ou d'adhésion, par une déclaration adressée au Secrétaire général du Conseil de l'Europe, déclarer que les communications avec la famille régnante et sa maison ou le Chef d'État sont également incluses parmi les limitations possibles.

2. L'accès aux informations contenues dans un document public peut être refusé si leur divulgation porte ou est susceptible de porter préjudice à l'un ou à l'autre des intérêts mentionnés au paragraphe 1, à moins qu'un intérêt public supérieur ne justifie la divulgation.

3. Les Parties examinent la possibilité de fixer des délais au-delà desquels les limitations mentionnées au paragraphe 1 ne s'appliquent plus.

Article 4 – Demandes d'accès aux documents publics

1. Le demandeur d'un document public n'est pas tenu de donner les raisons pour lesquelles il souhaite avoir accès audit document.

2. Les Parties peuvent donner le droit aux demandeurs de rester anonymes sauf si la divulgation de l'identité est essentielle pour traiter la demande.

3. Les formalités concernant les demandes se limitent à ce qui est indispensable pour pouvoir traiter la demande.

Article 5 – Traitement des demandes d'accès aux documents publics

1. L'autorité publique aide, dans les limites du raisonnable, le demandeur à identifier le document public demandé.

2. Une demande d'accès à un document public est instruite par toute autorité publique qui détient ce document. Si l'autorité publique ne détient pas le document public demandé ou si elle n'est pas autorisée à traiter cette demande, elle oriente, dans la mesure du possible, la demande ou le demandeur vers l'autorité publique compétente.

3. Les demandes d'accès aux documents publics sont instruites sur une base d'égalité.

4. Toute demande d'accès à un document public est traitée rapidement. La décision intervient, elle est communiquée et exécutée aussi rapidement que possible ou à l'intérieur d'un délai fixe raisonnable qui est précisé au préalable.

5. Une demande d'accès à un document public peut être refusée :
(i) si, nonobstant l'aide accordée par l'autorité publique, la demande reste trop vague pour permettre l'identification du document public recherché ; ou
(ii) si la demande est manifestement déraisonnable.

6. L'autorité publique qui refuse l'accès à tout ou partie d'un document public donne les raisons sur lesquelles se fonde le refus. Le demandeur a le droit de recevoir, sur demande, la justification écrite du refus de cette autorité publique.

Article 6 – Formes d'accès aux documents publics

1. Lorsque l'accès à un document public a été accordé, le demandeur a le droit de choisir de consulter l'original ou une copie, ou d'en recevoir une copie dans la forme ou le format disponibles de son choix, sauf si cette préférence n'est pas raisonnable.

2. Si une limitation s'applique à une partie des informations contenues dans un document public, l'autorité publique devrait néanmoins communiquer les autres informations contenues dans le document. Toute occultation devrait être clairement précisée. Toutefois, l'accès peut être refusé si la version expurgée du document sollicité est trompeuse ou vide de sens, ou si mettre à disposition ce qui reste du document est une charge manifestement déraisonnable pour l'autorité.

3. L'autorité publique peut donner accès à un document public en orientant le demandeur vers des sources alternatives facilement accessibles.

Article 7 – Frais d'accès aux documents publics

1. L'examen d'un document public dans les locaux d'une autorité publique est gratuit. Cela n'interdit pas aux parties de fixer le prix des services effectués à cet égard par les archives et les musées.

2. La délivrance d'une copie du document public peut être facturée au demandeur, à un prix raisonnable qui ne saurait excéder le coût réel des frais de reproduction et de distribution. Les tarifs sont publiés.

Article 8 – Droit de recours

1. Un demandeur dont la demande d'accès à un document public a été refusée, expressément ou tacitement, en tout ou en partie, dispose d'un recours devant un tribunal ou devant une autre instance indépendante et impartiale prévue par la loi.

2. Un demandeur a toujours accès à une procédure rapide et peu coûteuse de réexamen par une autorité publique ou de recours conformément au paragraphe 1.

Article 9 – Mesures complémentaires

Les Parties informent le public de son droit d'accès aux documents publics et des modalités pour l'exercer. Elles prennent aussi les mesures appropriées pour :

a. instruire les autorités publiques sur leurs devoirs et obligations pour la mise en œuvre de ce droit ;
b. fournir des informations sur les matières ou les activités qui relèvent de leur compétence ;
c. gérer efficacement leurs documents de façon à les rendre aisément accessibles ; et
d. suivre des procédures claires et établies pour la conservation et la destruction de leurs documents.

Article 10 – Documents rendus publics à l'initiative des autorités publiques

De leur propre initiative et lorsque cela s'avère approprié, les autorités publiques prennent les mesures nécessaires pour mettre à disposition les documents publics qu'elles détiennent dans l'intérêt de promouvoir la transparence et l'efficacité de l'administration et pour encourager la participation éclairée du public à des questions d'intérêt général.

Titre II

Article 11 – Groupe de spécialistes sur l'accès aux documents publics

1. Un groupe de spécialistes sur l'accès aux documents publics se réunit au moins une fois par an afin de veiller à la mise en œuvre de la présente Convention par les Parties, et notamment :

a. présenter des rapports sur l'adéquation des mesures prises en droit et en pratique par les Parties pour donner effet aux dispositions énoncées dans la Convention ;

b. (i) exprimer des avis sur toute question concernant l'application de la Convention ;
(ii) faire des propositions en vue de faciliter ou d'améliorer l'usage et la mise en œuvre effectifs de la présente Convention, y compris l'identification de tout problème en la matière ;
(iii) échanger des informations et faire des rapports sur les développements juridiques, politiques ou techniques importants ;
(iv) faire des propositions à la Consultation des Parties pour l'amendement de la présente Convention ;
(v) formuler son avis sur toute proposition pour l'amendement de la présente Convention faite conformément à l'article 19.

2. Le groupe de spécialistes peut solliciter des informations et des avis auprès de la société civile.

3. Le groupe de spécialistes est composé de 10 membres au minimum et de 15 membres au maximum. Ses membres sont élus par la Consultation des Parties pour une période de quatre ans, renouvelable une fois, sur une liste d'experts, chaque Partie en proposant deux. Ils sont choisis parmi des personnalités de haute intégrité reconnues pour leur compétence en matière d'accès aux documents publics. Un membre au maximum peut être élu sur la liste d'experts présentée par chaque Partie.

4. Les membres du groupe de spécialistes siègent à titre individuel, sont indépendants et impartiaux dans l'exercice de leurs fonctions et ne recoivent aucune instruction des gouvernements.

5. La procédure d'élection des membres du groupe de spécialistes est fixée par le Comité des Ministres, après consultation des Parties à la Convention et en avoir obtenu l'assentiment unanime, dans un délai d'un an à compter de l'entrée en vigueur de la présente Convention. Le groupe de spécialistes adopte ses propres règles de procédure.

Article 12 – Consultation des Parties

1. La Consultation des Parties est composée d'un représentant par Partie.

2. La Consultation des Parties se réunit afin :
   a. d'examiner les rapports, avis et propositions du groupe de spécialistes ;
   b. de faire des propositions et recommandations aux Parties ;
   c. de faire des propositions d'amendement à la présente Convention conformément à l'article 19 ;
   d. de formuler son avis sur toute proposition d'amendement à la présente Convention faite conformément à l'article 19.

3. La Consultation des Parties est convoquée par le Secrétaire général du Conseil de l'Europe dans un délai d'un an suivant l'entrée en vigueur de la présente Convention afin d'élire les membres du groupe de spécialistes. Elle se réunit par la suite au moins tous les 4 ans et chaque fois que la majorité des Parties, le Comité des Ministres ou le Secrétaire général du Conseil de l'Europe en formule la demande. La Consultation des Parties adopte ses propres règles de procédure.

4. À l'issue de chaque réunion, la Consultation des Parties soumet un rapport d'activités au Comité des Ministres.

Article 13 – Secrétariat

La Consultation des Parties et le groupe de spécialistes sont assistés par le Secrétariat du Conseil de l'Europe dans l'exercice de leurs fonctions découlant du présent Titre.

Article 14 – Présentation de rapports

1. Dans une période d'un an après l'entrée en vigueur de la présente Convention dans une Partie contractante, cette dernière transmet au groupe de spécialistes un rapport contenant des informations complètes sur les mesures législatives et autres qu'elle aura prises pour donner effet aux dispositions de la présente Convention.

2. Par la suite, chaque Partie transmet au groupe de spécialistes, avant chaque réunion de la Consultation des Parties, une mise à jour des informations mentionnées au paragraphe 1.

3. Chaque Partie transmet également au groupe de spécialistes toute information qu'il demande pour remplir ses tâches.

Article 15 – Publication

Les rapports soumis par les Parties au groupe de spécialistes, les rapports, propositions et avis du groupe de spécialistes et les rapports d'activités de la Consultation des Parties sont rendus publics.

Titre III

Article 16 – Signature et entrée en vigueur de la Convention

1. La présente Convention est ouverte à la signature des États membres du Conseil de l'Europe.

2. La présente Convention est soumise à ratification, acceptation ou approbation. Les instruments de ratification, d'acceptation ou d'approbation sont déposés près le Secrétaire général du Conseil de l'Europe.

3. La présente Convention entrera en vigueur le premier jour du mois qui suit l'expiration d'une période de trois mois après la date à laquelle 10 États membres du Conseil de l'Europe auront exprimé leur consentement à être liés par la Convention conformément aux dispositions du paragraphe 2.

4. Pour tout État signataire qui exprimera ultérieurement son consentement à être lié par la présente Convention, celle-ci entrera en vigueur le premier jour du mois qui suit l'expiration d'une période de trois mois après la date de l'expression de son consentement à être lié par la présente Convention, conformément aux dispositions du paragraphe 2.

Article 17 – Adhésion à la Convention

1. Après l'entrée en vigueur de la présente Convention, le Comité des Ministres du Conseil de l'Europe peut, après consultation des Parties à la Convention et en avoir obtenu l'assentiment unanime, inviter tout État non membre du Conseil de l'Europe ou toute organisation internationale à adhérer à la présente Convention. La décision est prise à la majorité prévue à l'article 20.d du Statut du Conseil de l'Europe et à l'unanimité des voix des représentants des Parties ayant le droit de siéger au Comité des Ministres.

2. Pour tout État ou organisation internationale adhérant à la présente Convention conformément au paragraphe 1 ci-dessus, la présente Convention entrera en vigueur le premier jour du mois qui suit l'expiration d'une période de trois mois après la date de dépôt de l'instrument d'adhésion près le Secrétaire général du Conseil de l'Europe.

Article 18 – Application territoriale

1. Tout État peut, au moment de la signature ou au moment du dépôt de son instrument de ratification, d'acceptation, d'approbation ou d'adhésion, désigner le ou les territoires auxquels s'appliquera la présente Convention.

2. Tout État peut, à tout autre moment par la suite, par une déclaration adressée au Secrétaire général du Conseil de l'Europe, étendre l'application de la présente Convention à tout autre territoire désigné dans la déclaration et dont il assure les relations internationales. La Convention entrera en vigueur à l'égard de ce territoire

le premier jour du mois qui suit l'expiration d'une période de trois mois après la date de réception de la déclaration par le Secrétaire général.

3. Toute déclaration faite en vertu des deux paragraphes précédents pourra être retirée, en ce qui concerne tout territoire désigné dans cette déclaration, par notification adressée au Secrétaire général. Le retrait prendra effet le premier jour du mois qui suit l'expiration d'une période de trois mois après la date de réception de la notification par le Secrétaire général.

Article 19 – Amendements à la Convention

1. Des amendements à la présente Convention peuvent être proposés par une Partie, par le Comité des Ministres du Conseil de l'Europe, par le groupe de spécialistes ou par la Consultation des Parties.

2. Toute proposition d'amendement est communiquée par le Secrétaire général du Conseil de l'Europe aux Parties.

3. Tout amendement est communiqué à la Consultation des Parties, qui, après avoir consulté le groupe de spécialistes, soumet au Comité des Ministres son avis sur l'amendement proposé.

4. Le Comité des Ministres examine l'amendement proposé et tout avis soumis par la Consultation des Parties et peut approuver l'amendement.

5. Le texte de tout amendement approuvé par le Comité des Ministres conformément au paragraphe 4 est transmis aux Parties pour acceptation.

6. Tout amendement approuvé conformément au paragraphe 4 entrera en vigueur le premier jour du mois suivant l'expiration d'une période d'un mois après la date à laquelle toutes les Parties auront informé le Secrétaire général qu'elles l'ont accepté.

Article 20 – Déclarations

Chaque Partie peut, au moment de la signature ou au moment du dépôt de son instrument de ratification, d'acceptation, d'approbation ou d'adhésion, formuler une ou plusieurs des déclarations prévues aux articles 1.2, 3.1 et 18. Elle notifiera tout changement de cette information au Secrétaire général du Conseil de l'Europe.

Article 21 – Dénonciation

1. Toute Partie peut, à tout moment, dénoncer la présente Convention en adressant une notification au Secrétaire général du Conseil de l'Europe.

2. La dénonciation prendra effet le premier jour du mois qui suit l'expiration d'une période de six mois après la date de réception de la notification par le Secrétaire général.

Article 22 – Notification

Le Secrétaire général du Conseil de l'Europe notifiera aux États membres du Conseil de l'Europe et à tout État et organisation internationale ayant adhéré ou ayant été invité à adhérer à la présente Convention :

a. toute signature ;

b. le dépôt de tout instrument de ratification, d'acceptation, d'approbation ou d'adhésion ;

c. toute date d'entrée en vigueur de la présente Convention conformément à ses articles 16 et 17 ;

d. toute déclaration faite en vertu des articles 1.2, 3.1 et 18 ;

e. tout autre acte, notification ou communication ayant trait à la présente Convention.

En foi de quoi, les soussignés, dûment autorisés à cet effet, ont signé la présente Convention.

Fait à ...., le ...., en français et en anglais, les deux textes faisant également foi, en un seul exemplaire qui sera déposé dans les archives du Conseil de l'Europe. Le Secrétaire général du Conseil de l'Europe en communiquera copie certifiée conforme à chacun des États membres du Conseil de l'Europe et à tout État et organisation internationale invité à adhérer à la présente Convention.

La loi du 15 juillet 2008 sur les archives. Instrument d'un plus large accès à l'information et outil de modernisation de l'administration *

PASCAL ÉVEN
Direction des Archives de France,
Chef du département de la politique archivistique et
de la coordination interministérielle

En 1979, la France se dotait d'une loi sur les archives, un texte moderne et cohérent qui, pour la première fois, donnait une définition aux archives publiques et s'efforçait d'harmoniser les différents régimes de communicabilité en vigueur. Ce texte, salué alors par la communauté scientifique comme par les professionnels, s'ancrait déjà dans une double volonté exprimée par le gouvernement de l'époque, celle d'assurer à la fois une plus large ouverture des archives publiques et par là même une plus grande transparence administrative, et celle de garantir la protection et la défense des droits des citoyens. En témoignait au demeurant l'adoption, l'année précédente, des lois du 6 janvier et du 17 juillet 1978 sur l'informatique et les libertés pour la première, et sur l'accès aux documents administratifs pour la seconde [1].

Mais le temps avait fait son œuvre et les dispositions de la loi de 1979 intégrées en 2004 dans le code du patrimoine, étaient devenues, pour certaines d'entre elles, trop restrictives dans une société où l'information circule de plus en plus rapidement et où s'est affirmée une exigence de plus grande

---

* Cet article a déjà été publié dans *Akademos, Revue de la Conférence nationale des Académies des sciences, lettres et arts*, Catherine Lecomte, rédacteur en chef, n° 27, septembre-décembre 2008, pp. 107-114.

[1] Loi n° 79-18 du 3 janvier 1979 sur les archives ; loi n° 78-17 du 6 janvier 1978 relative à l'informatique, aux fichiers et aux libertés ; loi n° 78-753 du 17 juillet 1978 modifiée portant diverses mesures d'amélioration des relations entre l'administration et le public et diverses dispositions d'ordre administratif, social et fiscal.

connaissance des faits contemporains. Les délais de communicabilité fixés pour l'accès aux archives publiques, notamment le délai minimum de trente ans, soulevaient les critiques des milieux de la recherche en histoire contemporaine qui considéraient que ces délais faisaient obstacle à la consultation des dossiers relatifs aux épisodes sensibles de notre histoire la plus récente, la Seconde Guerre mondiale et la guerre d'Algérie. La campagne lancée alors par plusieurs historiens pour une plus large ouverture des archives, activement relayée par les médias, conduisit le gouvernement de l'époque à d'une part confier au conseiller d'État Guy Braibant, une mission de réflexion sur les archives en France et de l'autre à assouplir les procédures d'accès aux archives contemporaines par le moyen de mesures de dérogations générales, c'est-à-dire une ouverture anticipée de la plupart des fonds administratifs relatifs à la période de la Seconde Guerre mondiale, et par un assouplissement de la délivrance des dérogations individuelles accordées aux chercheurs sur les documents relatifs à la guerre d'Algérie.

Dans son rapport remis en 1996, Guy Braibant faisait de nombreuses recommandations pour moderniser la gestion des archives en France, faciliter la collecte des papiers contemporains, notamment ceux des hommes politiques, la conservation et surtout la communication des archives [2]. S'inspirant des évolutions observées dans la législation des autres grands États démocratiques en matière d'accès aux archives publiques, Guy Braibant proposait en effet d'assouplir le régime de communication des archives en réduisant le nombre et la durée des délais spéciaux destinés à protéger les informations non librement communicables comme celles relatives à la sécurité publique et à la vie privée des personnes. Il s'interrogeait par ailleurs sur la nécessité de maintenir un délai minimum, même réduit, considérant que l'application des dispositions de la loi du 17 juillet 1978 devait « conférer au délai ordinaire un caractère résiduel ». Guy Braibant faisait plusieurs propositions afin d'améliorer la sauvegarde des archives privées et de moderniser la gestion des archives publiques en tenant compte de l'évolution des pratiques administratives.

Il aura fallu douze années pour que ces propositions aboutissent à l'adoption d'un nouveau texte, la loi du 15 juillet 2008, douze années ponctuées de projets qui, pour des raisons diverses, n'ont pas abouti. Un premier projet est en effet élaboré dès 1999 mais le principe d'un texte spécifique sur les archives est abandonné l'année suivante ; en 2001, l'intégration dans

[2] Guy Braibant, *Les archives en France, rapport au Premier ministre*, Paris, la Documentation française, 1996.

le projet de loi sur la société de l'information de dispositions relatives à l'abaissement des délais de communicabilité des archives publiques paraît, au contraire, privilégiée. Examiné par le Conseil d'État et déposé devant le Parlement en juin 2001, le projet de loi ne sera pas pourtant examiné. C'est véritablement à partir de l'arrivée de Martine de Boisdeffre à la tête de la direction des archives de France qu'est relancée la préparation d'un texte spécifique aux archives qui reprenait fidèlement les propositions du rapport Braibant.

Un nouveau projet de loi est mis au point et fait l'objet d'une longue concertation interministérielle entre 2003 et 2005 ; il est examiné par le Conseil d'État dans la première moitié de l'année 2006 et, après avis de la CADA, il est déposé devant la commission des Lois du Sénat en août 2006. Un an plus tard, l'examen du texte est engagé par les assemblées et le projet de loi enfin adopté.

À l'occasion de l'examen du texte par les commissions des Lois et des Affaires culturelles du Sénat, ont été apportées, en matière de délais de communication, des modifications non négligeables au texte initial, le Sénat s'étant montré soucieux de protéger tout particulièrement la vie privée des individus afin de tenir compte de l'allongement de la durée de vie moyenne de nos contemporains. L'adoption d'un amendement portant de cinquante à soixante-quinze ans le délai relatif à la protection de la vie privée alors que le projet du gouvernement prévoyait sa réduction de soixante à cinquante ans a provoqué une vive réaction et le lancement d'une campagne de presse par les milieux de la recherche s'élevant contre une disposition susceptible de se traduire, dans la pratique, par la fermeture de dossiers déjà librement communicables sous le régime précédent. Un accord entre les commissions des Lois du Sénat et de l'Assemblée nationale a permis en définitive de conserver le délai de cinquante ans prévu initialement pour la vie privée.

Le projet de loi avait mis l'accent sur l'harmonisation des dispositions relatives aux archives avec celles de la loi du 17 juillet 1978 modifiée sur l'accès aux documents administratifs, même s'il n'y a pas adéquation totale, rappelons-le, entre documents administratifs et archives publiques. Ces dernières comprennent en effet des documents qui ne relèvent pas de la définition des documents administratifs comme les actes judiciaires ou d'état civil ou encore les minutes et répertoires des notaires. Il apparaissait néanmoins indispensable de tenir compte de l'expérience et des positions adoptées depuis sa création par la Commission d'accès aux documents administratifs (CADA) et cet effort d'harmonisation s'inscrivait dans la ligne des conclusions du rapport Braibant. Le Sénat s'est montré tout aussi soucieux de renforcer cette articulation entre les deux lois ; toutefois, en dépit de cette préoccupation légitime, il n'a pas été possible d'aboutir à une rédaction satisfaisante. La mise au point de définitions parfaitement adaptées exigeait en effet des études supplémentaires et risquait de retarder l'adoption du projet ; c'est la raison pour laquelle la commission des Lois de l'Assemblée nationale a proposé au gouvernement, le fait mérite d'être souligné, de procéder à cette harmonisation par voie d'ordonnance [3].

Un accès plus facile aux archives publiques

Les principales dispositions du texte de loi sur les archives de 2008 portent sur le raccourcissement des délais de communicabilité des archives publiques ; elles répondent de ce fait à la demande de plus grande ouverture de ces dernières émanant des milieux universitaires et scientifiques mais aussi du grand public et des généalogistes.

La loi pose en effet le principe de la libre communicabilité des archives publiques en supprimant le délai minimum de trente ans qui figurait dans la loi de 1979. Elle s'aligne ainsi sur la tendance générale observée dans les principaux textes relatifs aux archives élaborés dans les grandes démocraties ; à titre d'exemple, ce principe de libre communicabilité figure dans le *Freedom of Information Act* adopté en 2000 par la Grande-Bretagne et mis en œuvre de façon effective au 1er janvier 2005. Il convient de souligner que cette disposition ne possède pas qu'un caractère emblématique ; elle ouvre de fait à la communication une large partie des documents produits dans le cadre administratif.

En second lieu, les délais spéciaux prévus pour les différents intérêts que la loi entend protéger et qu'elle ne permet pas de rendre communicables immédiatement, sont abaissés de façon sensible. Pour s'en tenir aux principales dispositions, c'est ainsi que le délai de communicabilité des documents portant atteinte au secret des délibérations du gouvernement et des autorités responsables du pouvoir exécutif, à la conduite des relations extérieures, à la monnaie et au crédit public, au secret en matière commerciale et industrielle, à la recherche des infractions fiscales et douanières ainsi qu'aux statistiques ne contenant pas de données relatives aux faits et comportements d'ordre privé, est fixé à vingt-cinq ans contre trente ou soixante ans précé-

[3] Article 35 : « dans les conditions prévues par l'article 38 de la Constitution, le gouvernement est autorisé à modifier et à compléter, par ordonnance, les dispositions du titre 1er du livre II du code du patrimoine, celles de la loi n° 78-753 du 17 juillet 1978 précitée, ainsi que les autres dispositions législatives portant sur l'accès aux documents administratifs et aux archives publiques, afin d'harmoniser les règles qui leur sont applicables ».

demment. De la même façon, le délai relatif à la vie privée des individus, à la sûreté de l'État ou à la sécurité publique est ramené de soixante à cinquante ans. Il en va de même pour les documents dont la communication porterait atteinte au secret de la défense nationale ou aux intérêts fondamentaux de l'État dans la conduite de la politique extérieure.

Cet effort d'ouverture se traduit encore par une réduction du délai de communicabilité de cent à soixante-quinze ans pour les dossiers de procédures judiciaires, les minutes et répertoires des notaires sauf lorsqu'ils mettent en cause des mineurs – dans ce cas, le délai de cent ans reste inchangé – ainsi que pour les registres de l'état civil pour les naissances et les mariages, les registres de décès devenant pour leur part librement communicables. Cette dernière disposition donne satisfaction aux généalogistes en ouvrant à leurs recherches vingt-cinq années supplémentaires, soit l'équivalent d'une génération. De la même façon, une revendication ancienne de ces derniers ainsi que du grand public se trouve satisfaite par la réduction de cent à soixante-quinze ans de la communication des statistiques comportant des données collectées au moyen de questionnaires ayant trait aux faits et comportements d'ordre privé. Cette dernière disposition vise tout particulièrement les recensements et dénombrements de population particulièrement utilisés pour les recherches généalogiques d'autant plus que ces documents qui jusqu'alors ne pouvaient être communiqués par dérogation peuvent l'être désormais [4].

Des diminutions de délai plus modestes concernent les documents dont la communication porterait atteinte au secret médical. Ce délai est fixé en effet à vingt-cinq ans après le décès de la personne concernée si la date de ce dernier est connue ou à cent vingt ans si cette date est ignorée, contre cent cinquante ans à partir de la date de naissance dans la loi de 1979.

Si les délais de communicabilité des archives publiques sont ainsi abaissés de façon sensible, en revanche, l'examen du projet de loi lors des réunions interministérielles puis par le Conseil d'État et les assemblées parlementaires a entraîné l'adoption de certains délais plus contraignants pour des raisons de sécurité publique. C'est ainsi qu'à la demande du ministère de la Justice, un délai de cinquante ans a été fixé pour les documents relatifs à la construction, à l'équipement et au fonctionnement des ouvrages, bâtiments ou parties de bâtiments utilisés pour la détention des personnes, à compter de la date de désaffectation de ces mêmes bâtiments.

[4] Les dérogations sur les documents statistiques contenant des données d'ordre privé seront soumises à l'accord du Comité du secret statistique mis en place par la loi de juin 1951.

Un délai de cent ans a été adopté pour les documents couverts par le secret de la Défense nationale « dont la communication est de nature à porter atteinte à la sécurité des personnes nommément désignées ou facilement identifiables » ; sont ainsi visées les activités des agents spéciaux. Enfin, disposition qui a soulevé de nombreuses interrogations, une catégorie de documents devient incommunicable, « les archives publiques dont la communication pourrait favoriser la diffusion d'informations permettant de concevoir, fabriquer, utiliser, ou localiser des armes nucléaires, biologiques, chimiques ou toutes autres armes ayant des effets directs ou indirects de destruction d'un niveau analogue ». Il est possible certes de regretter que cette disposition figure dans une loi d'ouverture des archives publiques mais peut-on légitimement s'offusquer que de tels documents qui concernent directement la sécurité de nos concitoyens soient retirés de la communication, à supposer qu'ils aient jamais été versés dans les dépôts publics ? Ces dispositions sont dictées au demeurant par les prescriptions des traités internationaux de non-prolifération des armes de destruction massive.

En tout état de cause, les dérogations tant individuelles que générales subsistent et permettent aux chercheurs d'avoir accès aux dossiers non librement communicables. Or on sait que les dérogations sont d'une manière générale, très libéralement accordées par la direction des archives de France après accord du service versant ainsi que le montrent aisément les statistiques de l'observatoire national des dérogations accessibles en ligne sur le site de la direction. La loi de 2008 conforte au demeurant les droits des chercheurs puisqu'elle fait obligation aux administrations détentrices d'archives publiques ou privées de justifier tout refus opposé à une demande de communication et qu'elle précise que le temps de réponse à une demande de consultation ne peut excéder deux mois à compter de l'enregistrement de la demande.

D'une manière générale, la loi sur les archives de 2008 comme le faisait au demeurant la loi de 1979, entend par les délais spéciaux dérogeant au principe de libre communicabilité des archives publiques, protéger des intérêts comme la vie privée des personnes ou la sécurité publique. Elle s'inspire par conséquent directement des dispositions de la loi du 17 juillet 1978 modifiée et de la « jurisprudence » de la CADA. Encore plus que par le passé, elle assigne aux professionnels des archives une approche différente dans la communication des archives ; il leur faut distinguer dans un article d'archives, carton, liasse, dossier ou registre, les différents intérêts concernés ou susceptibles de l'être alors qu'ils seraient naturellement portés, pour des raisons pratiques, à privilégier une approche typologique de la communication, c'est-à-dire à fixer les délais de communicabilité de ces mêmes articles selon la nature de ces derniers plus que selon les différents intérêts qui peuvent être concernés. Il en résultera dans ces conditions une augmentation des communications par extraits mais il ne fait guère de doute que les professionnels des archives sauront s'adapter à ces nouvelles dispositions qui ont le mérite de faciliter l'articulation indispensable entre les différents régimes de communication issus des lois archives et CADA.

Si la loi rappelle le caractère public des archives des assemblées parlementaires, ces dernières se sont montrées lors de l'examen du texte particulièrement soucieuses d'affirmer leur autonomie même si elles suivent pour leurs propres archives les nouveaux délais légaux de communicabilité et qu'elles ne refusent pas une coopération avec la direction des archives de France. Le Conseil constitutionnel, par la loi organique n° 2008-695 du 15 juillet 2008, a adopté pour sa part un délai de vingt-cinq ans contre cinquante auparavant pour la communication de ses archives.

La loi instrument de la modernisation de la gestion des archives publiques

Au-delà des règles nouvelles de communicabilité, la loi de 2008 met en œuvre différentes mesures destinées à faciliter le fonctionnement de l'administration des archives et à l'adapter aux exigences de la société contemporaine.

La plus emblématique porte sur la collecte des archives des hommes politiques, sujet évidemment délicat et qui explique, en partie, la longueur de l'élaboration de la loi de 2008. Il est inutile d'insister sur l'intérêt que présentent ces papiers pour les chercheurs et la connaissance de l'histoire contemporaine. L'administration des archives, pour faciliter la collecte de ces fonds, les archives présidentielles comme celles des ministres et de leurs conseillers, avait en effet développé, depuis plusieurs années, un régime de protocoles réservant, sur la base des délais légaux de communicabilité, un droit de regard sur la communication de ces dossiers aux producteurs des documents ainsi qu'aux mandataires qu'ils pouvaient désigner.

La loi de 2008 donne un fondement juridique à ces protocoles, fondement dont le rapport Braibant soulignait la nécessité ; pour les protocoles qui seront désormais conclus, elle supprime les mandataires et précise notamment que les dispositions des protocoles cessent d'avoir effet au décès du signataire et en tout état de cause, à la date d'expiration des nouveaux délais de communicabilité. Pour les protocoles conclus avant l'adoption de la loi, les pouvoirs des mandataires désignés par les autorités signataires se trouvent désormais limités puisqu'ils cessent d'être applicables vingt-cinq ans après le décès de ces mêmes signataires.

La loi de 2008 innove dans un autre domaine, celui de l'externalisation des archives courantes et intermédiaires des services publics de l'État. De fait, l'autorisation ainsi donnée à l'administration de confier à des tiers des archives publiques découle du constat de la généralisation de cette pratique au cours des dernières années et des dangers d'une externalisation non encadrée. Les enquêtes réalisées par la direction des archives de France ont montré en effet que l'externalisation, loin de constituer un phénomène exceptionnel, était largement répandue, mais que, faute d'un cadre législatif et réglementaire, cette externalisation de fait ne respectait pas les normes relatives à une saine conservation des archives. La disparition malheureuse de différents fonds confiés sans encadrement à des sociétés mal équipées a conduit à fixer des règles susceptibles d'éviter de semblables destructions. D'autre part, les contraintes techniques induites par le développement des archives électroniques nécessitaient une évolution de la législation afin de permettre la conservation pérenne de ces dernières.

Le texte de loi prévoit en effet un régime de déclaration préalable pour toutes les opérations d'externalisation par le service désireux d'y avoir recours, ainsi qu'une procédure d'agrément des sociétés prestataires. Cet agrément, dont les modalités feront l'objet d'un décret en Conseil d'État, est destiné à encadrer l'exercice de l'externalisation et à s'assurer que les sociétés prestataires disposent de locaux conformes à la conservation des archives ainsi que le personnel compétent pour les gérer. Ces dispositions ont pour but également de s'assurer que les conditions de communication de ces archives répondent aussi bien aux besoins des services producteurs qu'à ceux des particuliers et chercheurs et enfin que les conditions de sélection dans les fonds contenant des archives mixtes, c'est-à-dire des documents promis à l'élimination et d'autres destinés à être conservés à l'issue de leur durée d'utilité administrative, seront respectées.

Enfin, question particulièrement importante, la loi fixe les conditions de coopération et de mutualisation des moyens consacrés à la gestion de leurs archives par les groupements de collectivités territoriales et les communes qui en sont membres. Si des dispositions avaient été adoptées dès 1970 pour assurer la sauvegarde des archives des communes, si le code général des collectivités territoriales évoque les conditions de gestion des archives de ces dernières, régions, départements et communes, aucun texte ne régissait jusqu'à présent la question des archives des groupements de collectivités territoriales. Or le développement rapide de l'intercommunalité avait rendu nécessaire la détermination de règles de gestion pour les archives des groupements d'une part et celles des communes membres d'autre part. Au terme de l'examen par les deux assemblées, une solution ouverte et souple a été retenue. En premier lieu, il a été décidé d'élargir le champ de ces dispositions non seulement aux établissements publics de coopération intercommunale, mais également à l'ensemble des groupements de collectivités territoriales pour permettre à certains organismes comme les syndicats intercommunaux de bénéficier des nouvelles dispositions.

Les groupements de collectivités ont désormais la faculté soit de conserver leurs archives dans un service d'archives qu'ils auront constitué, soit de les déposer dans le service d'archives de l'une des communes membres du groupement désignée pour en assurer la conservation, soit encore de les verser aux archives départementales. De la même façon, la commune membre aura la possibilité de déposer ses archives soit au sein du service d'archives constitué par le groupement, soit auprès du service d'archives de la commune désignée pour en assurer la conservation, soit aux archives départementales. Ces dispositions sont donc appelées à favoriser la conservation des archives de ces établissements.

Dans le domaine des archives privées, le texte adopté vise à améliorer la protection des archives privées classées. Il étend en outre aux archives privées les dispositions de la loi du 10 juillet 2000 relative à la vente de gré à gré des objets mobiliers. Pour les archives privées qui ne sont pas acquises lors d'une vente publique, il prévoit, au profit de l'État, un système de préemption préalable à la vente de gré à gré.

Enfin, le texte de loi sur les archives a été utilisé par le ministère de la Culture et de la Communication pour faire adopter toute une série de mesures destinées à renforcer la répression des atteintes portées aux biens culturels. L'épidémie de vols d'objets d'art constatée dans les musées et les édifices du culte au cours des dernières années, la volonté du ministère d'intensifier la lutte contre le trafic illicite des biens culturels, le partenariat initié dans ce domaine avec le ministère de la Justice ont favorisé l'adoption de nouvelles dispositions pénales punissant plus sévèrement les vols et dégradations de ces biens dont les archives bien évidemment. Dans ce même domaine de la sécurité, a été adopté enfin le principe d'une peine administrative prononcée contre les auteurs de vols et de dégradations d'archives publiques que l'administration des archives pourra désormais exclure des salles de consultation pour une durée maximum de cinq ans. La loi reconnaît par ailleurs pour la première fois les actions en revendication, en restitution et en nullité des actes passés en contravention aux règles de gestion des archives publiques. Ces nouvelles dispositions renforcent par conséquent les moyens de l'administration des archives dans le domaine de la revendication des documents publics ou soustraits aux collections.

Les dispositions de la loi du 15 juillet 2008 codifiées dans le code du patrimoine dont les principales dispositions ont été évoquées ci-dessus répondent ainsi aux attentes de la communauté scientifique et plus généralement parlant du grand public et reprennent les différentes recommandations du rapport de Guy Braibant. Elles participent à l'effort de modernisation de l'administration dans le domaine de la gestion des archives des groupements de collectivités territoriales ou l'externalisation des archives courantes et intermédiaires des administrations notamment. Elles favorisent enfin la collecte des archives des hommes politiques et renforcent la sécurité des collections publiques. Comme tout texte innovant, la nouvelle loi demande un effort d'adaptation de la part des professionnels et l'adoption de nouvelles règles en matière de modalités pratiques de communication notamment. Il n'en demeure pas moins que la chute impressionnante du nombre des demandes de dérogation depuis l'adoption du texte traduit l'appropriation par les chercheurs des dispositions d'un texte qui favorise leur accès aux archives contemporaines.

La protection de la réputation de la personne dans la loi du 15 juillet 2008 relative aux archives

NATHALIE MALLET-POUJOL
Directrice de recherche au CNRS, Directrice de l'ERCIM-UMR 5815
Université Montpellier I

Dans sa lettre de mission adressée au conseiller d'État Guy Braibant, le 25 mars 1995, le Premier ministre Édouard Balladur demande notamment le réexamen du régime des restrictions d'accès aux archives, au motif qu'il « faut s'assurer que l'évolution des mentalités n'a pas eu pour effet de déplacer le point d'équilibre » entre deux exigences : « l'impératif de transparence des administrations » et « le devoir de protection de la vie privée ».

Une dizaine d'années plus tard, cette recherche d'équilibre s'est traduite, de façon singulière, dans une disposition de la loi du 15 juillet 2008 relative aux archives [1], « tête d'épingle » qui n'est pas sans « donner du fil à retordre », à l'intérieur du premier alinéa du 3° du I de l'article L. 213-2 du code du patrimoine, lequel dispose que :

« *Par dérogation aux dispositions de l'article L. 213-1 :*

I.- Les archives publiques sont communicables de plein droit à l'expiration d'un délai de : (...)

3° Cinquante ans à compter de la date du document ou du document le plus récent inclus dans le dossier, pour les documents dont la communication porte atteinte au secret de la défense nationale, aux intérêts fondamentaux de l'État dans la conduite de la politique extérieure, à la sûreté de l'État, à la sécurité publique ou à la protection de la vie privée, à l'exception des documents mentionnés aux 4° et 5°. Le même délai s'applique aux ***documents qui portent une appréciation ou un jugement de***

[1] Loi n° 2008-696 du 15 juillet 2008 relative aux archives, *JO*, 16 juillet 2008, modifiée par l'ordonnance n° 2009-483 du 29 avril 2009 prise en application de l'article 35 de la loi n° 2008-696 du 15 juillet 2008 relative aux archives, *JO*, 30 avril 2008.

valeur sur une personne physique, nommément désignée ou facilement identifiable, ou qui font apparaître le comportement d'une personne dans des conditions susceptibles de lui porter préjudice [2] (…) ».

C'est précisément sur cette dernière phrase que portera cette contribution, courte phrase dont la lecture est de nature à plonger l'observateur dans une grande perplexité, suivie d'une certaine inquiétude, quant à la faculté que peut avoir cette disposition de restreindre considérablement l'accès aux archives pour les historiens.

Sur l'historique de cet article. Revenons sur la genèse de ce texte. Il a connu quelques péripéties, avant d'être ainsi libellé et a suscité un certain nombre de protestations, lesquelles ont essentiellement porté sur les délais d'accès à de telles archives, plus que sur le motif particulier d'embargo sur les documents.

Le projet de loi n° 471, présenté par Renaud Donnedieu de Vabres, ministre de la Culture et de la Communication, et enregistré à la présidence du Sénat le 28 août 2006, était ainsi libellé :

« *3° Cinquante ans à compter de la date du document ou du document le plus récent inclus dans le dossier, pour les documents dont la communication porte atteinte au secret de la défense nationale, aux intérêts fondamentaux de l'État dans la conduite de la politique extérieure, à la sûreté de l'État, à la sécurité publique ou au secret en matière de statistiques lorsque sont en cause des données collectées au moyen de questionnaires ayant trait aux faits et comportements d'ordre privé* (…).

« *Le même délai ou, s'il est plus bref, un délai de vingt-cinq ans à compter de la date du décès de l'intéressé, s'applique aux archives publiques dont la communication porte atteinte à la protection de la vie privée,* ***ou rend publique une appréciation ou un jugement de valeur sur une personne physique nommément désignée ou facilement identifiable, ou fait apparaître le comportement d'une personne dans des conditions susceptibles de lui porter préjudice****. Ce délai s'applique notamment aux documents relatifs aux affaires portées devant les juridictions et à l'exécution des décisions de justice ainsi qu'aux minutes et répertoires des officiers publics ou ministériels.*

« *Le même délai s'applique, à compter de leur clôture, aux registres de mariage de l'état civil* [3] ».

[2] Art. L. 213-2 du code du patrimoine.

[3] Rédaction de l'art. L. 213-2 du code du patrimoine, figurant à l'art. 11 du projet de loi n° 471, enregistré à la présidence du Sénat, le 28 août 2006.

Selon l'exposé des motifs de l'époque : « un délai de cinquante ans sera observé pour les documents relatifs à la sûreté de l'État, à la sécurité publique, à la défense nationale, pour les documents ayant trait à la vie privée **ou contenant des appréciations personnelles**, y compris les documents relatifs au recensement de population, pour les dossiers judiciaires, pour les minutes et répertoires des officiers publics et ministériels et pour les registres de mariage de l'état civil. Il s'appliquera également aux documents issus d'enquêtes statistiques relatifs à des faits ou comportements d'ordre privé ou à ceux dont la divulgation porterait atteinte aux intérêts fondamentaux de l'État dans la conduite de la politique extérieure [4] ».

Lors des travaux de la commission des Lois du Sénat du 19 décembre 2007, René Garrec, rapporteur, après avoir rappelé que le projet de loi fixait, pour ce type de documents, un délai de cinquante ans, ou, s'il est plus bref, de vingt-cinq ans à compter de la date de décès de l'intéressé, a présenté un amendement tendant à porter ces délais respectivement à soixante-quinze ans et dix ans. Robert Badinter ayant approuvé l'allongement du délai à soixante-quinze ans mais jugé trop court le délai de dix ans à compter de la date du décès de l'intéressé, la commission a opté pour les délais respectifs de soixante-quinze et vingt-cinq ans.

Lors des débats du Sénat du 8 janvier 2008, Christine Albanel, ministre de la Culture, a indiqué que le gouvernement n'était pas favorable aux amendements tendant à porter le délai de communicabilité de cinquante à soixante-quinze ans. Elle a défendu l'économie générale du texte et expliqué que « s'agissant des délais spéciaux de communication, le gouvernement – cela a été arbitré ainsi – est attaché à l'équilibre d'ensemble du projet de loi » et que « dans sa rédaction actuelle, le projet de loi permet d'associer la nécessaire transparence, qui suppose d'ouvrir davantage les archives, à la protection d'informations dont la divulgation porterait atteinte à des intérêts publics ou privés légitimes ».

Pourtant, à l'issue du vote du Sénat du 8 janvier 2008, ce délai a été ramené à soixante-quinze ans, dans les termes suivants :

« *4° Soixante-quinze ans ou un délai de vingt-cinq ans à compter de la date du décès de l'intéressé si ce dernier délai est plus bref, pour les documents dont la communication porte atteinte à la protection de la vie privée,* ***rend publique une appréciation ou un jugement de valeur sur une personne physique nommément désignée ou facilement identifiable ou fait apparaître le comportement d'une***

---

[4] Exposé des motifs du projet de loi n° 471, enregistré à la présidence du Sénat, le 28 août 2006, explicitation de l'art. 11.

personne dans des conditions susceptibles de lui porter préjudice. *Ce délai s'applique en particulier aux documents dont la communication porte atteinte au secret en matière de statistiques lorsque sont en cause des données collectées au moyen de questionnaires ayant trait aux faits et comportements d'ordre privé, aux documents relatifs aux enquêtes réalisées par les services de la police judiciaire, aux affaires portées devant les juridictions sous réserve des dispositions particulières applicables aux jugements, à l'exécution des décisions de justice, aux minutes et répertoires des officiers publics ou ministériels ainsi qu'aux documents dont la communication porte atteinte au secret en matière de statistiques, lorsque sont en cause des données collectées au moyen de questionnaires ayant trait aux faits et comportements d'ordre privé, hormis les questionnaires du recensement de la population et, à compter de leur clôture, aux registres de naissance et de mariage de l'état civil*[5] ».

Cette nouvelle rédaction a suscité une série de protestations de la part d'historiens [6] et d'usagers des services d'archives [7]. Lors de la discussion du projet devant l'Assemblée nationale, le 29 avril 2008, le délai a été ramené à cinquante ans à compter de la date du document ou du document le plus récent inclus dans le dossier, pour les documents qui portent une appréciation ou un jugement de valeur sur une personne physique, nommément désignée ou facilement identifiable, ou qui font apparaître le comportement d'une personne dans des conditions susceptibles de lui porter préjudice. Cette rédaction est restée, sur ce point, inchangée lors de l'adoption définitive de la loi.

Préambule. Avant d'analyser la portée de ce texte, en droit positif, deux remarques s'imposent, l'une relative au lien entretenu par la disposition analysée avec le droit au respect de la vie privée, l'autre relative au lien entretenu par cette même disposition avec la loi d'accès aux documents administratifs.

Sur la confusion avec la vie privée. Le souci qu'a eu le législateur de la protection des personnes est tout à fait louable mais les moyens qu'il s'est donné pour le faire sont contestables, d'autant plus que s'est opérée une sa-

---

[5] Rédaction de l'article L. 213-2 tel qu'issu du projet de loi adopté le 8 janvier 2008, Document Sénat n° 47.

[6] V. V. Duclert, « La nuit des archives », *Le Monde*, 17 avril 2008 ; v. aussi V. Duclert, « La bataille des archives », *Le Nouvel Observateur*, Hors- Série, « L'Histoire en procès », oct. nov. 2008, p. 78

[7] V. l'audition par les parlementaires de l'Association des usagers du service public des Archives nationales – AUSPAN- in G. Morin, « Archives : entre secret et patrimoine », *Histoire @Politique* n° 05, Pistes & débats, sur le site www.histoire-politique.fr.

vante confusion avec l'argument du respect de la vie privée [8]. Contrairement à ce qui a pu être affirmé lors des débats parlementaires, ce texte concerne bon nombre d'hypothèses totalement étrangères à la vie privée [9] de la personne [10]. Comme le relève très justement Marc Dolez, il s'agit là « d'une conception inédite de la protection de la vie privée des personnes, conception que le rapport Braibant avait d'ailleurs déjà dénoncée en son temps [11] ».

Il est constant que le rapport Braibant avait souligné, dès 1996, que l'opposition aux requérants, par les services d'archives, du délai de soixante ans était très incertaine car soumise à « l'appréciation personnelle des archivistes et de l'administration d'origine [12] ». Il constatait que le secret de la vie privée était « de très loin la restriction la plus fréquemment opposée aux demandes de communication [13] », restriction invoquée, par exemple, pour faire échec à la communication de documents « concernant le comporte-

---

[8] V. par exemple, le Rapport n° 146 de R. Garrec, déposé au Sénat le 19 décembre 2007, qui évoque, au regard de la vie privée, les archives judiciaires et les archives des notaires ainsi que les registres d'état civil, mais qui ne dit mot des documents relatifs à la réputation des personnes ; de même l'amendement présenté par R. Garrec, le 8 janvier 2008, est présenté comme portant « sur le délai applicable aux documents susceptibles de porter atteinte à la protection de la vie privée : soixante-quinze ans, ou, s'il est plus bref, un délai de vingt-cinq ans à compter de la date du décès de l'intéressé » ; v. aussi le rapport n° 810, Ass. nat. du 9 avril 2008 indiquant que « Le délai de cinquante ans pouvait apparaître trop court pour assurer de manière effective la protection de la vie privée des citoyens. Compte tenu de l'augmentation de l'espérance de vie, de nombreux documents auraient, en effet, pu être rendus accessibles avant le décès des personnes mentionnées dans ces documents. En conséquence, le Sénat a préféré un délai de consultation de soixante-quinze ans, en adoptant un amendement proposé par sa commission des Lois, MM. Yves Détraigne, Alex Türk et les membres du groupe Union centriste-UDF, malgré l'avis défavorable du gouvernement ».

[9] Sur la souplesse d'interprétation de la notion, v. R. Garrec, Travaux de la commission des Lois, Sénat, 7 mai 2008 ; R. Garrec a « recommandé aux services publics d'archives la plus grande souplesse d'interprétation quant aux notions d'atteinte à la réputation et à la vie privée, déclarant qu'il lui apparaissait étonnant que certains archivistes considèrent comme relevant de la vie privée des documents comportant l'adresse personnelle de fonctionnaires même lorsque ces adresses figurent dans des annuaires facilement accessibles ».

[10] Selon la CADA, entrent dans la catégorie des informations relatives à la vie privée et les dossiers personnels les éléments ayant trait à :
L'identité d'une personne, à l'exclusion des nom et prénom :
- la date de naissance ; l'âge et l'adresse personnelle ; le numéro de téléphone ; la nationalité.
Sa situation familiale : les charges de famille, l'état marital ; la filiation.
Sa situation matérielle : la formation et les origines professionnelles ; l'identification des comptes bancaires ; le bénéfice de l'aide sociale ; les éléments de rémunération ; le numéro d'immatriculation du véhicule.

[11] M. Dolez, débats Ass. nat. 29 avril 2008.

[12] G. Braibant, *Les archives en France, Rapport au Premier ministre*, La Documentation française, 1996, p. 56, appelé ci-après Rapport Braibant.

[13] Rapport Braibant, *op. cit.,* p. 56.

ment de personnes sous l'Occupation » ou encore pour la plupart des archives policières, notamment les fichiers des renseignements généraux.

Cette confusion est manifeste avec l'idée émise par la commission des Lois du Sénat, lors de la séance du 7 mai 2008, de créer un **« bloc unique » droit à la vie privée**. Ainsi le rapporteur du projet de loi, René Garrec souhaitait « dissiper deux principaux malentendus », indiquant que « le simple souci de cohérence et d'intelligibilité de la loi avait poussé le Sénat à créer un bloc unique « droit à la vie privée » de soixante-quinze ans, incluant, outre les deux catégories de documents susmentionnées, l'ensemble des documents publics susceptibles de porter atteinte à la vie privée et à la réputation des personnes [14] ».

Le motif en est très clair pour les sénateurs. Le rapporteur explique, en effet, « qu'en pratique les archivistes assimilaient déjà aujourd'hui la réputation des personnes au droit à la vie privée et appliquaient ainsi, dans les deux cas, un délai de soixante ans [15] ». Il en conclut que « le dispositif adopté par les députés va dans le sens d'une plus grande transparence pour les historiens puisqu'il abaisse le délai de communication de soixante à cinquante ans, sans toucher aux dérogations toujours possibles [16] ».

Ce raisonnement est extrêmement troublant tant il est vrai que l'essentiel des éléments de la réputation participe de la vie publique de la personne ! Précisément la vie professionnelle n'est pas un élément de la vie privée des individus [17], *a fortiori* pour des documents publics contenant des éléments de la vie professionnelle des agents publics. Ainsi, l'application erronée et détournée de la loi devient source de loi …

Sur l'harmonisation avec la loi d'accès aux documents administratifs. Les travaux législatifs ont clairement exprimé la volonté, par « la réduction des délais et l'actualisation des secrets protégés par la loi [18] », d'une harmonisation des régimes instaurés par la loi sur l'accès aux documents adminis-

---

[14] R. Garrec, Travaux de la commission des Lois, Sénat, 7 mai 2008.

[15] R. Garrec, Travaux de la commission des Lois, Sénat, 7 mai 2008.

[16] R. Garrec, Travaux de la commission des Lois, Sénat, 7 mai 2008.

[17] V. Marietta Karamanli, débats Ass. nat. 1er juillet 2008 : « Le même délai s'applique aux documents « qui portent une appréciation ou un jugement de valeur sur une personne physique nommément désignée ou facilement identifiable », ou qui font apparaître le comportement d'une personne dans des conditions susceptibles de lui porter préjudice. Cette rédaction vague et imprécise risque de faire entrer dans la catégorie des archives communicables au bout de cinquante ans des archives qui devraient l'être sans délai. Il aurait mieux valu revenir à une définition plus classique – et plus large – de la vie privée, entendue comme « la vie personnelle et familiale, et d'une manière générale, les faits et comportements d'ordre privé ».

[18] V. Exposé des motifs du projet de loi du 8 janvier 2008.

tratifs et par la loi sur les archives. L'idée du législateur était donc, d'une part, « d'aligner les règles relatives aux archives sur les définitions des documents administratifs [19] non communicables par la loi du 17 juillet 1978 précitée [20] » et, d'autre part, « de fixer un délai de communication de ces documents, que la loi du 17 juillet 1978 précitée qualifie de non communicables », documents qui « ne sont pas mentionnés par la législation relative aux archives [21] ». Cet effort de coordination entre les textes a d'ailleurs été poursuivi avec l'ordonnance [22] du 29 avril 2009, qui, en vertu de l'habilitation légale de l'article 35 de la loi du 15 juillet 2008, a procédé à « plusieurs modifications de textes législatifs, visant d'une part à poursuivre l'alignement des champs d'application respectifs des deux principaux régimes de communication de documents, à savoir celui des documents administratifs et celui des archives publiques, les premiers constituant une partie des secondes ; d'autre part à mieux articuler les régimes d'accès de droit commun et les régimes spéciaux, pour tous les documents [23] ».

Le gouvernement a également voulu affirmer le principe de libre communicabilité des archives publiques [24]. À cet effet, la loi a supprimé le délai

---

[19] Art. 1 de la loi du 17 juillet 1978 (modifié par ordonnance n° 2009-483 du 29 avril 2009) : « Le droit de toute personne à l'information est précisé et garanti par les dispositions des chapitres Ier, III et IV du présent titre en ce qui concerne la liberté d'accès aux documents administratifs.
Sont considérés comme documents administratifs, au sens des chapitres Ier, III et IV du présent titre, quels que soient leur date, leur lieu de conservation, leur forme et leur support, les documents produits ou reçus, dans le cadre de leur mission de service public, par l'Etat, les collectivités territoriales ainsi que par les autres personnes de droit public ou les personnes de droit privé chargées d'une telle mission. Constituent de tels documents notamment les dossiers, rapports, études, comptes rendus, procès-verbaux, statistiques, directives, instructions, circulaires, notes et réponses ministérielles, correspondances, avis, prévisions et décisions.
Les actes et documents produits ou reçus par les assemblées parlementaires sont régis par l'ordonnance n° 58-1100 du 17 novembre 1958 relative au fonctionnement des assemblées parlementaires ».

[20] F. Calvet, Rapport Ass. nat., n° 810, 9 avril 2008.

[21] F. Calvet, Rapport Ass. nat., n° 810, 9 avril 2008.

[22] Ordonnance n° 2009-483 du 29 avril 2009 prise en application de l'article 35 de la loi n° 2008-696 du 15 juillet 2008 relative aux archives, *JO*, 30 avril 2009.

[23] Rapport au Président de la République relatif à l'ordonnance n° 2009-483 du 29 avril 2009 prise en application de l'article 35 de la loi n° 2008-696 du 15 juillet 2008 relative aux archives, *JO*, 30 avril 2009, p. 7327

[24] **Archives :** article L. 211-1 C. patr.: « *Les archives sont l'ensemble des documents, quels que soient leur date, leur lieu de conservation, leur forme et leur support, produits ou reçus par toute personne physique ou morale et par tout service ou organisme public ou privé dans l'exercice de leur activité* ».
Archives publiques : article L. 211-4 C. patr. (modifié par ordonnance n° 2009-483 du 29 avril 2009 - art. 12) : « *Les archives publiques sont :*
a) les documents qui procèdent de l'activité, dans le cadre de leur mission de service public, de l'Etat, des collectivités territoriales, des établissements publics et des autres personnes morales de droit public ou des per-

plancher de trente ans actuellement en vigueur pour l'ensemble des archives publiques. Il lui est « substitué le principe de la libre communicabilité, à toute personne, des archives publiques qui ne mettent pas en cause l'un des secrets protégés par la loi [25] ». Le régime d'accès aux archives publiques devient ainsi « aligné » sur celui des documents administratifs.

Par ailleurs, le gouvernement a entendu réduire les délais et actualiser les secrets protégés par la loi. Les délais de 1979, au nombre de six et s'échelonnant de soixante à cent cinquante ans ont été ramenés à quatre délais [26] de vingt-cinq, cinquante, soixante-quinze et cent ans. C'est ainsi que les secrets protégés par l'article 6 de la loi du 17 juillet 1978 modifiée qui relevaient jusqu'à présent du délai de droit commun de trente ans, sont désormais communicables à l'expiration d'un délai de vingt-cinq ans, aux termes de l'article L. 213-2. I, 1° et 2° du code du patrimoine, à défaut d'un délai spécifique supérieur instauré par la loi.

Quant à cette formulation autour de la « réputation » des personnes, elle est le fruit du « copier-coller » des dispositions de l'article 6 de la loi du 17 juillet 1978 d'accès aux documents administratifs [27], lequel disposait, avant l'ordonnance du 29 avril 2009 [28], que :

---

sonnes de droit privé chargées d'une telle mission. Les actes et documents des assemblées parlementaires sont régis par l'ordonnance n° 58-1100 du 17 novembre 1958 relative au fonctionnement des assemblées parlementaires ;
b) supprimé ;
c) les minutes et répertoires des officiers publics ou ministériels ».

[25] Exposé des motifs du projet de loi de 2008.

[26] Le projet de 2006 prévoyait trois délais de 25, 50 et 100 ans.

[27] Loi n° 78-753 du 17 juillet 1978 portant diverses mesures d'amélioration des relations entre l'administration et le public et diverses dispositions d'ordre administratif, social et fiscal (*JO*, 18 juillet 1978) modifiée.

[28] V. désormais, l'art. 6 de la loi du 17 juillet 1978, modifié par l'ordonnance n° 2009-483 du 29 avril 2009 :
« I.-Ne sont pas communicables :
1° les avis du Conseil d'Etat et des juridictions administratives, les documents de la Cour des comptes mentionnés à l'article L. 141-10 du code des juridictions financières et les documents des chambres régionales des comptes mentionnés à l'article L. 241-6 du même code, les documents d'instruction des réclamations adressées au Médiateur de la République, les documents préalables à l'élaboration du rapport d'accréditation des établissements de santé prévu à l'article L. 6113-6 du code de la santé publique, les documents préalables à l'accréditation des personnels de santé prévue à l'article L. 1414-3-3 du code de la santé publique, les rapports d'audit des établissements de santé mentionnés à l'article 40 de la loi n° 2000-1257 du 23 décembre 2000 de financement de la sécurité sociale pour 2001 et les documents réalisés en exécution d'un contrat de prestation de services exécuté pour le compte d'une ou de plusieurs personnes déterminées ;
2° les autres documents administratifs dont la consultation ou la communication porterait atteinte :
a) au secret des délibérations du Gouvernement et des autorités responsables relevant du pouvoir exécutif ;
b) au secret de la défense nationale ;
c) à la conduite de la politique extérieure de la France ;
d) à la sûreté de l'Etat, à la sécurité publique ou à la sécurité des personnes ;
e) à la monnaie et au crédit public ;

« I.- Ne sont pas communicables les documents administratifs dont la consultation ou la communication porterait atteinte :

- au secret des délibérations du Gouvernement et des autorités responsables relevant du pouvoir exécutif ;

- au secret de la défense nationale ;

- à la conduite de la politique extérieure de la France ;

- à la sûreté de l'État, à la sécurité publique ou à la sécurité des personnes[29] *;*

- à la monnaie et au crédit public ;

- au déroulement des procédures engagées devant les juridictions ou d'opérations préliminaires à de telles procédures, sauf autorisation donnée par l'autorité compétente ;

- à la recherche, par les services compétents, des infractions fiscales et douanières ;

- ou, de façon générale, aux secrets protégés par la loi.

II.- Ne sont communicables ***qu'à l'intéressé*** *les documents administratifs :*

- dont la communication porterait atteinte à la protection de la vie privée, au secret médical et au secret en matière commerciale et industrielle ;

- portant une appréciation ou un jugement de valeur sur une personne physique, nommément désignée ou facilement identifiable ;

---

f) au déroulement des procédures engagées devant les juridictions ou d'opérations préliminaires à de telles procédures, sauf autorisation donnée par l'autorité compétente ;
g) à la recherche, par les services compétents, des infractions fiscales et douanières ;
h) ou, sous réserve de l'article L. 124-4 du code de l'environnement, aux autres secrets protégés par la loi.
II.-*Ne sont communicables qu'à l'intéressé les documents administratifs :*
- dont la communication porterait atteinte à la protection de la vie privée, au secret médical et au secret en matière commerciale et industrielle ;
- portant une appréciation ou un jugement de valeur sur une personne physique, nommément désignée ou facilement identifiable ;
- faisant apparaître le comportement d'une personne, dès lors que la divulgation de ce comportement pourrait lui porter préjudice.
Les informations à caractère médical sont communiquées à l'intéressé, selon son choix, directement ou par l'intermédiaire d'un médecin qu'il désigne à cet effet, dans le respect des dispositions de l'article L. 1111-7 du code de la santé publique.
III.-Lorsque la demande porte sur un document comportant des mentions qui ne sont pas communicables en application du présent article mais qu'il est possible d'occulter ou de disjoindre, le document est communiqué au demandeur après occultation ou disjonction de ces mentions.
Les documents administratifs non communicables au sens du présent chapitre deviennent consultables au terme des délais et dans les conditions fixés par les articles L. 213-1 et L. 213-2 du code du patrimoine. Avant l'expiration de ces délais et par dérogation aux dispositions du présent article, la consultation de ces documents peut être autorisée dans les conditions prévues par l'article L. 213-3 du même code ».

[29] Sur les documents portant atteinte à la sécurité des personnes, v. R. Garrec, Travaux de la commission des Lois, Sénat, 7 mai 2008 : « Après avoir rappelé que le projet de loi initial, non modifié par le Sénat sur ce point, frappait d'incommunicabilité absolue les documents susceptibles de porter atteinte à la sécurité des personnes, au même titre que ceux concernant les armes de destruction massive, il a signalé que les députés avaient décidé de porter ce délai à cent ans pour les seuls agents spéciaux et de renseignement et, implicitement, à soixante-quinze ans pour les autres personnes, considérant que tout danger est écarté pour ces personnes et leur famille à l'expiration de délais aussi longs ».

- faisant apparaître le comportement d'une personne, dès lors que la divulgation de ce comportement pourrait lui porter préjudice.

Les informations à caractère médical sont communiquées à l'intéressé, selon son choix, directement ou par l'intermédiaire d'un médecin qu'il désigne à cet effet, dans le respect des dispositions de l'article L. 1111-7 du code de la santé publique.

III.-Lorsque la demande porte sur un document comportant des mentions qui ne sont pas communicables en application du présent article mais qu'il est possible d'occulter ou de disjoindre, le document est communiqué au demandeur après occultation ou disjonction de ces mentions.

Les documents administratifs non communicables au sens du présent chapitre deviennent consultables au terme des délais et dans les conditions fixés par les articles L. 213-1 et L. 213-2 du code du patrimoine ».

Il faut relever, à cet égard, que ces deux hypothèses de « secret relatif », pour des documents qui ne sont communicables qu'à l'intéressé, ne figuraient pas, à l'origine, dans la loi de 1978. Elles ont été rajoutées par la loi dite « DCRA » du 12 avril 2000 relative aux droits des citoyens dans leurs relations avec les administrations [30]. Selon le rapporteur de la loi de 2000, la liste des documents visés par ce paragraphe II est inspirée de la jurisprudence de la Commission d'accès aux documents administratifs – CADA – et du Conseil d'État, en matière de communication [31]. Ainsi, cet alignement des secrets de la loi « Archives » sur ceux de la loi « CADA » explique sans doute que les discussions aient essentiellement porté sur la question du délai plus que sur le principe même de l'exception à la communication…

Toujours est-il que, désormais, pour toute personne identifiable dans une archive publique, ni l'opinion que l'on a pu avoir d'elle, ni ce que l'on découvrira de ses actes, ne seront accessibles avant cinquante ans à compter de la date du document, dès lors que la réputation de cette personne sera en jeu. La loi du 15 juillet 2008 a entendu protéger le citoyen contre toute exploitation prématurée des documents le concernant, dès lors qu'ils révéleront l'opinion qu'on peut avoir de lui – documents évaluant la personne (I) – , ou de ses actions – documents révélant la personne (II) – .

---

[30] Loi n° 2000- 321 du 12 avril 2000, *JO*, 13 avril 2000.

[31] Cl. Ledoux, Rapport n° 1613 fait au nom de la commission des Lois sur le projet de loi adopté par le Sénat, relatif aux droits des citoyens dans leurs relations avec les administrations, enregistré à la présidence de l'Assemblée nationale le 19 mai 1999.

I – Les documents évaluant la personne

Avec les documents qui « *portent une appréciation ou un jugement de valeur sur une personne physique* [32] » se joue la réputation de la personne, telle que forgée par un tiers. L'individu est évalué, le plus souvent par un supérieur hiérarchique, à un moment donné de son existence professionnelle. Il convient d'analyser, d'une part, les documents visés par ce texte (A) et, d'autre part, les hypothèses dans lesquelles la personne est identifiée (B).

A – Les documents visés

Selon François Calvet, rapporteur de la loi, les documents comportant une appréciation ou un jugement de valeur sur une personne sont « notamment les **dossiers de personnels** des agents publics ». Ces dossiers ne pouvaient être consultés jusqu'à présent qu'à l'issue d'un délai de cent vingt ans à compter de la date de naissance, « alors même que rien ne justifie un délai différent de celui applicable aux documents relatifs à la vie privée [33] », d'où l'alignement opéré sur le régime des cinquante ans de la vie privée. Cet abaissement doit toutefois être relativisé, car les computations des délais sont différentes. L'on passe de cent vingt ans à compter de la date de naissance à cinquante ans à compter de la date du document [34]. Mais il n'en demeure pas moins que le nouveau calcul demeure avantageux, en termes d'accès, jusqu'à l'âge de soixante-dix ans de l'agent !

En tout état de cause, comme le relève François Calvet, « la rédaction proposée par le projet de loi est plus large que la référence actuelle aux seuls dossiers de personnels et englobe tous les documents portant un jugement de valeur sur une personne, ce qui permet d'aligner les règles relatives aux archives sur les définitions des documents administratifs non communicables [35] ».

Cela étant, cette « catégorie » de documents n'est pas clairement définie par la loi. Le caractère incertain de la notion a été relevé par certains parlementaires. Ainsi Robert Badinter a « craint que l'ambiguïté de l'expression

---

[32] Selon. P. Gonot, à propos de ces documents « eut-il été préférable de retenir, comme il a été suggéré lors des débats parlementaires, une rédaction moins floue, et opter pour une définition plus classique de la vie privée, entendue comme la vie personnelle et familiale, comme étant relative aux faits et comportements d'ordre privé », P. Gonot, « La réforme des archives : une occasion manquée », *AJDA*, 8 septembre 2008, p. 1603.

[33] F. Calvet, Rapport Ass. nat., n° 810, 9 avril 2008.

[34] Sur les incertitudes subsistantes, v. B. Delmas, « De nouveaux espaces pour la recherche : la nouvelle loi sur les archives », *Histoire @Politique*, n° 05, Pistes & débats, sur le site www.histoire-politique.fr.

[35] F. Calvet, Rapport Ass. nat., n° 810, du 9 avril 2008.

'appréciation sur une personne' ne suscite un important contentieux [36] ». De même, pour Josiane Mathon-Poinat, « une telle mention paraît suffisamment vague et imprécise pour qu'entrent dans la catégorie des archives communicables au bout de cinquante ans des archives qui devraient être communicables sans délai [37] ». Enfin, selon Patrick Bloche, « avec des critères toujours aussi vagues et imprécis, un nombre indéterminé de documents risque de demeurer inaccessible durant un demi-siècle. Les chercheurs et historiens s'inquiètent aujourd'hui, non sans raison, de l'interprétation de la loi que pourront faire les autorités versantes. En effet, cette définition extensive de la vie privée laisse craindre une restriction des autorisations de dérogation sur le fondement de critères encore très flous. Comment écarter tous les documents faisant mention d'un jugement de valeur ? Ne fixant aucun cadre précis, ce texte renforce le pouvoir discrétionnaire concernant les dérogations. Alors que les mémoires des acteurs politiques fourmillent d'appréciations sur leurs contemporains, celles-ci pourront-elles être considérées à l'avenir comme ne respectant pas l'honorabilité des personnes ? Nous craignons que les recours en contestation des refus de dérogation fondés sur la notion extensive de vie privée n'augmentent de manière substantielle et que l'on renvoie à la jurisprudence le soin d'éclairer nos concitoyens sur un texte mal rédigé [38] ».

Cette inquiétude nous paraît fort légitime, car au-delà des dossiers de personnel (1), indubitablement visés par la loi, et de la catégorie très accueillante des rapports d'enquête ou d'inspection (2), se niche une « zone grise » de documents non couverts par des secrets protégés par la loi et susceptibles d'être abrités sous la bannière de ce nouveau critère.

---

[36] R. Badinter, Travaux de la commission des Lois, Sénat, 14 mai 2008 ; v. aussi R. Badinter, lors des débats du Sénat du 15 mai 2008 : « je pense que nos collègues du groupe CRC ont raison : il n'est jamais bon d'inscrire dans un texte de loi des formules qui, à partir de termes aussi vagues que : « une appréciation ou un jugement de valeur sur une personne physique, nommément désignée ou facilement identifiable », ouvrent la voie à des interprétations difficiles à déterminer par avance. Sans le double terme : « une appréciation ou un jugement de valeur », c'est-à-dire si n'était retenu qu'un seul des deux, je pourrais me résigner. Mais pas les deux à la fois ! La distinction me paraît d'ailleurs vague quand il s'agit d'un document : s'il porte une appréciation sur une personne privée, il portera nécessairement une forme de jugement de valeur et réciproquement ! Il me semblerait donc souhaitable d'alléger cette détestable formulation. Monsieur le rapporteur, madame le ministre, un petit effort de clarification ! Je crois qu'il serait bienvenu de renoncer aux mots : « ou un jugement de valeur ».

[37] J. Mathon-Poinat, Débats Sénat, 15 mai 2008. En réalité, du fait de l'existence de la même mention dans la loi d'accès aux documents administratifs, le délai d'ouverture minimum aurait été de vingt-cinq ans.

[38] P. Bloche, Débats Ass. nat. 1er juillet 2008.

1. Les dossiers de personnel

La catégorie des « dossiers de personnel » n'a jamais été clairement définie. Elle a souvent été utilisée pour s'opposer aux demandes de communication de « dossiers de l'administration préfectorale comprenant les décisions des commissions d'épuration [39] ». La pratique archivistique a eu tendance à en dresser des contours relativement extensifs, puisqu'il était communément admis que l'ancien délai de cent vingt ans des « dossiers de personnel » concernait « non seulement le dossier individuel constitué tout au long de la carrière professionnelle d'un individu, mais aussi tout dossier individuel comportant des informations confidentielles : par exemple dossier d'élève, dossier de pupille, d'adoption [40]... ». Cette analyse était fort discutable, car éloignée du sens premier du texte [41]. D'ailleurs, le Conseil d'État a, par exemple, considéré que les dossiers de pupille [42] contenaient des informations relatives à la vie privée et ne relevaient que du délai de soixante ans.

Toujours est-il que les dossiers de carrière des agents publics constituent l'essentiel de la catégorie des dossiers de personnel. Or, compte tenu de l'identité des dispositions légales, il est désormais concevable de se référer à la jurisprudence de la CADA pour identifier, à l'intérieur des dossiers, les documents relevant de cette exception. Et l'on saluera la position de la CADA, tendant à rendre communicables certains éléments de ces dossiers participant de la vie « publique » de ces agents.

Ainsi, à propos de la communication de documents comportant un jugement de valeur sur une personne physique ou faisant apparaître le comportement d'une personne dès lors que la divulgation de ce comportement pourrait lui porter préjudice, la CADA précise que « dans un souci de transparence de l'action administrative », elle « donne une interprétation plus stricte de la notion de vie privée lorsque sont en cause des documents concernant des agents publics [43] ». Elle considère ainsi que sont communicables aux tiers « les noms des fonctionnaires et le poste qu'ils occupent, l'adresse administrative d'un agent, les actes officiels de sa vie administrative – arrêté de nomination, tableau d'avancement, arrêté de radiation, tableaux

---

[39] Rapport Braibant, *op. cit.,* p. 57.

[40] DAF (sous la dir. J. Favier, assisté de D. Neirinck), *La pratique archivistique française*, Archives nationales, 1993, p. 399.

[41] V. Rapport Braibant, *op. cit.,* p. 57, pour qui la catégorie n'aurait dû comprendre que les dossiers de carrières.

[42] CE 10 janvier 1996, Département de Paris, *Rec. CE,* tables, p. 882.

[43] Voir sur le site www.cada.fr.

de vœux de mutation, décision de détachement – ou encore l'indice de rémunération ».

En revanche, restent couverts par le secret de la vie privée ou des comportements, « le montant des primes versées, dès lors que celles-ci sont liées à la manière de servir de l'intéressé, ainsi que, pour la même raison, le détail exact des salaires ; la fiche de salaire qui comporte des indications sur la situation familiale de l'agent ; la notation et l'appréciation sur la manière de servir ; ou encore les notes obtenues à un concours [44] ».

Cette approche peut évidemment servir de guide à l'administration des Archives, même si la distance plus grande générée par l'écoulement du temps – et le passage au rang d'archives définitives – peut permettre plus de mansuétude dans l'appréciation du caractère public de certains documents.

2. Les rapports d'enquête ou d'inspection

Au-delà des dossiers de personnel, peut être placé dans la catégorie des documents portant « *une appréciation ou un jugement de valeur* » tout ce qui relève de l'enquête ou de l'inspection. Or la plupart des rapports d'enquête sont couverts par les autres exceptions de la loi, figurant au 4° et au 5° du I. de l'article L. 213-2 du Code du patrimoine, lesquelles exceptions saturent efficacement les hypothèses les plus névralgiques de documents susceptibles de porter atteinte à la personne par le jugement que l'on porte sur elle [45]. Sont,

---

[44] Voir sur le site www.cada.fr.

[45] Cf. Aurélie Filippetti, Débats, Ass. nat. 1er juillet 2008 : « Les dispositions concernant les documents relatifs à la vie privée des personnes seront finalement accessibles après cinquante ans et non soixante-quinze ans comme le voulaient les sénateurs, mais une définition extensive de la notion de « vie privée » risque de rendre plus difficile l'obtention de dérogations. Je déplore d'ailleurs la réintroduction de la référence à l'atteinte à l'honneur des personnes, qui relève du code pénal.
L'accès aux archives notariales, aux documents statistiques officiels, aux enquêtes de police judiciaire et aux dossiers personnels des fonctionnaires, seront finalement communicables après un délai moyen de soixante-quinze ans, alors que le projet initial prévoyait cinquante ans. Cet allongement très dommageable pour la recherche a pour conséquence de reporter d'une génération la libre consultation de ces archives. Cédant à la pression du lobby des notaires, la France se dote donc sur ce point d'une des législations les plus restrictives d'Europe, ce qui est inacceptable. Est-il admissible de ne pouvoir consulter librement les dossiers de justice concernant l'association d'extrême droite La Cagoule, au temps du Front populaire ? Est-il admissible de ne pas voir accès aux minutes notariales concernant la spoliation des juifs et l'aryanisation des biens sous le régime de Vichy ? Est-il admissible de refuser l'accès aux enquêtes concernant le 8 mai 1945 en Algérie ? Si le délai initial avait été maintenu, ces documents auraient pu être consultés immédiatement après la promulgation de la loi ; ils ne pourront désormais être consultés qu'à partir de 2019. Ce texte n'assure pas un juste équilibre entre les exigences de la recherche contemporaine, la nécessité d'ouvrir les archives à la collectivité et l'impératif de protection des données individuelles et personnelles. Il entrave le travail des chercheurs, mais il porte aussi atteinte aux droits des citoyens ».

en effet, visés les documents dont la communication porte atteinte au secret en matière de statistiques lorsque sont en cause des données collectées au moyen de questionnaires ayant trait aux faits et comportements d'ordre privé, les documents relatifs aux enquêtes réalisées par les services de la police judiciaire, les documents couverts ou ayant été couverts par le secret de la défense nationale dont la communication est de nature à porter atteinte à la sécurité de personnes nommément désignées ou facilement identifiables ainsi que les documents relatifs aux enquêtes réalisées par les services de la police judiciaire, aux affaires portées devant les juridictions, sous réserve des dispositions particulières relatives aux jugements, et à l'exécution des décisions de justice dont la communication porte atteinte à l'intimité de la vie sexuelle des personnes. Il ne faut pas oublier, non plus, les secrets relevant du premier alinéa de l'article L. 213-2. I. 3° du code du patrimoine, autres que ceux « relatifs à la protection de la vie privée ».

Quant aux autres rapports d'inspection, qui ne relèveraient pas de ces catégories, ils seront vraisemblablement éligibles au délai de vingt-cinq ans de l'article L. 213-2.I.1° a) du code du patrimoine, visant bon nombre de secrets de la puissance publique, sachant que si l'on trouve, dans ce type de documents, des éléments relevant de la vie privée, le délai de cinquante ans s'appliquera logiquement sur le terrain de la vie privée.

C'est pourquoi, l'on peut se demander s'il n'aurait pas fallu conserver la mention « dossiers de personnel » propre à la loi du 3 janvier 1979 sur les archives, tout en saluant au passage l'abaissement relatif du délai, mais faire l'économie d'une mention aussi vague et porteuse d'insécurité juridique que celle se référant à « l'appréciation » ou au « jugement de valeur » sur une personne. D'après les travaux préparatoires, le législateur avait notamment entendu viser les rapports des préfets. Ainsi, selon René Garrec, le délai de cinquante ans a été établi « pour les documents touchant moins fortement à la vie privée, tels qu'une fiche de traitement d'un fonctionnaire mentionnant certains détails de sa vie privée, ainsi qu'à la réputation des personnes, par exemple les notes établies par les préfets sur les maires de leur département [46] ». Précisément, pour ce type de « notes », il paraît plus rigoureux de raisonner en termes de secrets protégés par la loi que de les bloquer, *a priori*, sous un embargo de cinquante ans.

---

[46] R. Garrec, Travaux de la commission des Lois, Sénat, 7 mai 2008.

B – L'identification de la personne

Le document doit porter sur une « *personne physique, nommément désignée ou facilement identifiable* ». Là encore, est créée une source inépuisable d'incertitudes sur la notion de personne « facilement identifiable ». Sans doute faudra-t-il s'inspirer des solutions dégagées en matière de protection des données personnelles, ou bien encore dans le contentieux du droit au respect de la vie privée ou du droit à l'image.

Par ailleurs, on peut se demander si la protection voulue par le législateur ne concerne pas autant l'auteur de l'appréciation que la personne « évaluée ». Guy Braibant avait, nous l'avons vu, relevé que l'argument du secret de la vie privée avait souvent été invoqué « pour faire obstacle à la communication de documents concernant le comportement des personnes sous l'Occupation [47] ». Il avait dénoncé le caractère « douteux » de la légalité de tels refus fondés sur la protection de l'honorabilité ou de la sécurité des personnes, alors que leur vie privée n'était pas en cause. Plus encore, il avait relevé que cette pratique contestable reposait, « en réalité, sur le souci – certes légitime mais non prévu par la loi – de protéger les méthodes de ces administrations, ou de ne pas mettre en cause des fonctionnaires en activité à travers les appréciations qu'ils ont pu porter sur un dossier [48] ».

Il est des hypothèses, en effet, où ce n'est pas tant l'identité de la personne « évaluée » qui paraît poser problème, ni le contenu de l'évaluation, que l'identité de la personne qui procède à cette évaluation, d'où la volonté de l'administration d'en restreindre la diffusion. Et les arbitrages seront très délicats à opérer. À cet égard, la jurisprudence de la CADA ne manque pas de laisser quelque peu inquiet quant au périmètre extensible de ce critère. Par exemple, la commission a émis un avis défavorable à la communication de la copie d'une pétition reçue par une direction départementale des Postes [49]. La demande avait été formulée par le directeur départemental, « victime » de cette pétition, et la CADA a considéré que les documents étaient « nominatifs à l'égard de leurs auteurs ou de leurs signataires ». Il semble que le raisonnement de la CADA ait été que la divulgation de la pétition faisait apparaître le comportement [50] de ses signataires, dans des

---

[47] Rapport Braibant, *op. cit.,* p. 56.

[48] Rapport Braibant, *op. cit.,* p. 57.

[49] V. Avis CADA, n° 19991246 du 1er avril 1999 sur le site www.cada.fr.

[50] V. sur le site de la CADA, la façon dont l'avis concernant la pétition illustre la catégorie des « documents comportant un jugement de valeur sur une personne physique ou faisant apparaître le comportement d'une personne dès lors que la divulgation de ce comportement pourrait lui porter préjudice ».

conditions de nature à leur porter préjudice. Pourtant, la pétition ayant, par nature, un caractère de « publicité », on peut se demander si le refus de sa diffusion était légitime...

II – Les documents révélant la personne

Avec les documents « *qui font apparaître le comportement d'une personne* » (A), *dans « des conditions susceptibles de lui porter préjudice* » (B), se joue la réputation de la personne telle que révélée par ses actions, comportement participant tant de sa vie privée que de sa vie publique.

A – La révélation du comportement

Le comportement d'une personne est révélé par toute mention de ses faits et gestes. Or l'historien a précisément pour devoir l'établissement des faits et leur preuve, afin de justifier du sérieux de sa recherche et de ses analyses. Et les archives publiques sont un des moyens majeurs d'établissement de telles preuves !

Curieusement, avec ce texte, la recherche de la vérité constitue une justification de l'exception à l'accès aux archives. Le document d'archive doit être d'autant plus inaccessible qu'il contient la preuve d'un comportement ! La catégorie est donc fort large. Elle hypothèque d'autant plus les droits de l'historien que sont ainsi concernés bon nombre d'éléments de la vie professionnelle d'agents publics, serviteurs de l'État, ou de personnalités publiques.

B – Les conditions susceptibles de porter préjudice

Quelles peuvent être les « *conditions susceptibles de porter préjudice* » à la personne dont le comportement est révélé ? L'on peut songer à l'atteinte au droit à l'image de la personne. Compte tenu du rattachement jurisprudentiel du droit à l'image, à l'article 9 du code civil, ce type d'atteinte sera englobé dans l'atteinte à la vie privée et passible, de ce fait, de ce même délai de cinquante ans. L'on songe donc essentiellement à l'atteinte à l'honneur ou à la considération, éléments caractéristiques du délit de diffamation. Quand ils n'entretiennent pas de confusion avec la vie privée, les travaux parlementaires visent d'ailleurs expressément « la réputation des personnes [51] » ou leur « honneur [52] ».

---

[51] R. Garrec, Travaux de la commission des Lois, Sénat, 7 mai 2008.

[52] R. Garrec, Rapport Sénat, n° 313, 7 mai 2008 : « c'est par souci de cohérence et d'intelligibilité de la loi que notre assemblée a souhaité créer un bloc unique « droit à la vie privée » de soixante-quinze ans, incluant, outre les deux catégories de documents susmen-

Ainsi, selon René Garrec, « tout en renforçant l'objectif du projet de loi d'ouvrir plus rapidement les archives relatives à la vie publique et au fonctionnement de l'État, le Sénat n'avait pas souhaité cette même évolution pour les documents touchant directement la vie privée et la réputation des personnes, pour lesquels la demande de transparence est beaucoup moins légitime, et ce eu égard, d'une part, à la protection de la vie privée, consacrée tant par les textes que par la jurisprudence, d'autre part, à l'allongement de l'espérance de vie [53] ».

Or, un historien ou un journaliste peuvent d'autant plus se trouver être diffamateurs, qu'ils auront fait preuve d'un sérieux irréprochable dans leurs recherches. Les faits qu'ils révèlent peuvent s'avérer de nature à porter atteinte à l'honneur ou à la considération d'une personne, notamment quand il s'agira de révéler les agissements professionnels de certains individus pendant des périodes troublées de l'Histoire. C'est d'ailleurs toute la difficulté du contentieux de la diffamation, quand elle est reprochée à un historien, lequel sera, en définitive, relaxé sous le bénéfice de l'exception de vérité ou de bonne foi [54].

Un grand nombre de documents tombera donc sous l'emprise de cette exception à la libre communication et l'article L. 213-2. I. 3° du code du patrimoine fermera pour cinquante ans des archives qui étaient jusque-là accessibles au bout de trente ans, sans compter le risque de subjectivité dans l'appréciation de ce critère – et particulièrement dans le traitement des liasses [55] – donc d'inégalité de traitement entre les usagers des services d'archives.

---

tionnées, l'ensemble des documents publics susceptibles de porter atteinte à la vie privée (registres d'état civil, renseignements sur la vie privée figurant dans des documents publics ou collectés dans le cadre d'enquêtes statistiques) et à l'**honneur** des personnes (documents qui rendent publique une appréciation ou un jugement de valeur sur une personne physique nommément désignée ou facilement identifiable, ou fait apparaître le comportement d'une personne dans des conditions susceptibles de lui porter préjudice) ».

[53] R. Garrec, Travaux de la commission des Lois, Sénat, 7 mai 2008.

[54] V. N. Mallet-Poujol, « Diffamation et histoire contemporaine », *Légipresse*, septembre 1996, chron. p. 97.

[55] R. Garrec a « mis en avant la nécessité de disjoindre ou d'occulter les documents confidentiels afin de ne pas appliquer le délai de consultation le plus long à l'ensemble d'un dossier d'archives dont les autres documents ne comporteraient aucun secret protégé par la loi » (R. Garrec, Travaux de la commission des Lois, Sénat, 7 mai 2008). Mais il ne faut pas mésestimer la complexité du tri des documents, notamment par occultation de certaines mentions, même si la volonté est affirmée de les communiquer. Aussi le risque est-il toujours présent de non-communication de documents « contaminés », du fait de leur présence dans une liasse jugée non communicable.

Conclusion

De la pertinence du délai de cinquante ans

Il est clair que, s'agissant de la réputation de la personne, le système est devenu fort verrouillé. Or, pas plus que pour le délai de soixante-quinze ans, la fixation du délai de cinquante ans n'était inéluctable.

Le délai de soixante-quinze ans avait, nous l'avons vu, soulevé de vives inquiétudes. Comme le soulignait Marc Dolez, « une telle disposition, si elle était validée, aurait pour effet de remettre en cause, par exemple, les études historiques sur les années trente et sur le régime de Vichy, puisque cela reviendrait à soumettre au privilège d'une dérogation l'étude de documents aujourd'hui librement accessibles [56] ».

Le choix de ce délai spécifique de cinquante ans reste encore discutable. On peut, certes, saluer le pragmatisme du gouvernement quand il estime que « le délai de communication de ces documents portant « une appréciation ou un jugement de valeur sur une personne physique » est le même que celui qui s'applique aux documents mettant en cause la protection de la vie privée » et que « se trouve donc levée toute difficulté pratique pour les archivistes, qui pourraient se demander si tel document relève de l'une ou de l'autre catégorie [57] ». Mais c'est sans doute un peu court comme justification…

Même contraint par les nécessités d'harmonisation des catégories de documents non communicables avec la loi du 17 juillet 1978, le législateur aurait pu raisonnablement rester, hormis pour les dossiers de personnel, au délai plancher de vingt-cinq ans à compter de la date du document, le temps d'une génération. L'exposé des motifs prévoyait, dans cet esprit, la possibilité pour les secrets protégés par l'article 6 de la loi du 17 juillet 1978 qui relevaient du délai de droit commun de trente ans, d'être librement communicables à l'expiration d'un délai de vingt-cinq ans, à défaut d'un délai spécifique instauré par la loi [58].

---

[56] M. Dolez, Ass. nat. Débats du 29 avril 2008.

[57] Ch. Albanel, Débats Sénat du 15 mai 2008.

[58] Cf. Travaux de la commission des Lois, Sénat, 14 mai 2008 : « La commission des Lois du Sénat a donné un avis défavorable à l'amendement présenté par Mme Josiane Mathon-Poinat et les membres du groupe communiste républicain et citoyen, tendant à rendre immédiatement communicables les documents portant une appréciation ou un jugement de valeur sur une personne ».

De l'instauration d'un secret de la réputation

En définitive, l'article L. 213-2. I. 3° du code du patrimoine instaure un secret procédant de la « réputation de la personne ». Il restreint considérablement la portée du droit à l'information citoyenne sur des événements contemporains. Il s'agit là d'un grave changement de paradigme car l'esprit de la loi de 1979 était de ne préserver de l'accès immédiat que les documents couverts par un secret ou un intérêt protégé par la loi. Le législateur n'avait pas repris en 1979, les exclusions de communication de certains textes du 19ème siècle concernant les documents « de nature à porter atteinte à l'honneur des individus et des familles [59] ». Il faut, en effet, avoir à l'esprit que la réputation de la personne ne procède pas d'un secret ou d'un intérêt systématiquement protégé par la loi, et ce en raison du principe à valeur constitutionnelle de la liberté d'expression. Il est possible, en vertu du droit à l'information, d'évoquer un certain nombre de faits de nature à porter atteinte à la réputation d'une personne, quand ces informations contribuent au débat d'intérêt général.

L'embargo sur de tels documents concernant des faits susceptibles d'entacher la réputation est d'autant moins justifié qu'il n'est pas assorti des mêmes garanties que celles accordées en droit de la presse. En effet, la personne poursuivie pour diffamation, sur le fondement de l'article 29 de la loi de 1881, peut faire valoir, pour échapper à toute condamnation et bénéficier d'une relaxe, les faits justificatifs de l'exception de vérité ou de la bonne foi – légitimité du but poursuivi, absence d'animosité personnelle, sérieux de l'enquête, prudence et mesure dans l'expression. Elle a également la possibilité, sur le fondement de l'article 34 de la loi de 1881, incriminant la diffamation envers la mémoire des morts, de faire valoir le fait que le diffamateur n'a pas eu l'intention de porter atteinte à l'honneur ou à la considération des héritiers, époux ou légataires universels vivants, moyen de défense évidemment très pertinent et efficace pour les historiens. Or, toutes ces garanties de la liberté d'expression sont éclipsées par la loi du 15 juillet 2008.

De surcroît, il ne faut pas perdre de vue que, bien évidemment, l'accès aux archives doit être distingué de l'usage qui en sera fait. La prise de connaissance, par l'historien, d'un certain nombre d'informations potentiellement préjudiciables à autrui, sera passée au tamis de l'objet de sa recherche et de l'intérêt de l'information, et ne débouchera évidemment pas nécessairement sur une divulgation. Si tel est le cas, l'historien est juridique-

---

[59] V. J. Le Pottier, « L'accès aux archives : esquisse historique », in *Mémoires de l'Académie des Sciences, Inscriptions et Belles-Lettres de Toulouse*, vol. 170, tome IX, 2008, p. 160, citant l'arrêté du 16 mai 1887, les décrets des 12 janvier 1898, 27 février 1952 et 31 juillet 1962.

ment responsable de sa publication et répondra, le cas échéant, de poursuites en diffamation, en bénéficiant des moyens de défense précédemment évoqués.

Un tel garde-fou n'existe pas en matière d'archives. Non seulement, on rajoute un délai de vingt-cinq ans au délai plancher de vingt-cinq ans, mais l'embargo est total, là où, hors archives publiques, un historien peut travailler relativement sereinement sur ce type de matériau. Ce culte du secret n'est pas nouveau, pas plus que la méfiance à l'égard du citoyen, tenté de s'ériger en « justicier » en dévoilant des pans sombres de la vie d'autrui. Cette défiance a parcouru les débats sur la liberté de la presse, notamment à propos de *l'exceptio veritatis*, laquelle n'était admise, avant la réforme de 1944, qu'à l'égard de la diffamation envers les personnes publiques, en raison de la nécessité qu'elles avaient de rendre compte de leurs actes au nom de leurs mandats ou de leurs missions de service public. Pour les mêmes raisons, la possibilité d'apporter la preuve de la vérité des faits allégués a été ramenée en 1944, à un délai de dix ans pour toutes les diffamations, quelles qu'en soient les cibles, avec interdiction totale de prouver la vérité de faits diffamatoires relatifs à la vie privée.

L'argument du droit à l'oubli et de la « paix sociale » est en toile de fond de la réflexion en droit de la presse. Mais le sort des historiens a toujours été préservé, sous le bénéfice de la bonne foi. En tout état de cause, le contrôle du discours s'effectue *a posteriori* et non *a priori* ! Il n'y a pas de régime préventif de censure, mais un régime répressif, après publication, pour sanctionner d'éventuelles atteintes, contrairement au « rideau » de cinquante ans désormais tombé sur de telles archives.

Des écueils des dérogations individuelles

À la rigueur des nouvelles exceptions à l'accessibilité immédiate des archives peut évidemment être opposée la faculté de délivrer des dérogations individuelles, notamment en faveur des enseignants-chercheurs. Ainsi selon René Garrec, « ni le gouvernement ni le Sénat n'avaient cherché à remettre en cause les possibilités de dérogations, c'est-à-dire de consultations d'archives avant l'expiration des délais de communication [60] ». Pourtant, le texte dans sa nouvelle formulation n'est pas sans soulever d'autres inquiétudes, car l'obtention de cette dérogation peut s'avérer hasardeuse.

[60] R. Garrec, Travaux de la commission des Lois, Sénat, 7 mai 2008.

En effet, aux termes du nouvel article L. 213-3 du code du patrimoine :

« *I.-L'autorisation de consultation de documents d'archives publiques avant l'expiration des délais fixés au I de l'article L. 213-2 peut être accordée aux personnes qui en font la demande* ***dans la mesure où l'intérêt qui s'attache à la consultation de ces documents ne conduit pas à porter une atteinte excessive aux intérêts que la loi a entendu protéger****. Sous réserve, en ce qui concerne les minutes et répertoires des notaires, des dispositions de l'article 23 de la loi du 25 ventôse an XI contenant organisation du notariat, l'autorisation est accordée par l'administration des archives aux personnes qui en font la demande après accord de l'autorité dont émanent les documents.*

Le temps de réponse à une demande de consultation ne peut excéder deux mois à compter de l'enregistrement de la demande.

II.- L'administration des archives peut également, après accord de l'autorité dont émanent les documents, décider l'ouverture anticipée de fonds ou parties de fonds d'archives publiques ».

Selon le rapporteur de la loi, le texte ne devrait avoir aucune incidence sur le taux d'octroi des dérogations aux chercheurs, actuellement accordées à plus de 90 % et ce « en dépit du caractère supposé sensible des demandes, portant principalement sur la Seconde Guerre mondiale, l'histoire des étrangers et de l'immigration, l'histoire politique récente et la guerre d'Algérie [61] ». Le texte se bornerait, « à travers cette expression, à consacrer un principe de proportionnalité appliqué aujourd'hui tant par la CADA que par les juridictions administratives et souvent utilisé à l'étranger [62] ».

Cependant, la nouvelle condition – tirée de la nécessité que la consultation ne soit pas de nature « *à porter une atteinte excessive aux intérêts que la loi a entendu protéger* » – est assez troublante. La situation peut devenir absurde. Si l'historien fait son travail correctement, les éventuelles révélations qu'il fera – éventuelles car nous avons vu que l'accès aux archives devait être distingué de la divulgation –, étayées par les documents d'archives, peuvent le conduire à porter atteinte à la réputation d'autrui, en toute vérité et en toute bonne foi et, par conséquent, sans se rendre coupable du délit de diffamation. Mais il n'en demeure pas moins exposé, dans ce contexte de risque d'atteinte à la réputation, à un refus de consultation de la part du service d'archives. Il en sera de même du risque d'atteinte aux secrets protégés par la loi, si l'ouverture des fonds se fait avant l'expiration des délais. Cet écueil a été relevé, en vain, par Josiane Mathon-Poinat, devant le Sénat, dans les

[61] R. Garrec, Rapport Sénat, n° 313, 7 mai 2008.
[62] R. Garrec, Rapport Sénat, n° 313, 7 mai 2008.

termes suivants : « En raison de cette ambiguïté introduite par le projet de loi, certains chercheurs et historiens s'inquiètent, redoutant une interprétation trop stricte de la loi par les autorités versantes. Le pouvoir discrétionnaire sur les dérogations est renforcé, au détriment cependant de la recherche, car on peut craindre que ces dérogations ne soient désormais accordées au compte-gouttes, ce qui entraverait les historiens dans leur recherche scientifique et participerait sans doute à créer un climat de suspicion à leur encontre [63] ».

Au demeurant, l'octroi de la dérogation individuelle, dans ce contexte juridique particulier, risque d'aggraver, chez l'historien qui en bénéficie, le recours à une forme d'autocensure, inhérente aux situations toujours délicates de bénéfice d'avantages particuliers. Sonia Combe, hostile au principe même des dérogations individuelles, considère, à cet égard, que « discours 'raisonnable', puisque respectueux de la raison d'État, et autocensure vont de pair. Ils sont favorisés par l'accès inégalitaire à l'archive, par ce système de dépendance à peine masqué qui relie l'historien à l'État [64] ». On ne peut qu'espérer voir cette vision démentie par l'éthique professionnelle des historiens, mais il est constant que ce nouveau critère de refus de dérogation est de nature à semer plus encore le trouble dans l'esprit des archivistes et des historiens.

Documents qui « portent une appréciation ou un jugement de valeur sur une personne physique, nommément désignée ou facilement identifiable », documents « qui font apparaître le comportement d'une personne dans des conditions susceptibles de lui porter préjudice », documents dont la consultation est de nature à porter une « atteinte excessive aux intérêts que la loi a entendu protéger », que de concepts subjectifs et difficiles à manier ! L'on peut se demander, avec Vincent Duclert, si véritablement « l'obscurité » ne

---

[63] J. Mathon-Poinat, Débats Sénat, 15 mai 2008 ; v. aussi P. Bloche, qui, relevant le caractère « conditionnel » d'un tel droit, proteste en ces termes : « Nous tenons certes à bien écrire la loi pour éviter des contestations ultérieures mais nous voulons aussi et surtout, puisque l'objectif de votre projet de loi est de rendre plus accessibles les archives publiques, que l'autorisation de les consulter soit un droit. Or ce droit ne peut pas être reconnu dans la formulation actuelle du texte » : Débats Ass. nat. 29 avril 2008 et M. Dolez, pour qui « La troisième disposition, tout à fait inquiétante, est l'aggravation des conditions permettant aux chercheurs d'utiliser les documents obtenus par dérogation, avec la demande faite au chercheur de justifier que ses travaux ne portent pas une atteinte excessive aux intérêts que la loi a entendu protéger. Que faudrait-il entendre par une telle formule ? », Débats Ass. nat. 29 avril 2008.

[64] S. Combe, « Le législateur, les archives et les effets de censure », *Histoire@Politique*, Politique, culture, société, n° 6, sept.-déc. 2008.

risque pas de « tomber sur la recherche scientifique [65] ». Assurément, des motifs supplémentaires et contestables de différer l'accès à certaines archives sensibles sont désormais à la disposition de l'administration des archives. Gageons qu'elle en fera un usage « éclairé ».

[65] V. Duclert, « La nuit des archives », *Le Monde*, 17 avril 2008.

Accès aux archives et intérêts protégés

FRANÇOIS JULIEN-LAFERRIÈRE
Professeur émérite de l'Université Paris-Sud

Le régime de l'accès aux archives a été profondément affecté par la loi du 15 juillet 2008 relative aux archives [1] qui a modifié un nombre important d'articles du livre II du code du patrimoine, lui-même issu, pour l'essentiel, dans sa version initiale, de la loi du 3 janvier 1979 [2], modifiée par les lois du 31 décembre 1992 [3] et du 12 avril 2000 [4].

Alors même qu'au départ l'objectif de la loi de 2008 était de faciliter l'accès aux archives, le texte voté par le Parlement et promulgué par le Président de la République, à la suite de très nombreux amendements parlementaires, a plutôt rendu cet accès plus difficile, notamment par l'allongement des délais de consultation de diverses catégories d'archives [5]. Ce phénomène est particulièrement sensible s'agissant des documents dont la communication ou la consultation est de nature à porter atteinte à un intérêt protégé par le secret.

La loi du 3 janvier 1979 précisait, dans son article 6, alinéa 2, que les documents d'archives publiques étaient consultables selon les modalités fixées par la loi du 17 juillet 1978 relative à la communication des documents administratifs. La loi du 25 juillet 2008 maintient cette règle [6].

---

[1] Loi n° 2008-696 du 15 juillet 2008 relative aux archives, *JO* du 16 juillet 2008.

[2] Loi n° 79-18 du 3 janvier 1979 sur les archives, *JO* du 5 janvier 1979.

[3] Loi n° 92-1477 du 31 décembre 1992 relative aux produits soumis à certaines restrictions de circulation et à la complémentarité entre les services de police, de gendarmerie et de douane, *JO* 5 janvier 1993.

[4] Loi n° 2000-321 du 12 avril 2000 relative aux droits des citoyens dans leurs relations avec les administrations, *JO* du 13 avril 2000.

[5] Voir notamment, sur ce point, les articles L. 213-2 à L. 213-4 du code du patrimoine, analysés plus loin.

[6] Code du patrimoine, art. L. 213-1, al. 2.

L'article 6, alinéa 1er, de la loi de 1979 posait également le principe que « les documents dont la communication était libre avant leur dépôt aux archives publiques continueront d'être communiqués sans restriction d'aucune sorte à toute personne qui en fera la demande ». Cette formule a été reprise dans la version initiale du code du patrimoine, mais elle a été supprimée par la loi du 25 juillet 2008 qui lui substitue l'affirmation de la communicabilité « de plein droit » des archives publiques [7], ce qui revient sensiblement au même, sauf que le principe est désormais plus large d'application puisqu'il ne se limite pas aux documents « dont la communication était libre avant leur dépôt aux archives publiques », mais s'étend, en principe, à toutes les archives publiques.

Pour les autres documents, l'article 6, alinéa 3, de la loi de 1979 fixait à trente ans le délai de droit commun à l'expiration duquel les documents d'archives publiques pouvaient être librement consultés [8]. Mais, simultanément, l'article 7 instituait des délais spéciaux pour certains documents qui concernent, précisément, les « intérêts protégés » [9]. Des dispositions comparables figurent dans le code du patrimoine, les délais de disponibilité des archives variant suivant le contenu des documents considérés et l'intérêt qu'il s'agit de protéger [10].

I – Les notions d'intérêt protégé et d'archive

Pour pouvoir étudier comment est réglementé, limité ou restreint l'accès aux archives quand un « intérêt protégé » par la loi est en jeu, il faut d'abord, bien sûr, essayer de définir ce qu'est un intérêt protégé et à quelles archives cette notion peut être opposée.

A – Qu'est-ce qu'un intérêt protégé ?

La notion d'« intérêt protégé » peut être cernée en faisant appel à Jean Dabin selon qui il s'agirait d'une « situation juridique, appuyée sur un droit, [qui] s'impose au respect d'autrui ». Et Dabin assimilait les notions

---

[7] Code du patrimoine, art. L. 213-2, § I.

[8] Loi du 3 janvier 1979, art. 6, al. 3 : « Tous les autres documents d'archives pourront être librement consultés à l'expiration d'un délai de trente ans ou dans des délais spéciaux prévus à l'article 7 ci-dessous ».

[9] Il s'agissait notamment : des « documents comportant des renseignements de caractère médical » ; des « dossiers de personnel » ; des « documents relatifs à des affaires portées devant les juridictions » ; de ceux qui contiennent « des renseignements individuels ayant trait à la vie personnelle et familiale et [...] aux faits et comportements d'ordre privé [...] » ou « des informations mettant en cause la vie privée ou intéressant la sûreté de l'État ou la défense nationale ».

[10] Code du patrimoine, art. L. 213-2, § I.

d'« intérêts protégés » et de « droits subjectifs ». Il existerait donc des intérêts dignes de protection, qui deviendraient des intérêts protégés dès lors que la loi les transformerait en droits [11].

En matière d'accès aux archives, la notion d'intérêt protégé n'apparaît, dans le code du patrimoine, qu'une seule fois, à l'article L. 213-3, qui dispose :

« *L'autorisation de consultation de documents d'archives publiques avant l'expiration des délais fixés [à] l'article L. 213-2 peut être accordée aux personnes qui en font la demande dans la mesure où l'intérêt qui s'attache à la consultation de ces documents ne conduit pas à porter une atteinte excessive aux intérêts que la loi a entendu protéger* ».

Les intérêts en question ne sont donc protégés que parce que la loi les protège. Mais quels sont-ils ? Et de quelle loi s'agit-il ?

B – Quelles archives sont concernées ?

Quels documents d'archives sont soumis à un régime d'accès particulier en raison de l'intérêt protégé auquel leur consultation pourrait porter atteinte ?

Le code du patrimoine définit génériquement les archives dans les termes suivants :

« *Les archives sont l'ensemble des documents, quels que soient leur date, leur lieu de conservation, leur forme et leur support, produits ou reçus par toute personne physique ou morale et par tout service ou organisme public ou privé dans l'exercice de leur activité* » [12].

Puis le code du patrimoine distingue deux catégories d'archives :

- les archives publiques, c'est-à-dire, selon l'article L. 211-4 :

« *Les documents qui procèdent de l'activité, dans le cadre de leur mission de service public, de l'État, des collectivités territoriales, des établissements publics et des autres personnes morales de droit public ou des personnes de droit privé chargées d'une telle mission [et] les minutes et répertoires des officiers publics et ministériels* » [13].

---

[11] Jean Dabin, « Lésion d'intérêt ou lésion de droit comme condition de la réparation des dommages en droit privé et en droit public », *Annales de droit et de science politique*, 1948, n° 35, p. 7 et s.

[12] Code du patrimoine, art. L. 211-1.

[13] On peut s'interroger sur l'utilité de cette dernière précision, car les officiers publics et ministériels ne gèrent-ils pas un service public ?

Sont toutefois exclus de cette définition :

« *les actes et documents des assemblées parlementaires [qui] sont régis par l'ordonnance n° 58-1100 du 17 novembre 1958 relative au fonctionnement des assemblées parlementaires* » [14].

- et les archives privées qui sont toutes les autres, c'est-à-dire « l'ensemble des documents définis à l'article L. 211-1 qui n'entrent pas dans le champ d'application de l'article L. 211-4 » [15], essentiellement parce qu'elles procèdent de l'activité de personnes privées non investies d'une mission de service public.

Logiquement, ces archives demeurent entre les mains de leur propriétaire et ne sont donc accessibles aux tiers que dans la mesure où le propriétaire y consent. Mais, le code prévoit que « les services départementaux d'archives peuvent également recevoir des archives privées » [16]. En ce cas, bien qu'elles se trouvent entre les mains de l'administration, ces archives privées n'obéissent pas aux règles applicables aux archives publiques quant à leur communication. Pour elles, en effet, c'est la volonté du propriétaire, du donateur, du dépositaire et à défaut, celle de l'administration, qui sera déterminante pour définir les conditions dans lesquelles elles pourront être consultées ou communiquées [17].

II – La conciliation de la protection des intérêts par la loi et du droit d'accès aux archives

La protection des intérêts légitimes contre les risques que fait courir la consultation par les tiers des archives contenant des renseignements ou des données se rapportant à de tels intérêts est une garantie des droits des personnes privées, quand un intérêt privé est en cause, et des droits de la collectivité quand l'intérêt protégé est un intérêt public.

A – Communicabilité et incommunicabilité des documents administratifs

Pour s'assurer que les tiers ne pourront pas, par la consultation de documents, porter atteinte à un intérêt protégé, la seule technique jusqu'à pré-

---

[14] *JO* du 18 novembre 1958.

[15] Code du patrimoine, art. L. 211-5.

[16] Code du patrimoine, art. L. 212-8.

[17] Code du patrimoine, art. L. 213-6 : « Les services publics d'archives qui reçoivent des archives privées à titre de don, de legs, de cession ou de dépôt sont tenus de respecter les stipulations du donateur, de l'auteur du legs, du cédant ou du déposant quant à la conservation et à la communication de ces archives ».

sent envisagée est celle de l'interdiction d'accéder aux documents en question. Et ceci par dérogation au principe énoncé à l'article L. 213-1 du code du patrimoine, selon lequel « les archives publiques sont [...] communicables de plein droit ». Et il est ajouté que « l'accès à ces archives s'exerce dans les conditions définies pour les documents administratifs à l'article 4 de la loi n° 78-753 du 17 juillet 1978 », c'est-à-dire la loi sur l'accès aux documents administratifs [18], laquelle prévoit que l'accès aux documents administratif peut prendre la forme soit d'une « consultation gratuite sur place, sauf si la préservation du document ne le permet pas », soit de la « délivrance de copies en un seul exemplaire aux frais de la personne qui les sollicite », soit enfin d'un « courrier électronique et sans frais lorsque le document est disponible sous forme électronique » [19].

Les archives publiques sont, pour la plupart, des documents administratifs, au sens de l'article 1er de la loi du 17 juillet 1978, c'est-à-dire des « documents produits ou reçus, dans le cadre de leur mission de service public, par l'État, les collectivités territoriales ainsi que par les autres personnes de droit public ou les personnes de droit privé chargées d'une telle mission » [20], définition qui vise « les dossiers, rapports, études, comptes rendus, procès-verbaux, statistiques, directives, instructions, circulaires, notes et réponses ministérielles, correspondances, avis, prévisions et décisions » [21].

On peut dire que ces documents ont deux vies : leur vie administrative et leur vie d'archive. Pendant la première, ils sont principalement utiles à l'administration ; dans la seconde, ils ont plutôt de l'intérêt pour les tiers.

Cette double vie se traduit dans le régime juridique des archives. En effet, l'article 6 de la loi du 17 juillet 1978, après avoir affirmé la communicabilité « de plein droit » des documents administratifs – comme l'article L. 213-1 du code du patrimoine le fait pour les archives publiques –, énumère dans son article 6 la liste des documents qui ne sont pas communicables. Et il le fait, non en donnant la liste des documents incommunicables,

---

[18] Loi n° 78-753 du 17 juillet 1978 portant diverses mesures d'amélioration des relations entre l'administration et le public et diverses dispositions d'ordre administratif, social et fiscal, *JO* du 18 juillet 1978.

[19] Loi n° 78-753 du 17 juillet 1978, art. 4.

[20] On constate que cette définition est presque identique à celle des archives que donne l'article L. 211-1 du code du patrimoine.

[21] L'article 1er de la loi du 17 juillet 1978, comme l'article L. 211-1 du code du patrimoine, exclut expressément de son champ d'application « les actes et documents produits ou reçus par les assemblées parlementaires [qui] sont régis par l'ordonnance n° 58-1100 du 17 novembre 1958 relative au fonctionnement des assemblées parlementaires ».

mais celle des intérêts auxquels la communication des documents porterait atteinte.

Il s'agit [22] :

— du « secret des délibérations du gouvernement et des autorités responsables relevant du pouvoir exécutif » ;

— du « secret de la défense nationale » ;

— de « la conduite de la politique extérieure de la France » ;

— de « la sûreté de l'État, la sécurité publique ou la sécurité des personnes » ;

— de « la monnaie et [du] crédit public » ;

— du « déroulement des procédures engagées devant les juridictions ou [des] opérations préliminaires à de telles procédures, sauf autorisation donnée par l'autorité compétente » ;

— de « la recherche, par les services compétents, des infractions fiscales et douanières » ;

— enfin, de façon générale, des « secrets protégés par la loi ».

Le même article 6 de la loi de 1978 énumère ensuite les catégories de documents qui « ne peuvent être communiqués qu'à l'intéressé », à savoir [23] :

— ceux « dont la communication porterait atteinte à la protection de la vie privée, au secret médical et au secret en matière commerciale et industrielle » ;

— ceux qui « [portent] une appréciation ou un jugement de valeur sur une personne physique, nommément désignée ou facilement identifiable » ;

— ceux qui « [font] apparaître le comportement d'une personne, dès lors que la divulgation de ce comportement pourrait lui porter préjudice » [24].

Il est par ailleurs ajouté [25] :

« *Lorsque la demande porte sur un document comportant des mentions qui ne sont pas communicables en application du présent article mais qu'il est possible*

---

[22] Loi n° 78-753 du 17 juillet 1978, art. 6, § I, 2°.

[23] *Ibid.*, § II.

[24] Comparer cette énumération avec celle de l'article 7 de la loi du 3 janvier 1979 du code du patrimoine cité plus haut, note 9.

[25] Loi n° 78-753 du 17 juillet 1978, art. 6, § III.

d'occulter ou de disjoindre, le document est communiqué au demandeur après occultation ou disjonction de ces mentions ».

Les dérogations à l'incommunicabilité sont donc nombreuses et diverses, à la fois quant aux intérêts qu'elles sont destinées à protéger – tantôt un intérêt public, tantôt un intérêt privé –, et quant au champ d'application de l'incommunicabilité, absolue ou limitée aux tiers, mais en principe jamais opposable à l'intéressé.

B – Du document administratif à l'archive

Les documents administratifs ne sont cependant pas indéfiniment incommunicables, sauf une seule exception. Après la loi de 1978 sur l'accès aux documents administratifs, c'est en effet le code du patrimoine qui prend le relais, définissant le régime de la consultation – ou communication, les deux termes étant employés [26] – des archives. Là encore, si les archives sont, en principe, librement consultables – ou consultables « de plein droit » –, certaines ne le sont qu'après un délai destiné, précisément, à garantir l'intérêt protégé par la loi. Ce sont ces délais que la loi du 25 juillet 2008 a modifiés, suscitant l'émoi et les critiques que l'on sait [27]. Car, si la volonté du gouvernement, auteur du projet de loi, était « d'ouvrir plus grandement les archives aux Français » [28], certains ont regretté que cette ouverture ne fût pas plus large, voire que certains délais fussent même allongés par rapport aux dispositions antérieures.

Ainsi, l'article L. 213-2 du code du patrimoine, dérogeant au principe de la libre communication des archives publiques, fixe des délais divers pour les documents dont la communication immédiate porterait atteinte à certains intérêts. Et si, avant l'adoption de la loi du 25 juillet 2008, il existait cinq délais différents – 30 ans, délai de droit commun, 60 ans, 100 ans, 120 ans et 150 ans –, ils ne sont plus maintenant que trois : « 25, 50 et 100 ans

---

[26] Les termes « communication », « communiquer », « communicable » sont utilisés aux articles L. 212-4, L. 212-14, L. 212-19 et dans le titre du chapitre 3 du titre II du code, intitulé « Régime de communication ». En revanche, les termes « consultation », « consulter », figurent aux articles L. 213-2, L. 213-3 et L. 214-10, sans qu'il paraisse y avoir une différence de sens entre les deux concepts.

[27] Sur ce débat, voir : Pascale Gonod, « La réforme des archives : une occasion manquée », *AJDA* 2008, p. 1597 et s., ainsi que l'excellente bien que brève synthèse réalisée par Localtis.info, *Le quotidien Internet des collectivités locales du groupe Caisse des dépôts et consignations*, le 8 juillet 2008.

[28] Christine Albanel, ministre de la Culture et de la Communication, audition par la commission des Lois constitutionnelles, de la législation et de l'administration générale de la République, le 9 avril 2008.

selon la nature des secrets en cause »[29]. Le Parlement, en cours de discussion du projet, a ajouté un délai de 75 ans, si bien que le nombre des divers délais n'a été ramené que de 5 à 4, ce qui ne constitue pas une révolution. Mais les délais les plus longs ont disparu, le délai maximum étant dorénavant de cent ans.

Les délais de consultation des archives, institués par la loi du 25 juillet 2008 et maintenant mentionnés à l'article L. 213-2, § I, du code du patrimoine, sont les suivants :

— 25 ans quand sont en cause, d'une part, le « secret des délibérations du gouvernement et des autorités responsables relevant du pouvoir exécutif, la conduite des relations extérieures, la monnaie et le crédit public, la recherche par les services compétents des infractions fiscales et douanières ou le secret en matière de statistiques »[30], et, d'autre part, « le secret en matière commerciale et industrielle » ou « le secret médical »[31]. Pour la première série de documents, il s'agit de protéger des intérêts publics, alors que, pour la seconde, les intérêts en cause sont d'ordre privé ; dans ce dernier cas, le délai court, non de la date du document, mais de la date du décès de l'intéressé ;

— 50 ans quand le document a trait « au secret de la défense nationale, aux intérêts fondamentaux de l'État dans la conduite de la politique extérieure, à la sûreté de l'État, à la sécurité publique », ou quand il risque d'y avoir atteinte « à la protection de la vie privée » – sauf les exceptions qu'on verra plus loin –, ou encore quand le document « porte une appréciation ou un jugement de valeur sur une personne physique, nommément désignée ou facilement identifiable, ou fait apparaître le comportement d'une personne dans des conditions susceptibles de lui porter préjudice », ou enfin quand est en cause « la construction, l'équipement [ou le] fonctionnement des ouvrages, bâtiments ou parties de bâtiment utilisés pour la détention des personnes ou recevant habituellement des personnes détenues », le délai étant alors décompté « depuis la fin de l'affectation à ces usages des ouvrages, bâtiments ou parties de bâtiment en cause »[32]. On voit qu'ici encore, ce délai s'applique aussi bien quand il s'agit de protéger un intérêt public (défense nationale, intérêts fondamentaux de l'État, politi-

---

[29] *Ibid.*

[30] Code du patrimoine, art. L. 213-2, § I, 1°.

[31] *Ibid.*, 2°.

[32] *Ibid.*, 3°.

que extérieure, lieux de détention, etc.) qu'un intérêt privé (vie privée, appréciation ou jugement sur la valeur ou le comportement d'une personne, etc.) ;

— 75 ans « à compter de la date du document » ou 25 ans « à compter du décès de l'intéressé », « pour les documents dont la communication porte atteinte au secret en matière de statistiques lorsque sont en cause des données collectées au moyen de questionnaires ayant trait aux faits et comportements d'ordre privé », « pour les documents relatifs aux enquêtes réalisées par les services de la police judiciaire », « pour les documents relatifs aux affaires portées devant les juridictions », « pour les minutes et répertoires des officiers publics ou ministériels » et « pour les registres de naissance et de mariage de l'état civil, à compter de leur clôture »[33]. Une fois encore, les intérêts en jeu sont tantôt publics (enquêtes de la police judiciaire, affaires portées devant les juridictions), tantôt privés (comportements d'ordre privé, état civil) ;

— 100 ans « à compter de la date du document » ou 25 ans « à compter du décès de l'intéressé » si le document concerne un mineur, ou s'il s'agit d'un document relatif à une affaire portée devant les juridictions et « dont la communication porte atteinte à l'intimité de la vie sexuelle des personnes », ou enfin si la consultation du document, couvert par le secret de la défense nationale, « est de nature à porter atteinte à la sécurité de personnes nommément désignées ou facilement identifiables »[34]. Dans ces trois hypothèses, l'intérêt protégé est un intérêt privé.

Certains documents d'archives ne peuvent jamais être consultés, leur incommunicabilité étant, en ce cas, perpétuelle. Il s'agit des documents « dont la communication est susceptible d'entraîner la diffusion d'informations permettant de concevoir, fabriquer, utiliser ou localiser des armes nucléaires, biologiques, chimiques ou toutes autres armes ayant des effets directs ou indirects de destruction d'un niveau analogue »[35] (code du patrimoine, art. L. 213-2, § 3). On observera que le projet de loi prévoyait également l'incommunicabilité perpétuelle des documents « dont la divulgation mettrait en cause la sécurité des personnes afin de protéger en particulier les ac-

---

[33] *Ibid.*, 4°.
[34] *Ibid.*, 5°.
[35] Code du patrimoine, art. L. 213-2, § 3.

tivités des agents de renseignement », mais cette disposition ne figure pas dans le texte définitivement adopté par le Parlement.

Un régime spécifique est réservé aux « documents d'archives publiques émanant du Président de la République, du Premier ministre et des autres membres du gouvernement », dont le versement « peut être assorti de la signature entre la partie versante et l'administration des archives d'un protocole relatif aux conditions de traitement, de conservation, de valorisation ou de communication du fonds versé, pendant la durée des délais prévus à l'article L. 213-2 »[36]. Le délai de communicabilité est donc aligné sur le droit commun. Ainsi, les protocoles déjà existants sont officialisés et d'autres protocoles pourront être conclus à l'avenir, mais ils seront alors encadrés.

Enfin, il est prévu que les services détenteurs d'archives publiques peuvent donner « l'autorisation de consultation [...] avant l'expiration des délais fixés au I de l'article L. 213-2 [...] aux personnes qui en font la demande dans la mesure où l'intérêt qui s'attache à la consultation de ces documents ne conduit pas à porter une atteinte excessive aux intérêts que la loi a entendu protéger »[37]. Cette autorisation, qui est subordonnée à « l'accord de l'autorité dont émanent les documents », doit être donnée dans les deux mois de la demande. Le texte ne prévoyant pas de sanction particulière à ce délai, on doit en conclure que s'applique en la matière le principe selon lequel le défaut de réponse dans le délai de deux mois vaut rejet implicite[38]. Il s'agit de faciliter le travail des chercheurs, surtout des historiens, ce qui est une préoccupation louable. La conciliation entre l'intérêt à protéger et l'intérêt de la recherche est difficile à trouver car le critère de la proportionnalité entre ces deux impératifs opposés n'est pas évident. Le juge administratif, habitué à appliquer la théorie du bilan[39], trouve ici un nouveau domaine d'application de ses méthodes de contrôle.

---

[36] Code du patrimoine, art. L. 313-4.

[37] Code du patrimoine, art. L. 313-4.

[38] Code de justice administrative, art. R. 421-2 : « Sauf disposition législative ou réglementaire contraire, le silence gardé pendant plus de deux mois sur une réclamation par l'autorité compétente vaut décision de rejet ».

[39] La théorie du « bilan côut-avantages » est celle, dégagée par le Conseil d'État dans son arrêt Ville Nouvelle Est (CE, ass., 28 mai 1971, *Ministre de l'équipement et du logement c. Fédération de défense des personnes concernées par le projet actuellement dénommé « Ville Nouvelle Est »*, *Rec. CE*, p. 409, concl. G. Braibant, *Grands arrêts de la jurisprudence administrative*, 16e éd., n° 88), selon laquelle une opération ou, plus généralement, un acte administratif ne peut être déclaré légal que si les atteintes qu'il porte aux intérêts privés ou publics ne sont pas excessives par rapport à l'intérêt qu'il présente, en d'autres termes, si ses avantages l'emportent sur ses inconvénients

Le même article L. 313-3 dispose encore que « l'administration des archives peut également, après accord de l'autorité dont émanent les documents, décider l'ouverture anticipée de fonds ou parties de fonds d'archives publiques ».

* * *

Au total, on peut constater que le régime juridique de la communication des archives assure la protection de certains intérêts en ne permettant cette communication qu'après un délai plus ou moins long selon le type de secret en cause. Ce délai ne dépend pas de la nature – publique ou privée – de l'intérêt à protéger, puisque le délai le plus long, en dehors de l'hypothèse de l'incommunicabilité perpétuelle, est applicable à des documents portant sur des personnes privées et qu'il s'agit donc, dans ce cas, de protéger des intérêts privés.

Ce régime juridique peut paraître complexe : la diversité des délais et la multiplicité des intérêts protégés, la difficulté de systématiser les relations entre la nature de l'intérêt et la longueur du délai, tout ceci contribue à opacifier la matière. Mais était-ce évitable ?

D'un autre côté, on peut regretter la longueur des délais de consultation et se demander s'ils sont tous justifiés. À l'inverse, on peut aussi se demander si tous les documents se rapportant à des personnes nommément désignées ou facilement identifiables doivent être communicables à des tiers. Le droit au respect de la personne et de la vie privée ne cesse pas avec la mort ni même quelques années après la mort. Sur ce point aussi, le débat reste ouvert, semble-t-il.

Le renouveau du droit italien

ALBERTO ROCCELLA
Professeur, Universita degli Studi di Milano, Instituto di Diritto Pubblico

1. L'évolution de la législation

Dans la législation italienne récente, les archives historiques, publiques et privées, ont été longuement réglementées par le décret du Président de la République du 30 septembre 1963, n° 1409 [1]. La réglementation des archives était, sous de nombreux aspects, semblable à celle des biens d'intérêt artistique et historique [2]. Toutefois les archives étaient considérées non seulement pour leur valeur historique et culturelle, mais aussi comme un outil de l'activité administrative ; l'administration préposée aux archives était donc, selon une ancienne tradition législative, le ministère de l'Intérieur [3].

Cependant, au cours des débats politiques des années 60, c'est une notion plus ample de bien culturel qui s'est affirmée : celle d'un « bien qui constitue un témoignage matériel ayant valeur de civilisation ». Cette défini-

[1] Le Décret du Président de la République du 30 septembre 1963, n° 1409, *Norme relative all'ordinamento ed al personale degli Archivi di Stato*, était un décret législatif, édicté suite à la délégation établie par la loi du 17 décembre 1962, n° 1863. Sur ce décret voir E. Lodolini, *Organizzazione e legislazione archivistica italiana. Storia, normativa, prassi*, Bologne, Patron, 1998.

[2] Cette caractéristique se trouvait déjà dans la loi du 22 décembre 1939, n° 2006, qui constitua la première loi organique sur les archives et qui fut abrogée par le Décret du Président de la République n° 1409 de 1963. Sur la loi n° 2006 de 1939 voir Ministero per i beni e le attività culturali, *Istituzioni e politiche culturali in Italia negli anni Trenta* par le soin de Vincenzo Cazzato, Rome, Istituto Poligrafico e Zecca dello Stato, 2001.

[3] La compétence du ministère de l'Intérieur remonte à l'arrêté royal du 5 mars 1874, n° 1852 ; elle avait été confirmée par la législation successive. Sur la naissance de la législation archivistique voir A. D'Addario, *La collocazione degli Archivi nel quadro istituzionale dello stato unitario (1860-1874)*, dans *Rassegna degli Archivi di Stato*, 1975, 11 et suivantes.

tion des biens culturels comprenait également les archives [4], selon la conception qui, par la suite, a été accueillie également par la Convention de l'Unesco de Paris du 14 novembre 1970 concernant les mesures à adopter pour interdire et empêcher l'importation, l'exportation et le transfert de propriété illicites des biens culturels [5], par la Convention de l'Unidroit, signée à Rome le 24 juin 1995, sur le retour international des biens culturels volés ou exportés illégalement [6], et insérée dans la législation de la Communauté européenne [7].

Par conséquent, lorsque a été institué le ministère pour les Biens culturels et environnementaux, celui-ci a remplacé le ministère de l'Intérieur dans l'exercice de ses compétences en matière d'archives [8]. Les archives ont été également considérées biens culturels par les lois de cette époque en matière d'exportation [9] et en matière fiscale [10]. Enfin, les contributions financières publiques, déjà prévues pour les biens présentant un intérêt artistique et historique [11], ont été étendues également aux archives de propriété privée [12].

Cette orientation de la législation a été complétée à la fin du siècle, quand le Parlement délégua au gouvernement le soin d'édicter un décret législatif comportant un texte unique dans lequel toutes les dispositions législatives

---

[4] Cet apport est dû à la Commission d'enquête parlementaire constituée par la loi du 26 avril 1964, n° 310, et connue comme la commission Franceschini, du nom de son président. Les actes de cette commission sont publiés sous le titre *Per la salvezza dei beni culturali in Italia*, Rome, Colombo, 3 volumes, 1967. Le rapport et les déclarations de la commission sont publiés dans la *Rivista trimestrale di diritto pubblico*, 1966, 119 et suivantes.

[5] La Convention comprend les archives à l'art. 1, lettre *j*).

[6] La Convention de l'Unidroit comprend les archives à la lettre *j* de l'annexe.

[7] Les archives font l'objet aussi bien du Règlement CEE n° 3911/92 du 9 décembre 1992, relatif à l'exportation des biens culturels, que de la Directive 93/7/CEE du 15 mars 1993 relative à la restitution des biens culturels sortis illégalement du territoire d'un Etat membre.

[8] Le ministère des Biens culturels et environnementaux fut institué par le décret-loi du 14 décembre 1974, n° 657, converti en loi, avec modifications, par la loi du 29 janvier 1975, n° 5, art. 2, deuxième alinéa, lettre *c*). L'organisation du ministère fut réglementée par le Décret du Président de la République du 3 décembre 1975, n° 805, lequel attribua une importance spécifique aux biens d'archives (articles 1, 6, 10 et 30) : voir v. C. Pavone, *Gli archivi nel lungo e contraddittorio cammino della riforma dei beni culturali*, dans *Rassegna degli Archivi di Stato*, 1975, 143 et suivantes.

[9] Décret-loi du 5 juillet 1972, n° 288, converti en loi, avec des modifications, par la loi du 8 août 1972, n° 487, art. 2, modifiée à plusieurs reprises par la suite.

[10] Loi du 2 août 1982, n° 512, sur le régime fiscal des biens présentant un intérêt culturel important, modifiée à plusieurs reprises par la suite.

[11] Loi du 21 décembre 1961, n° 1552.

[12] La loi du 5 juin 1986, n° 253 a prévu que des contributions de l'État pouvaient être accordées à des particuliers et à des organismes de droit privé propriétaires, possesseurs ou détenteurs d'archives déclarées d'un grand intérêt historique pour la conservation, l'établissement d'inventaire et la valorisation de ces archives.

en matière de biens culturels et environnementaux devaient être réunies et coordonnées [13]. Le texte unique édicté en 1999 a considéré de façon pleine et entière les archives comme des biens culturels et a donc repris leur réglementation [14] ; les mesures législatives précédentes ont été largement abrogées, même si elles ne l'ont pas été complètement [15]. La conséquence la plus importante de cette réforme a concerné les sanctions. Précédemment, aucune sanction n'était prévue dans les cas de violation des obligations et des interdictions en matière d'archives ; le texte unique, de façon parfaitement cohérente, a étendu aux archives les sanctions administratives et pénales prévues par la réglementation des autres biens culturels [16]. Cependant cette importante innovation est restée la seule en son genre. La loi de délégation permettait au Gouvernement d'apporter aux dispositions en vigueur seulement les modifications nécessaires pour assurer leur coordination quant à leur forme et leur essence même, ainsi que pour assurer la réorganisation et la simplification des procédures. Par conséquent, le texte unique était essentiellement une compilation coordonnée de la législation précédente, sans innovations profondes [17].

Les archives n'ont été touchées ni par la réforme de la réglementation régionale de 1998 [18] ni par la réforme constitutionnelle de 2001 [19] qui a profondément modifié la réglementation des Régions et des collectivités locales. L'État conserve l'exclusivité de la législation en matière de protection des biens culturels [20], et donc également en matière d'archives historiques [21].

---

[13] Loi du 8 octobre 1997, n° 352, art. 1, modifiée par la suite par la loi du 15 mai 1997, n° 127 (art. 12, alinéa 6-*bis*), par la loi du 5 mai 1999, n° 122, et par la loi du 24 novembre 2000, n° 340 (art. 18, alinéa 4).

[14] Décret législatif du 29 octobre 1999, n° 490, Testo unico delle disposizioni legislative in materia di beni culturali e ambientali.

[15] Décret législatif n° 490 de 1999, art. 166.

[16] Sur les problèmes posés pour les archives par le texte unique voir E. Lodolini, « Gli archivi nel testo unico sui beni culturali e in altre recenti riforme : una legislazione tutta da rivedere », dans *Rivista trimestrale di diritto pubblico*, 2003, 463 et suivantes.

[17] Pour décrire le régime des biens culturels selon le texte unique de 1999 voir A. Roccella, « Le patrimoine culturel : droit italien », dans N. Mezghani et M. Cornu (sous la direction de), *Intérêt culturel et mondialisation*, tome I, *Les protections nationales*, Paris, L'Harmattan, 2004, 143-200. De façon plus spécifique sur les archives, voir E. Gustapane, « Les archives », dans *Trattato di diritto amministrativo* par Sabino Cassese, *Diritto amministrativo speciale*, t. II, Milan, Giuffrè, 2003, 1299 et suivantes.

[18] Le Décret législatif du 31 mars 1998, n° 112 a réservé à l'État les fonctions administratives en matière d'archives (art. 149, alinéa 23, lettres *f*) et *g*).

[19] Loi constitutionnelle 18 octobre 2001, n° 3, Modifiche al titolo V della parte seconda della Costituzione.

[20] Art. 117, second alinéa, lettre *s*), Const., dans le nouveau texte introduit par l'art. 3 de la loi constitutionnelle du 18 octobre 2001, n° 3.

De plus, l'administration compétente en matière d'archives, quel que soit le type d'archives, est toujours l'administration publique, en particulier le ministère pour les biens et activités culturels [22], dans le cadre duquel ont été institués une direction générale pour les archives [23], un comité technique scientifique pour les archives[24] et deux instituts : l'Institut central pour la restauration et la conservation du patrimoine archivistique et livresque [25] et l'Institut central pour les archives [26]. Le ministère dispose d'une organisation périphérique constituée par les directions régionales pour les biens culturels et le paysage [27]. Mais le ministère dispose en outre d'une organisation périphérique spécifique pour les archives qui s'ajoute aux directions régionales : les surintendances archivistiques, instituées dans chaque Région [28], ont pour tâche le contrôle sur les archives des institutions publiques et sur les archives des particuliers d'intérêt historique ; les archives d'État, instituées dans

[21] Seules les Provinces de Trente et de Bolzano ont une autonomie spéciale en matière d'archives. Pour la Province de Trente voir les normes d'application du Statut du Trentin-Haut-Adige (Décret du Président de la République du 1er novembre 1973, n° 690, art. 2, modifié par l'art. 2 du Décret législatif du 15 décembre 1998, n° 506). La Province de Trente a mis en place plusieurs dispositions sur ses propres archives et sur les archives des organismes publics locaux par la loi provinciale du 17 février 2003, n° 1, modifiée par la loi provinciale du 23 juillet 2004, n° 7. Le texte de cette loi provinciale est public sur le web, sur le site de la Province, à l'adresse http://www.consiglio.provincia.tn.it/, dans *Leggi e regolamenti provinciali vigenti*. Sur les archives d'État de Bolzano et sur les archives historiques de la Province de Bolzano voir également la loi du 11 mars 1972, n° 118, articles 6-12, et, après, la loi provinciale 13 décembre 1985, n. 17.

[22] Par le Décret législatif du 20 octobre 1998, n° 368 le ministère des Biens culturels et environnementaux a été supprimé et a été institué à sa place le ministère pour les Biens et les activités culturelles.

[23] Décret du Président de la République du 26 novembre 2007, n° 233, art. 9, qui précise les compétences spécifiques de la Direction générale. Le site web institutionnel de la direction générale pour les archives est http://www.archivi.beniculturali.it.

[24] Décret du Président de la République du 26 novembre 2007, n. 233, art. 14, alinéa 1, lettre *d*).

[25] Décret du Président de la République du 26 novembre 2007, n. 233, art. 15, alinéa 1, lettre *e*).

[26] L'Institut central pour les archives (ICAR) a été constitué par le décret législatif du 20 octobre 1998, n° 368, art. 6, alinéa 4, il a pour tâche la définition des standards pour l'inventorisation et la formation des archives, la recherche et l'étude, l'utilisation de nouvelles technologies ; il est réglementé par le décret du Président de la République du 26 novembre 2007, n. 233, art. 15, comma 1, lettera *f*). Le site web institutionnel :
http://www.icar.beniculturali.it/index.php?it/1/home.

[27] Les directions régionales pour les biens culturels et le paysage sont constituées dans chaque région, sauf dans le Val d'Aoste, en Sicile et dans le Trentin-Haut-Adige, au regard de l'autonomie spéciale de ces Régions.

[28] Les surintendances archivistiques sont constituées dans chaque Région sauf dans la Vallée d'Aoste, adjointe au Piémont. Sur le web voir :
http://www.beniculturali.it/luoghi/SoprintendenzeArchivistiche.asp?nd=mi,or.

chaque chef-lieu de province [29], ont pour tâche la conservation des documents des anciens États qui ont précédé l'unité de l'Italie et de l'État italien. L'État a aussi la compétence sur la formation des archivistes : elle est confiée à dix-sept écoles d'archivistique, paléographie et diplomatique, instituées auprès des archives d'État, qui délivrent un diplôme à la fin d'un cursus d'études de deux ans [30].

Le texte unique de 1999, promulgué dans la XIIIe législature républicaine, a eu une durée très brève. Dans la XIVe législature le Parlement a délibéré une autre délégation législative, ayant des caractères différents de la précédente, qui avait été faite « à législation constante ». La nouvelle loi a prévu la codification des dispositions législatives en matière de biens culturels et environnementaux, mais a établi des principes et des critères de direction pour l'exercice de la délégation qui consentaient de larges innovations [31]. La délégation a été exercée avec le code des biens culturels et du paysage [32], publié, coïncidence singulière, le même jour que le code du patrimoine [33]. La délégation législative a permis au gouvernement de promulguer également des dispositions apportant des corrections et des intégrations au code, toujours dans le respect des principes et des critères de direction de la délégation, dans les deux ans à dater de l'entrée en vigueur du code [34] ; cette faculté a été effectivement exercée par le gouvernement en 2006 [35]. L'échéance a été

---

[29] Les archives d'État, actuellement au nombre de 99, n'ont pas encore été constituées à Aoste, Crotone, Lecco et Lodi et dans les provinces récemment constituées en Sardaigne (Medio-Campidano, Olbia-Tempio, Carbonia-Iglesias, Ogliastra). Aux termes de l'art. 3 du Décret du Président de la République n° 1409 de 1963 ont été également constituées trente-quatre sections des archives d'État dans des localités différentes des chefs-lieux de province. A Rome ont été également constituées les Archives centrales de l'État, instituées par la loi du 13 avril 1953, n° 340, abrogée par la suite par le Décret du Président de la République n° 1409 de 1963. Les Archives centrales de l'État sont le prolongement de l'archive du Royaume d'Italie, créée par l'art. 1 du décret royal 27 mai 1975, n° 2252 ; elles conservent les documents de l'administration centrale (les ministères) de l'État, tandis que les archives d'État conservent les documents des branches périphériques.

[30] D.P.R. n° 1409 de 1963, art. 14.

[31] Loi du 6 juillet 2002, n° 137, art. 10, alinéas 1 et 2, lettres *a*), *b*), *c*) et *d*).

[32] Décret législatif du 22 janvier 2004, n° 42, Code des biens culturels et du paysage, aux termes de l'article 10 de la loi du 6 juillet 2002, n° 137, sur lequel voir M. Cammelli (aux soins de), *Il Codice dei beni culturali e del paesaggio*, Bologne, Il Mulino, 2007 ; M.A. Sandulli (sous la direction de), *Codice dei beni culturali e del paesaggio*, Milano, Giuffrè, 2006 ; G. Leone, A. Leo Tarasco (sous la direction de), *Commentario al codice dei beni culturali e del paesaggio*, Padoue, Cedam, 2006.

[33] *Gazzetta Ufficiale* du 24 février 2004, n° 45, supplément ordinaire n° 28.

[34] Loi du 6 juillet 2002, n° 137, art. 10, alinéa 4.

[35] Décret législatif du 24 mars 2006, n° 156, pour la partie du code relative aux biens culturels et Décret législatif du 24 mars 2006, n° 157, pour la partie du code relative au paysage.

portée ensuite à quatre ans [36] et le gouvernement a profité de ce délai pour modifier encore le code en 2008 [37].

Le renouvellement de la législation d'État sur les biens culturels n'est pas encore terminé. Au code des biens culturels devrait suivre un règlement d'application ; actuellement, sont encore applicables, parce que compatibles avec le code, les règlements d'application des lois précédentes [38].

Le code des biens culturels possède diverses affinités avec le code du patrimoine, mais présente également de nombreux aspects différents [39]. En particulier, le code ne touche pas à l'organisation du ministère pour l'exercice des fonctions administratives de l'État en matière de biens culturels [40] ; le régime fiscal des biens culturels est également étranger au code ; de même l'archéologie préventive est réglementée non pas par le code des biens culturels, mais par le code des contrats publics [41]. Les différences concernent également les archives auxquelles le code du patrimoine consacre tout son second livre. En revanche, le code des biens culturels place les archives avec toutes les autres catégories de biens culturels [42] et les réglemente avec de nombreuses dispositions communes aux autres biens, mais également avec de nombreuses dispositions particulières, dues à la nature spécifique des archives, dispositions qui se trouvent tout au long du code. La structure du code (par obligations, interdictions et fonctions administratives et non par type de biens) rend compliqué, surtout pour les opérateurs italiens, le fait de reconstruire la réglementation des archives, qui était bien plus simple et claire dans le décret n° 1409 de 1963. De l'exposition des

[36] Loi du 23 février 2006, n° 51, art. 1, alinéa 3.

[37] Décret législatif du 26 mars 2008, n° 62, pour la partie du code relative aux biens culturels et Décret législatif du 26 mars 2008, n° 63, pour la partie du code relative au paysage. La version consolidée, actuellement en vigueur, du code des biens culturels et du paysage, est disponible sur le web, dans *Aedon*, Revue de arts et droit on line (accès libre), à l'adresse http://www.aedon.mulino.it/, 2008, n° 2. Dans cette revue (2008, n° 3) ont été publiés également des essais sur les modifications de 2008 du Code des bien culturels.

[38] Décret législatif n° 42 de 2004, art. 130. Reste donc encore applicable le règlement pour les Archives d'État approuvé avec l'arrêté royal du 2 octobre 1911, n° 1163, consultable sur le web, avec d'autres lois sur les archives de date jusqu'à 1999, à l'adresse : http://sepis.unipa.it/Titulus97/Sicilia_archivi/Siciliarchivi/000_0000.htm. ou à l'adresse : http://www.unipd.it/archivio/normativa/.

[39] Voir L. Casini, « La codificazione del diritto dei beni culturali in Italia e in Francia », dans le *Giornale di diritto administrativo*, 2005, 98 et suivantes.

[40] Actuellement voir le Décret du Président de la République du 26 novembre 2007, n° 233, publié sur le web, dans le site du ministère, à l'adresse http://www.beniculturali.it/, dans *Normativa*. Une réforme de l'organisation du ministère est cependant en cours d'approbation (décembre 2008).

[41] Décret législatif du 12 avril 2006, n° 163, artt. 95-96.

[42] Code, art. 10.

normes sur les archives émergeront les points de convergence avec la législation française : des études comparées plus approfondies seront ainsi possibles.

2. Les divers types d'archives

Comme nous l'avons déjà dit, la loi de délégation permettait au gouvernement de renouveler largement la législation. Toutefois le code des biens culturels a confirmé, en ce qui concerne les archives, la législation précédente : les nouveautés par rapport au passé sont de peu d'importance et marginales. On peut dire que la réglementation actuelle correspond pour l'essentiel à celle qui s'est formée au cours de l'histoire. Le renouvellement de la législation italienne sur les archives s'est opéré dans la forme plutôt que dans la substance.

Le code des biens culturels, auquel se réfèrent tous les développements suivants, y compris ceux dans les notes (sauf indication différente), opère sur plusieurs points des distinctions quant aux archives, avec des règlements partiellement différents. Une première distinction concerne les sujets qui ont constitué les archives et en sont titulaires ; en particulier une distinction existe entre archives d'institutions publiques et archives appartenant à des particuliers [43].

À ce sujet, il faut avoir à l'esprit que les archives des institutions publiques, avant de devenir archives historiques et donc biens culturels, sont avant tout des outils pour les activités de ces mêmes institutions. Le texte unique des dispositions législatives et réglementaires en matière de documentation administrative établit certaines dispositions sur l'organisation et la conservation des archives des administrations publiques [44]. En particulier, ce texte unique établit que, au moins une fois par an, il faut transférer les fascicules et les séries documentaires, relatifs à des procédures closes, dans des archives spéciales, les archives de dépôt (équivalentes en France aux archi-

---

[43] Art. 10, alinéa 2, lettre *b*) ; art. 10, alinéa 3, lettre *b*). Il faut remarquer que ce critère de distinction est partiellement différent de celui établi pour les autres biens culturels, pour lesquels la distinction fondamentale se situe entre les biens appartenant à des organismes publics ou à des personnes juridiques privées sans but lucratif (art. 10, alinéa 1) et les biens appartenant à des sujets différents (art. 10, alinéa 3, lettre *a*).

[44] Décret du Président de la République du 28 décembre 2000, n° 445, articles 67-69. Les dispositions les plus importantes sont les suivantes : il faut un plan de conservation des archives, s'intégrant avec le système de classification, pour la définition des critères d'organisation des archives ; il faut garder la trace des documents prélevés des archives ; pour la mise en archives et la garde des documents contenant des données personnelles, seront appliquées les dispositions de la loi sur la protection du caractère confidentiel des données personnelles. Le texte unique est publié également sur le web, dans le site *Norme in rete*, à l'adresse http://www.normeinrete.it/index.htm.

ves intermédiaires), constituées auprès de chaque administrations. Les archives des administrations publiques peuvent donc être classées en trois catégories, selon leurs phases de vie : archives courantes, archives de dépôt [45], archives historiques. Cependant on comprendra mieux que non seulement les archives historiques mais aussi les archives courantes et archives intermédiaires des organismes publics sont soumises à certaines règles établies par le code des biens culturels [46].

Les archives historiques des institutions publiques sont ultérieurement réparties en trois catégories au moins. La première catégorie comprend les archives de quatre organismes constitutionnels : Présidence de la République, Chambre des députés, Sénat de la République et Cour constitutionnelle [47]. Chacun de ces organes constitutionnels conserve ses propres archives historiques, selon des conditions qui lui sont propres [48].

Pour les administrations publiques on applique en revanche, dans les grandes lignes, un système d'archives historiques centralisé, celui des archives d'État [49]. Selon le code, les organes administratifs (mais aussi les organes judiciaires) de l'État transfèrent aux archives centrales de l'État et aux archives d'État [50] les documents relatifs aux affaires terminées depuis plus de quarante ans [51], en même temps que les outils qui en garantissent la consul-

[45] La distinction des archives en archives courantes et archives intermédiaires fut introduite, pour les administrations publiques, par l'arrêté royal du 25 janvier 1900, n° 35, qui réglementait avant tout la tenue du protocole.

[46] Pour les archives courantes et intermédiaires des administrations publiques on applique les dispositions sur les commissions de surveillance (art. 41, alinéa 5). Aux archives d'État et aux organismes publics on applique, pour le transfert, l'obligation d'une communication au ministère (art. 21, alinéa 3).

[47] Art. 42. Le code a été complété pour instituer également les archives historiques de la Présidence du Conseil des ministres, art. 42, alinéa 3-*bis*, ajout de l'art. 14-*duodecies* du décret-loi du 30 juin 2005, n° 115, converti en loi 17 août 2005, n° 168. Mais les archives historiques de la Présidence du Conseil des ministres n'ont pas été effectivement instituées et la disposition a été abrogée (Décret législatif du 26 mars 2008, n° 62, art. 2, alinéa 1, lettre *u*).

[48] La réglementation spéciale des archives historiques des organismes constitutionnels avait été introduite pour la Chambre des députés et le Sénat de la République par la loi du 3 février 1971, n° 147, intégrée par la suite, pour les archives historiques de la Présidence de la République, par la loi du 13 novembre 1997, n° 395. Les archives historiques de la Cour constitutionnelle ont été instituées par l'art. 31 du Décret législatif du 23 octobre 1999, n° 490. La Chambre et le Sénat ont toujours conservé dans leurs archives la documentation parlementaire, même avant la loi qui a autorisé leurs archives historiques.

[49] Les archives d'État ont une origine très ancienne : leur première réglementation remonte à l'arrêté royal du 27 mai 1875, n° 2552.

[50] Les organes centraux de l'État transfèrent leurs documents aux archives centrales d'État ; les organes périphériques transfèrent leurs documents aux respectives archives d'État.

[51] Art. 41, alinéa 1, première période. Toutefois les listes de recrutement et d'extraction sont transférées soixante-dix ans après l'année de naissance de la classe à laquelle elles se

tation [52]. La possibilité pour les administrations publiques d'État de conserver leurs propres archives historiques n'est pas prévue (et le transfert des documents digitaux n'est pas expressément réglementé) [53]. Par contre, le code permet au directeur des Archives centrales de l'État et aux directeurs des archives publiques d'accepter des transferts de documents plus récents, lorsqu'il existe un danger de dispersion ou d'endommagement, ou si des accords spéciaux ont été établis avec les responsables des administrations voulant transférer ces documents [54]. Le code ne prévoit que des exceptions en nombre limité : l'obligation de transfert ne s'applique pas au ministère des Affaires étrangères [55] ni aux états-majors de la Défense et des forces armées (armée, marine, aviation, commandement général des Carabiniers), pour la documentation à caractère militaire et opérationnel [56].

Sont transférées également aux archives centrales de l'État et aux archives d'État les archives des bureaux publics supprimés et des organismes publics fermés, à moins que leur transfert, total ou partiel, soit nécessaire vers d'autres organismes [57].

La troisième catégorie d'archives concerne les autres administrations publiques, différentes des administrations de l'État, lesquelles conservent chacune leurs propres archives historiques. Selon le code, les organismes publics ont l'obligation de conserver leurs propres archives dans tout leur aspect organique et de les classer ; de plus, ils ont l'obligation d'inventorier leurs propres archives historiques, comprenant les documents relatifs aux affaires closes depuis plus de quarante ans et de les placer dans des sections

---

réfèrent (seconde période). Ces listes ont été instituées dans le royaume de Sardaigne par la loi 20 mars 1854, n° 1676, sur le recrutement de l'armée. Les listes de recrutement (art. 19-35) comprenaient chaque année les sujets devant accomplir leur service militaire ; les listes d'extractions (artt. 36-53) établissaient l'ordre numérique pour la destination des conscrits. Le système des listes d'extraction est passé ensuite dans la législation sur le recrutement militaire du royaume d'Italie : arrêté royal 30 juin 1875, n° 3260 ; arrêté royal 24 décembre 1911, n° 1497.

[52] Les outils qui garantissent la consultation des documents transférés sont les index, les registres du protocole et l'inventaire (Arrêté royal du 2 octobre 1911, n° 1163, articles 102 et 103).

[53] Toutefois, en cas de non-respect de l'obligation de transfert, aucune sanction n'est prévue ni aucun pouvoir de remplacement.

[54] Art. 41, alinéa 2.

[55] Sur les archives du ministère des Affaires étrangères, voir le règlement de réorganisation du ministère approuvé par le Décret du Président de la République le 19 décembre 2007, n° 258.

[56] Art. 41, alinéa 6.

[57] Art. 41, alinéa 4.

séparées [58]. Le code prévoit toutefois la garde forcée des biens culturels mobiles, afin d'en garantir la sécurité ou d'en assurer la conservation [59]. Le ministère peut donc décider du dépôt forcé, dans les archives publiques compétentes, des sections d'archives séparées ou bien de cette partie des archives des organismes publics qui auraient dû constituer une section séparée. Autrement, le ministère peut décider de l'institution de la section séparée auprès de l'organisme défaillant, les frais seront entièrement à la charge de celui-ci [60].

Les archives historiques, mais aussi les simples documents de l'État, des Régions, des autres organismes publics territoriaux (Provinces et Municipalités) et de tout autre organisme et institution publics sont des biens culturels par détermination directe du code [61]. Le code précise que, pour ces archives, aucune déclaration n'est requise quant à leur intérêt culturel ; de plus, celles-ci restent soumises à tutelle même lorsque les sujets auxquels elles appartiennent changent, d'une façon ou d'une autre, de nature juridique [62].

Par contre, les archives historiques appartenant à des personnes privées, personnes physiques ou morales, deviennent biens culturels et sont sujettes aux règles du code seulement si l'administration de l'État a déclaré qu'elles présentent un intérêt historique particulièrement important [63]. Ces archives constituent donc, comme on l'a dit, une quatrième catégorie, distincte des précédentes [64].

Enfin, le code réglemente l'exportation des biens culturels de propriété privée, y compris des archives, même s'ils n'ont pas été déclarés comme

---

[58] Art. 30, alinéa 4. Une copie des inventaires et des mises à jour correspondantes est envoyée à la Direction des Archives et au ministère de l'Intérieur (troisième période de l'alinéa 4).

[59] Art. 43, alinéa 1.

[60] Art. 43, alinéa 1-*bis*.

[61] Art. 10, alinéa 2, lettre *b*).

[62] Art. 13, alinéa 2.

[63] Art. 10, alinéa 3, lettre *b*), art. 13. Le Décret du Président de la République n° 1409 de 1963 en avait déjà attribué la compétence au surintendant archivistique et la compétence de cet organe périphérique est restée également dans l'organisation actuelle du ministère.

[64] Selon l'art. 37 du d.P.R. 1409 de 1963 les particuliers propriétaires d'archives comprenant des documents de date antérieure aux derniers 70 ans devaient informer le surintendant archivistique. L'art. 63, alinéa 2, du code a reproduit ce devoir d'information, mais sans le critère temporel des 70 ans. Toutefois, l'art. 10, alinéa 5, établit de façon générale que ne sont pas soumis aux dispositions du code sur les biens culturels les articles qui sont l'œuvre d'un auteur vivant ou dont l'exécution ne remonte pas à plus de cinquante ans ; de plus, le n° 12 de l'annexe A considère, pour ce qui est des dispositions des art. 63 (sur le commerce) et 74 (sur l'exportation à partir du territoire de l'Union européenne), les archives et supports, comprenant des éléments de quelque nature que ce soit ayant plus de cinquante ans d'âge.

présentant un intérêt historique : comme on le verra, la sortie du territoire national peut être l'occasion pour déclarer que ces archives présentent un intérêt historique particulier.

Parmi les archives de propriété privée, celles appartenant à des organismes et des institutions de l'Église catholique méritent une attention toute particulière. Le ministre des Biens et activités culturels et le Président de la Conférence épiscopale italienne ont passé un accord afin de favoriser la conservation et la consultation de ces archives-là [65].

Après avoir distingué plusieurs catégories différentes d'archives, on peut continuer l'analyse du régime juridique, en établissant une distinction entre règles communes et règles spécifiques.

3. Le régime des archives

Déjà en 1942 le code civil avait établi que les collections des musées, des pinacothèques, des archives et des bibliothèques, si elles appartiennent à l'État, font partie du domaine public de l'État [66]. Selon le code civil, en outre, les biens des catégories attribuées au domaine de l'État, si ils appartiennent aux provinces ou aux municipalités, sont également assujettis au régime du domaine public [67]. Ensuite, le régime des biens domaniaux a été étendu également aux Régions [68]. Par conséquent, les archives municipales, provinciales et régionales sont également domaniales, avec les conséquences qui en découlent : les biens domaniaux sont inaliénables, sont imprescriptibles, ne peuvent pas constituer un objet d'usucapion, d'expropriation, ni de saisie et ne peuvent faire l'objet de droits de la part de tiers si ce n'est de la façon et dans les limites établies par les lois qui les concernent.

Le code des biens culturels a confirmé le code civil et a formellement créé la catégorie du domaine culturel [69]. Pour les archives du domaine cultu-

---

[65] L'entente, établie le 18 avril 2000, a été rendue exécutoire par le Décret du Président de la République du 16 mai 2000, n° 189. Sur cet accord, voir A.G. Chizzoniti (sous la direction de), *Le carte della Chiesa. Archivi e biblioteche nella normativa pattizia*, Bologne, Il Mulino, 2003.

[66] Code civil, art. 822, second alinéa. Il s'agit des biens du domaine accidentel ou éventuel, puisque les biens de ces catégories peuvent appartenir également à des sujets différents. La catégorie du domaine accidentel ou éventuel s'oppose au domaine nécessaire, qui comprend les biens qui ne peuvent appartenir qu'à l'État (domaine hydrique, domaine maritime, domaine militaire). Il faut noter en outre que les collections des musées, des pinacothèques, des archives et des bibliothèques sont la seule catégorie de biens meubles considérés comme domaniaux, tandis que tous les autres biens du domaine (nécessaire et accidentel) sont des biens immeubles.

[67] Code civil, art. 824.

[68] Loi du 16 mai 1970, n° 281, art. 11.

[69] Art. 53.

rel la règle de l'inaliénabilité absolue a été confirmée [70]. La même règle a été établie également pour les archives des autres établissements publics (différents de l'État, des Régions, des Provinces et des Municipalités), qui ne possèdent pas un domaine [71]. La seule exception à la règle de l'inaliénabilité est constituée par la possibilité de transfert des archives entre l'État, les Régions et les autres collectivités locales [72].

Mais les règles les plus importantes sont celles relatives à la conservation et à la gestion des archives. Les archives sont des biens culturels et sont donc sujets aux pouvoirs des services de contrôle [73] et d'inspection [74] du ministère. Cette règle est valable également pour les archives courantes et les archives intermédiaires de l'État et des organismes publics : le code établit de façon expresse que le transfert des archives courantes de l'État et des organismes et institutions publics comporte l'obligation de communiquer ce transfert au ministère, afin que celui-ci puisse exercer son contrôle [75]. Les commerçants sont dans l'obligation de communiquer au directeur la liste des documents mis en vente et présentant un intérêt historique ; les particuliers qui font l'acquisition de documents historiques sont eux aussi dans la même obligation ; dans un délai de quatre-vingt-dix jours à dater de la communication le directeur peut entamer la procédure de déclaration d'important intérêt historique [76]. Le pouvoir d'inspection, selon le code, consiste à s'assurer d'abord de l'existence des biens culturels en question avant même de s'assurer de leur état de conservation ou de leur garde. Le code précise même que le directeur peut s'assurer d'office de l'existence d'archives, ou de documents particuliers, dont sont propriétaires, possesseurs ou détenteurs, à quelque titre que ce soit, des particuliers et dont on peut présumer qu'elles présentent un intérêt historique particulièrement important (dans le but justement d'aboutir à la déclaration officielle de cet intérêt) [77].

Les particuliers qui sont propriétaires, mais aussi simples possesseurs ou détenteurs à quelque titre que ce soit, d'archives ayant été déclarées comme

[70] Art. 54, alinéa 1, lettre *d*).
[71] Art. 54, alinéa 2, lettre *c*).
[72] Art. 54, alinéa 5. Dans ces cas-là, il faut communiquer au préalable le transfert au ministère, afin que celui-ci puisse exercer ses pouvoirs de contrôle et d'inspection.
[73] Art. 18.
[74] Art. 19.
[75] Art. 21, alinéa 3.
[76] Art. 63, alinéa 4.
[77] Art. 63, alinéa 5.

présentant un intérêt historique particulièrement important sont dans l'obligation, comme les organismes publics, de conserver et d'inventorier leurs archives [78] ; le ministère peut participer aux frais pour un montant non supérieur à la moitié de ceux-ci [79]. Cette obligation est renforcée encore par le pouvoir qu'a le ministère d'imposer aux propriétaires des archives les interventions nécessaires pour assurer leur conservation ou de s'en charger directement [80], les frais étant à la charge du propriétaire, à l'exception de la faculté qu'a le ministère de participer, totalement ou partiellement, à la dépense [81].

Une autre règle générale est que les archives publiques et les archives privées déclarées comme présentant un intérêt historique particulièrement important ne peuvent être démembrées [82]. Enfin le ministère peut autoriser le prêt d'archives ou de simples documents pour des salons ou des expositions [83].

Des règles particulières sont imposées aux administrations qui sont tenues de transférer leurs documents aux archives d'État [84]. Des commissions de surveillance sont instituées auprès de ces administrations, ayant pour rôle de veiller à la tenue correcte des archives courantes et des archives intermédiaires, de collaborer à la définition des critères d'organisation, de gestion et de conservation des documents, de proposer des éliminations [85] ; aucun transfert ne peut être accepté par les archives d'État si les opérations d'élimination n'ont pas été effectuées [86].

[78] Art. 30, alinéa 4, deuxième phrase. Les directeurs des archives d'État peuvent cependant recevoir, en prêt à usage, des archives de particuliers et, en dépôt, des archives d'organismes publics (art. 44).

[79] Art. 35.

[80] Art. 32. La procédure est réglementée par l'art. 33.

[81] Art. 34.

[82] Art. 20, alinéa 2.

[83] Art. 48. L'autorisation est délivrée compte tenu des exigences de conservation des biens et est subordonnée à l'adoption des mesures nécessaires pour en garantir l'intégrité (alinéa 3) ; de plus, elle est subordonnée au fait que le demandeur a assuré ces biens (alinéa 4).

[84] Aux archives d'État sont transférés également les documents des organes judiciaires et les actes, conservés auparavant par les archives de notaires, reçus par les notaires qui ont cessé d'exercer la profession à une date antérieure aux cent dernières années (art. 41, alinéa 1).

[85] Art. 41, alinéa 5. Les commissions de surveillance sont réglementées également par le Décret du Président de la République du 8 janvier 2001, n° 37. Font partie des commissions le Directeur des Archives centrales de l'État et les directeurs des archives d'État, en tant que représentants du ministère des Biens et activités culturels, un représentant du ministère de l'Intérieur, deux fonctionnaires de l'administration intéressée.

[86] Art. 41, alinéa 3. La disposition établit également que les frais de transfert sont à la charge des administrations effectuant le transfert.

Pour les archives des administrations publiques différentes de l'État et pour les archives de propriété privée, déclarées comme présentant un intérêt historique particulièrement important, le code réglemente les interventions sujettes à autorisation du ministère. Cette autorisation est nécessaire pour l'élimination des documents [87] et pour le transfert à d'autres personnes juridiques d'ensembles importants de documentation [88]. Le transfert de tous les biens culturels, y compris les archives, dépendant du changement de demeure ou de siège du détenteur, n'est pas sujet à autorisation, mais doit être communiqué au préalable au surintendant qui, dans un délai de trente jours à dater de la réception de la communication, peut prescrire les mesures nécessaires afin que les biens ne subissent aucun dommage durant leur transport [89].

L'autorisation est nécessaire également pour la cession des archives déclarées comme présentant un intérêt historique particulièrement important et appartenant à des personnes juridiques privées sans but lucratif [90] ; l'autorisation est délivrée à la condition que la cession ne cause aucun dommage à la conservation et à la jouissance publique des archives [91]. En revanche, l'autorisation de l'aliénation n'est pas requise pour les archives des personnes physiques et des personnes morales ayant un but lucratif (les sociétés commerciales). Cependant, tous les actes qui transfèrent, totalement ou partiellement, à quelque titre que ce soit, la propriété ou la détention de biens culturels doivent être communiqués au ministère [92]. Si l'aliénation est à titre onéreux, le ministère a la faculté d'acquérir les biens par droit de préemption au même prix que celui qui a été établi dans l'acte d'aliénation ; plus exactement, le ministère a la faculté de se substituer à l'acquéreur, au prix fixé par celui-ci [93], dans un délai de soixante jours à dater du reçu de la

---

[87] Art. 21, alinéa 1, lettre *d*).

[88] Art. 21, alinéa 1, lettre *e*).

[89] Art. 21, alinéa 2. L'art. 171, alinéa 2, punit la violation de cette obligation par la détention de six mois à un an et une amende de 775 € à 38 734,50 €.

[90] Art. 56, alinéa 2, lettre *b*).

[91] Art. 56, alinéa 4-*bis*.

[92] Art. 59.

[93] Ce pouvoir du ministère s'applique également dans les cas où des biens sont conférés en sociétés ou quand le bien est donné, à quelque titre que ce soit, en paiement. La décision de l'achat est du ressort du directeur général des Archives (Décret du Président de la République n° 233 de 2007, art. 9, alinéa 2, lettre *p*). Au cas où le bien serait aliéné avec d'autres pour une seule rétribution ou au cas où il serait cédé sans que soit prévue une rémunération en argent ou donné en échange, la valeur économique est déterminée d'office par le sujet qui exerce la préemption. En cas de désaccord, la valeur est établie par un tiers désigné d'un commun accord par les parties intéressées ou, à la demande de l'une d'elles, par le président du tribunal du lieu où le contrat a été établi (art. 60, alinéas 2, 3, 4, 5 et 6).

communication [94]. Le ministère peut renoncer à exercer son droit de préemption et le transférer à la Région et aux autres organismes territoriaux publics qui seraient intéressés et dans la juridiction desquels se trouve le bien, les frais étant à leur charge [95]. Les aliénations effectuées en dépit des interdictions établies par le code ou ne respectant pas les conditions et les modalités prescrites par celui-ci sont nulles ; le ministère pourra exercer la préemption dans un délai de cent quatre-vingt jours à dater du jour où il a reçu la communication tardive ou, quoiqu'il en soit, a acquis tous les éléments de la communication [96]. En cas de violation des dispositions en matière d'aliénation, des sanctions pénales sont même prévues [97].

La sortie du territoire de la République est réglementée par le code, pour les archives comme pour les autres biens culturels. La sortie définitive est interdite pour les archives du domaine culturel, pour celles des organismes publics non titulaires de domaine, et pour celles appartenant à des sujets privés, qui ont été déclarées comme présentant un intérêt historique particulièrement important [98]. Les autres archives, appartenant à des particuliers et présentant un intérêt culturel, peuvent sortir après autorisation du ministère [99]. L'intéressé doit présenter, après avoir déclaré la valeur marchande du bien, une demande pour que lui soit délivrée une attestation de libre circulation ; les services d'exportation du ministère décident, dans un délai de quarante jours, si le bien présente un intérêt, comme document ou comme archives, selon des critères de caractère général établis par le ministère ; le refus de l'attestation entraîne le début de la procédure de déclaration de l'intérêt historique particulièrement important des archives en question [100]. Le bureau des exportations, avant de décider d'accorder ou non l'attestation de libre circulation, peut proposer au ministère l'acquisition forcée pour la

---

[94] Art. 61. Dans l'attente de la date d'échéance, l'acte d'aliénation est conditionné, pendant ce temps d'attente, par l'exercice de préemption et le sujet qui aliène le bien a l'interdiction de le remettre.

[95] Art. 60, alinéa 1 ; art. 62.

[96] Art. 61, alinéa 2 ; art. 164.

[97] L'art. 173 prévoit jusqu'à un an d'emprisonnement et une amende de 1 549,50 € à 77 469 € pour : a) l'aliénation sans autorisation ; b) l'omission de communication de l'aliénation ; c) la remise du bien aliéné sujet à droit de préemption avant la date d'échéance de celui-ci.

[98] Art. 65, alinéa 1.

[99] Art. 65, alinéa 3, lettre *b*). Toutefois, le ministère peut, à l'avance, décider que des biens, pour des périodes de temps bien définies, sont exclus de la sortie du territoire, parce que cette sortie serait préjudiciable pour le patrimoine culturel, en rapport avec les caractéristiques objectives des biens, leur provenance ou leur appartenance (art. 65, alinéa 2, lettre *b*).

[100] Art. 68.

valeur indiquée dans la communication [101] ; si le ministère n'entend pas en faire l'acquisition, cette faculté d'achat passera à la Région [102].

La sortie temporaire du territoire de la République est consentie après remise d'une attestation de circulation temporaire ; une caution est demandée [103].

La sortie temporaire pour des manifestations, des salons ou des expositions d'art d'un intérêt culturel très élevé peut toujours être autorisée, pour tous les biens culturels, à quelque propriétaire qu'ils appartiennent, à condition que leur intégrité et leur sécurité soient garanties ; toutefois ne peuvent sortir, quoiqu'il en soit, du territoire les biens qui constituent le fonds principal d'une section organique déterminée d'un musée, d'une pinacothèque, d'une galerie, d'archives ou d'une bibliothèque, d'une collection d'art ou bibliographique [104].

Pour l'exportation des archives dans tout le territoire de l'Union européenne, comme pour tous les biens culturels, est appliqué le règlement CEE n° 3911/92 du Conseil, avec ses modifications successives, et plusieurs dispositions d'application établies par le code [105], qui fixe également les sanctions pénales prévues pour la sortie du territoire ou les exportations illicites [106].

Enfin, les archives, elles aussi, comme tous les autres biens culturels de propriété privée, peuvent faire l'objet d'une expropriation de la part du ministère et ce afin d'améliorer leurs conditions de sauvegarde et afin que le public puisse en profiter [107].

4. La consultation des archives

Il nous reste maintenant à envisager les règlements sur la consultation des documents conservés dans les archives historiques, règlements qu'il faut

---

[101] La décision de l'achat à l'exportation est du ressort du directeur général des archives (Décret du Président de la République n° 233 du 2007, art. 9, alinéa 2, lettre *p*).

[102] Art. 70.

[103] Art. 71. La caution doit être déposée pour un montant de plus de dix pour cent de la valeur admise ; celle-ci sera encaissée si le bien ne rentre pas dans les délais établis.

[104] Art. 66.

[105] Art. 74.

[106] Art. 174, qui prévoit l'emprisonnement de 1 à 4 ans ou une amende de 258 € à 5 165 € ; le juge décide la confiscation des biens, sauf si ceux-ci appartiennent à une personne étrangère au délit.

[107] Art. 95. Le ministère peut également autoriser les Régions et tout autre organisme public à effectuer l'expropriation. La décision de l'expropriation est du ressort du directeur général des Archives (Décret du Président de la République n° 233 de 2007, art. 9, alinéa 2, lettre *p*).

distinguer eux aussi selon qu'il s'agit d'archives d'État et archives historiques des organismes publics, ou alors d'archives privées déclarées comme présentant un intérêt historique particulièrement important. Ces règlements constituent une division spécifique dans le code des biens culturels [108].

Les documents des archives nationales et des archives historiques des Régions, des autres organismes publics territoriaux et de tout autre organisme et institution publique peuvent, en règle générale, être consultés librement [109]. Cette règle s'oppose à celle qui prévaut pour les documents détenus par les administrations publiques, pour lesquels l'accès n'est garanti qu'aux sujets qui y ont un intérêt direct, concret et actuel, correspondant à une situation protégée du point de vue juridique et ayant un lien avec le document en question [110].

La salle d'étude dans les archives d'État est ouverte au moins cinq heures chaque jour [111]. Quiconque est intéressé pour des raisons d'étude doit faire une demande au directeur des archives et il doit spécifier l'objet de sa recherche [112].

Le code prévoit la possibilité de consulter également, à des fins de recherche historique, les archives courantes et les archives intermédiaires, mais laisse à l'État, aux Régions et aux organismes territoriaux publics la régulation de ce genre de consultation [113] ; le ministère pour les Biens et activités culturels fixe les grandes lignes sur la base desquelles les autres institutions et organismes publics réglementent la consultation à des fins historiques de leurs propres archives, courantes et intermédiaires [114].

La règle générale de libre consultation des documents des archives historiques admet des exceptions [115]. Les documents relatifs à la politique étrangère ou intérieure de l'État, qui ont été déclarés comme présentant un carac-

---

[108] Ces règles, insérées dans la deuxième partie, *Beni culturali*, Titolo II, *Fruizione e valorizzazione*, constituent le chapitre III, *Consultabilità dei documenti degli archivi e tutela della riservatezza* (art. 122-127) : voir le commentaire de G. Manfredi, dans M. Cammelli (aux soins de), *Il Codice dei beni culturali e del paesaggio*, cit., 490 et suivantes.

[109] Art. 122, alinéa 1. Le principe découle de la loi française dix-sept messidor de l'année deuxième.

[110] Loi du 7 août 1990, n° 241, art. 22 (remplacé par l'art. 15 loi du 11 février 2005, n° 15), alinéa 1, lettre *b*).

[111] Décret royal 2 ottobre 1911, n. 1163, art. 106.

[112] Décret royal 2 ottobre 1911, n. 1163, art. 91.

[113] Art. 124, alinéa 2.

[114] Art. 122, alinéa 4. Toutefois le ministère n'a pas encore fixé les lignes.

[115] Sur ce problème, dans le code de 2004, v. S. Twardzik, « Gli attuali limiti alla libera consultabilità dei documenti contemporanei », dans *Archivi e cultura*, 2005, 19 et suivantes; voir aussi les modifications introduites par le décret législatif 26 mars 2008, n° 62.

tère confidentiel par le ministre de l'Intérieur – en accord avec le ministre des Biens et activités culturels – ne peuvent être consultés que cinquante ans après la date qui est la leur [116]. Toutefois le ministre de l'Intérieur peut autoriser la consultation, à des fins de recherche historique, de documents confidentiels avant la date d'échéance prévue [117]. Les documents contenant des données sensibles ou des données relatives à des décisions pénales indiquées par les lois sur le traitement des données personnelles deviennent consultables quarante ans après leur date d'émission ; l'échéance est de soixante-dix ans si les données peuvent révéler l'état de santé, la vie sexuelle ou des rapports privés de famille [118]. Enfin les documents transférés aux archives avant la date normale ne peuvent être consultés que quarante ans après [119]. Avant l'échéance de ces termes, les documents peuvent être consultés par les intéressés sur la base de la réglementation générale d'accès aux documents administratifs ; la demande d'accès au document est du ressort de l'administration qui détenait le document avant le transfert de celui-ci ou son dépôt intermédiaire, ou de celle qui a remplacé la première dans l'exercice des compétences relatives [120].

Les données personnelles sont protégées et la consultation à des fins de recherche historique des documents contenant des données personnelles est soumise – cela est prévu expressément par le code – également aux dispositions du code de déontologie et de bonne conduite prévues par la législation en matière de traitement des données personnelles [121].

---

[116] Art. 122, alinéa 1, lettre *a*); art. 125.

[117] Art. 123. L'autorisation est accordée sur avis favorable du directeur des Archives publiques compétentes et après avoir consulté la Commission pour les questions inhérentes aux possibilités de consultation des documents d'archives réservés, instituée au sein même du ministère de l'Intérieur. Les documents confidentiels dont la consultation a été autorisée conservent leur caractère confidentiel et ne peuvent être utilisés ultérieurement par d'autres sujets sans l'autorisation correspondante (alinéa 2).

[118] Art. 122, alinéa 1, lettre *b*). Ces règles s'appliquent également pour la consultation des archives de propriété privée déposées dans les archives d'État et dans les archives historiques des organismes publics ou aux archives qui ont fait l'objet d'un don, qui ont été vendues ou laissées en héritage ou legs. Ceux qui les ont déposés et ceux qui donnent ou vendent ou laissent en héritage ou legs les documents peuvent également établir la condition d'impossibilité de consultation de tous les documents ou d'une partie de ceux-ci des soixante-dix dernières années ; mais cette limitation ne s'applique pas à ceux qui les ont déposés, ceux qui les ont vendus et toute autre personne désignée par eux, ni à leurs ayants cause lorsqu'il s'agit de documents concernant des objets patrimoniaux auxquels ceux-ci sont intéressés pour le titre de propriété (art. 122, alinéa 3).

[119] Art. 122, alinéa 1, lettre *b-bis*).

[120] Art. 122, alinéa 2; l. 7 août 1990, n° 241, art. 22-25.

[121] Art. 126. Le traitement des données personnelles à des fins historiques, déjà réglementé par le Décret législatif du 30 juillet 1999, n° 281, est à présent réglementé par le code en

Les particuliers, propriétaires d'archives déclarées comme présentant un intérêt historique particulièrement important sont dans l'obligation de permettre aux chercheurs la consultation de ces documents ; les chercheurs intéressés doivent présenter une demande expliquant les motifs de leur recherche, demande qui devra passer par le surintendant archivistique, lequel établit les modalités de la consultation en accord avec les propriétaires ; les frais sont à la charge du chercheur. Seront exclus de toute possibilité de consultation les documents particuliers déclarés comme présentant un caractère confidentiel, comme pour les archives d'État ; pourront également être exclus de toute possibilité de consultation les documents des soixante-dix dernières années pour lesquels a été exclue toute possibilité de consultation [122]. Les archives privées utilisées à des fins de recherche historique se verront appliquées, même si elles n'ont pas été déclarées comme présentant un intérêt historique particulièrement important, les dispositions sur l'autorisation de consultation de documents à caractère confidentiel [123].

La réglementation juridique des archives est indépendante de tous les problèmes d'organisation et financiers, pour lesquels une analyse séparée est nécessaire. D'une façon générale, les ressources financières que l'État destine au secteur des biens culturels ne sont pas suffisantes pour faire face aux problèmes ; le secteur spécifique des archives de l'État connaît de graves difficultés. Les ressources en personnel, elles non plus, ne sont pas suffisantes, du moins pas sur tout le territoire de l'Italie : il suffit de penser que, en Lombardie, une région qui compte 1 546 communes, la surintendance archivistique ne dispose que de trois fonctionnaires.

Les perspectives pour l'avenir ne sont guère positives, puisque le programme récent de redressement des finances de l'État a comporté pour les trois années 2009-2011 d'importantes réductions dans les ressources finan-

---

matière de protection des données personnelles, approuvé par le Décret législatif du 30 juin 2003, n° 196 (et modifications et intégrations successives), aux art. 101-103. Le code de déontologie et de bonne conduite pour les traitements de données personnelles à des fins historiques a été adopté par le Contrôleur pour la protection des données personnelles par la décision n° 8/P/2001 du 14 mars 2001, dans la *Gazzetta Ufficiale* n° 80 du 5 avril 2001 ; la décision a été publiée également sur le web, sur le site du Contrôleur, à l'adresse http://www.garanteprivacy.it, dans *Normativa/Italiana/Codici deontologici* ; dans le même site on trouve également le texte consolidé du code en matière de protection des données personnelles.

[122] Cette condition correspond à celle prévue par l'art. 122, alinéa 3, pour le cas de dépôt des archives privées dans les archives d'État ou des organismes publics.

[123] Art. 127, pour toutes les règles concernant la consultation des archives de propriété privée.

cières pour les administrations publiques et de grosses limitations quant aux possibilités d'embauche de personnel pour toutes les administrations publiques [124].

[124] Décret-loi du 25 juin 2008, n° 112, converti, avec modifications, dans la loi du 6 août 2008, n° 133.

Patrimoine archivistique et politiques publiques, archives et autres biens culturels

La spécificité des archives dans le droit international

Manlio Frigo
Professeur, Université de Milan

Introduction

La discipline juridique des archives est strictement liée à la notion de souveraineté étatique, mais on peut considérer que, sous l'angle du droit international, leur spécificité consiste premièrement en ce que les archives sont concernées par une double série de règles de protection. Il s'agit notamment : *a)* des règles en matière de succession d'États et *b)* des règles en matière de protection des biens culturels.

Dans les paragraphes qui suivent on essayera de donner un bref aperçu concernant l'origine des sources juridiques, la formation et la raison d'être des normes qui touchent à la protection des archives, afin de vérifier le caractère fragmenté ou unitaire de sa discipline.

Les archives et la succession d'États

À l'heure actuelle la discipline concernant la succession touchant aux archives est premièrement prévue par la Convention de Vienne du 18 avril 1983 sur la succession d'États en matière de biens, archives et dettes d'États. Il s'agit d'une convention appartenant à la catégorie des conventions de codification du droit international coutumier, élaborée par la Commission du droit international, organe subsidiaire de l'Assemblée générale des Nations unies, agissant dans le cadre de l'article 13 de la Charte de San Francisco. La démarche est en pleine analogie avec la Convention de Vienne du 23 août 1978 sur la succession des États aux traités, notamment en ce qui concerne l'application du principe de la *tabula rasa* seulement aux successions des États de « nouvelle indépendance ».

Or, le fait que des normes soient incorporées dans une convention dite « de codification » prédisposée par la Commission du droit international ne signifie pas automatiquement que toutes ses règles puissent être effectivement considérées comme la véritable expression du droit coutumier. La Commission accomplit une tâche très difficile, s'agissant de codifier le droit coutumier et de rédiger, en même temps, une discipline si possible complète du secteur.

Par contre il faut observer qu'en dépit des 15 ratifications requises – ce qui représente un seuil tout à fait raisonnable – la convention n'est pas encore entrée en vigueur, ce qui fait penser que le régime juridique prévu par ladite convention se situe dans le domaine du développement progressif du droit international dans la matière concernée, plutôt que de la codification du droit coutumier. Et en effet, les règles de droit coutumier concernant la succession des États – notamment mais non exclusivement en matière d'archives – sont parfois difficiles à relever et la pratique internationale montre que la matière est souvent réglée par le biais des accords bilatéraux entre les États concernés [1].

Pour les archives publiques (« archives d'État de l'État prédécesseur ») la convention de Vienne (articles 19-31) adopte le principe de territorialité, et partant, sauf accord différent entre les parties concernées, en cas de succession les archives qui relèvent de l'administration du territoire cédé seront transférées à l'État successeur [2]. La même règle s'applique lorsque l'État successeur est un État de nouvelle indépendance qui se soit constitué sur le territoire de l'État prédécesseur et en cas de démembrement. Pour les archives qui n'ont pas une directe connexion avec le territoire des États nés du démembrement le principe de la répartition équitable s'applique [3].

Il faut remarquer que la définition large de la notion d'« archives d'État » adoptée par l'article 20 semble confirmer que le droit international ne prévoit aucun critère autonome pour déterminer les biens (et les archives) publics et qu'il faut se référer au droit national de l'État prédécesseur [4]. Il faut

[1] Voir les exemples récents des accords signés entre 1994 et 1995 entre la Fédération russe et l'Ukraine sur la division de la flotte soviétique de la Mer Noire, accord entre les pays de l'ex-Yougoslavie conclu à Vienne le 29 juin 2001 sur les problèmes de succession.

[2] D'après l'article 21 « Le passage des archives d'État de l'État prédécesseur emporte l'extinction des droits de cet État et la naissance de ceux de l'État successeur sur les archives d'État qui passent à l'État successeur, dans les conditions prévues par les dispositions des articles de la présente partie ».

[3] Voir les articles 28 et 30 de la Convention.

[4] D'après l'article 20 de la Convention l'expression « archives d'État de l'État prédécesseur « s'entend de tous les documents, quelles que soient leur date et leur nature, produits ou reçus par l'État prédécesseur dans l'exercice de ses fonctions qui, à la date de la succession

aussi souligner que, pour ce qui concerne les biens publics, ladite solution avait été parfois confirmée dans la pratique internationale, comme c'était le cas de la décision de la Commission de conciliation entre la France et l'Italie concernant l'affaire des biens de l'Ordre des Saints Maurice et Lazare, du 26 septembre 1964 [5].

La convention concerne aussi les hypothèses de la fusion ou de l'incorporation totale (articles 21 et 29) en prévoyant que les biens de l'État prédécesseur (incluant les archives) se transmettent à l'État successeur. Dans les autres hypothèses telles que le transfert d'une partie du territoire d'un État et pour les biens localisables – transfert de partie du territoire d'un État (article 27), sécession d'une partie du territoire (article 30), et démembrement (article 31) – la convention applique le critère de la localisation. En tout cas, d'après l'article 27, la partie des archives publiques nécessaires pour l'administration ordinaire du territoire et la partie des archives concernant exclusivement ou principalement le territoire, sauf accord entre les États concernés, devront toujours être transférées à l'État successeur.

Pour ce qui concerne les biens non localisés ou localisables (i.e. les archives ne concernant pas le territoire et qui ne sont pas nécessaires pour son administration) la convention prévoit qu'en cas de démembrement ils seront transférés aux États successeurs selon une proportion équitable (articles 18, 31) ; dans les cas de cession (articles 14, 27) et d'incorporation partielle (articles 17, 30), là où l'État prédécesseur continue à exister, les archives restent à l'État prédécesseur, sauf accord différent.

Le régime envisagé par la convention montre encore une fois un *favor* pour les pays de nouvelle indépendance qui est bien représenté à l'article 28 qui prévoit le transfert à l'État successeur des biens meubles ou immeubles – y compris les archives – qui appartenaient au territoire transféré en succession [article 28 a)] et qui concernent exclusivement ou principalement le territoire en succession [article 28c)].

À ce propos il a été retenu par la doctrine [6] que, particulièrement en ce qui concerne les archives, les critères adoptés pour leur localisation ne paraissent pas d'immédiate applicabilité et que les règles de la convention,

---

d'Etats, appartenaient à l'État prédécesseur conformément à son droit interne et étaient conservés par lui directement ou sous son contrôle en qualité d'archives à quelque fin que ce soit ».

[5] Voir la décision concernant un ordre chevaleresque lié à la famille royale italienne des Savoie, qui avait été supprimé en Italie par une loi du 3 mars 1951 n. 178, dans *Rivista di Diritto Internazionale*, 1965, 615.

[6] A. Gioia, *Manuale breve di diritto internazionale*, Milano, 2006, 192, voir aussi N. Ronzitti, *Introduzione al diritto internazionale*, 2 ed., 2007, 102, Torino,

étant tout à fait favorables à l'État successeur, non seulement ne reflètent pas le droit coutumier, mais ont aussi suscité les réactions négatives des milieux professionnels particulièrement en ce qui concerne le Conseil international des archives [7].

En revanche il faut souligner premièrement que pour les biens non localisables, le critère de leur répartition selon une proportion équitable est de nature programmatique, ce qui rendrait de toute façon indispensable l'accord entre les États concernés. Deuxièmement pour les archives publiques la possibilité de trouver un accord satisfaisant serait facilitée par leur reproductibilité et, en effet, la convention prévoit expressément à l'article 27, alinéas 4 et 5 l'obligation par les États concernés (successeur et prédécesseur) de rendre disponibles à l'autre des reproductions des archives en leur possession.

À ce propos il faut quand même observer que la possibilité de reproduire les archives trouve une limitation dans les cas où il s'agit de biens infongibles, pour lesquels une copie n'aurait qu'une utilité marginale, voire inexistante. La convention prévoit effectivement, à son article 26, une obligation de préservation et de sécurité pour l'État prédécesseur. Il s'agit d'une obligation qui engendrait la responsabilité internationale de l'État qui n'aurait pas pris les mesures aptes à empêcher que les archives soient endommagées ou détruites. C'est bien ici qu'on trouve le point de rencontre avec les règles internationales concernant la sauvegarde et la protection des biens culturels.

Les archives et la protection des biens culturels en cas de conflit armé

L'analyse de la pratique internationale nous permet de vérifier que la protection des archives considérées en tant que biens culturels peut être considéreée soit sur le plan de leur sauvegarde (protection au sens strict), soit et surtout de leur restitution (protection au sens large). Il faut aussi ajouter que la discipline internationale des archives s'est développée à partir de leur protection en cas de conflits armés.

À ce propos c'est effectivement sous l'angle de la restitution que l'on trouve les premières manifestations de la pratique internationale concernant les archives en tant que « documents de nature quasi régalien et qu'il est ain-

[7] J. Verhoeven, « Archives et droit international », dans M. Cornu et J. Fromageau (sous la dir.), *Archives et patrimoine*, Paris, 2004, t. I, p. 21 ss. à 29.

si normal qu'ils suivent le prince »[8]. De ce point de vue on associe souvent l'apparition de clauses de restitution de biens culturels, des biens bibliothécaires et des archives dans les traités de paix ; en fait, à partir du XVIe et surtout depuis le XVIIe siècle on retrouve dans plusieurs traités de paix l'insertion de clauses disposant la restitution de biens privés (culturels ou pas) enlevés aux particuliers et la remise des archives déplacées ou se rapportant à un territoire cédé [9].

C'est partant le régime de la propriété qui influence d'une façon décisive la naissance d'une obligation de respecter les biens et, par conséquent, l'affirmation d'une obligation de les restituer à la fin des hostilités. Et c'est seulement à travers l'assimilation des biens publics de l'ennemi aux biens privés que l'obligation concernant la restitution trouve une application – quand même au niveau théorique – plus générale.

Une pratique plus significative des restitutions à la fin des conflits armés commence à s'intensifier surtout à partir du XIXe siècle, bien que pour ce qui concerne les traités de paix après la chute de l'Empire napoléonien les restitutions de biens culturels de 1814 et 1815 sont effectuées dans le silence des traités de paix. Cela avec la significative exception de l'article 31 du Traité de Paris du 31 mai 1814 entre le Roi et les Puissances alliées concernant la restitution des archives, ce qui a fait retenir par la doctrine que « ce n'est pas la valeur historique ou artistique qui commande la restitution, mais bien la fonction, celle, avec les archives, de l'administration d'un territoire » [10].

Le principe de la restitution des archives est confirmé dans les traités de paix signés à la fin de la Première et de la Deuxième Guerre mondiale : les

---

[8] X. Perrot, *De la restitution internationale des biens culturels aux XIXe et XXe siècles ; vers une autonomie juridique*, Thèse, Université de Limoges, 2005, p. 25. La doctrine s'était déjà occupée de ces aspects au moins à partir de Ch. De Visscher, « La protection internationale des œuvres d'art et des monuments historiques », dans *Revue de droit international et de législation comparée*, 1935, p. 32 ss. et ID, « Les monuments historiques et les œuvres d'art en temps de guerre et dans les traités de paix », dans *Mouseion*, 1939, vol. 47-48. p. 129 ss.

[9] Voir le Traité de Oliva, Pologne-Suède, 23 avril-3 mai 1660, art. VIII et IX qui prévoit la restitution des biens bibliothécaires et des archives pillés par les Suédois en 1655 ; Espagne-Pays-Bas 1648, art. LXIX, le Traité de Westphalie, art. XLVII, XCV, XCVI ; Espagne-France, Isle des Faisans, 1659 ; Danemark-Suède, Lunden, 1979, art. XII ; Autriche-France, Ryswick, 1697, art. IX, XII ; France-Pays-Bas, Utrecht, 1713, art. VIII ; Espagne-France-Grande-Bretagne, Paris, 1763, art. XXII ; voir S. Nahlik, « La protection internationale des biens culturels en cas de conflit armé », dans *Recueil des Cours* 1967, I, p. 65 ss., M. Frigo, *La protezione dei beni culturali nel diritto internazionale*, Milano, 1986, p. 61 ss.

[10] X. Perrot, *op. cit.*, p. 35-36 ; d'après l'article 31 du traité de Paris du 30 mai 1814 « Les archives, cartes, plans et documents quelconques appartenant aux pays cédés, ou concernant leur administration, seront fidèlement rendus en même temps que le pays, ou si cela était impossible, dans un délai qui ne pourra être de plus de six mois après la remise des pays mêmes. Cette stipulation est applicable aux archives, cartes et planches qui pourraient avoir été enlevées dans les pays momentanément occupés par les différentes armées ».

archives déplacées doivent être restituées au pays d'origine ; le même principe s'applique aux pièces (titres, dossiers, statistiques) extraites des fonds du pays d'origine [11].

La pratique internationale montre, bien sûr, des difficultés dans l'application dudit principe, comme le montre l'épisode bien connu des « fonds russes » spoliés par les Nazis pendant la période 1940-1945. Dans ce cas les forces d'occupation allemande avaient saisi de nombreuses archives françaises, y compris des archives de particuliers juifs considérés comme « ennemis » et les avaient transférées en Tchécoslovaquie, où les archives avaient été saisies par l'Armée Rouge lors de la capitulation du Troisiéme Reich. Il faudra attendre la fin de la guerre froide pour qu'un accord de coopération en matière d'archives publiques et de restitution réciproque soit signé, en 1992, entre la France et la Fédération de Russie, mais les restitutions qui avaient commencées après la signature furent arrêtées vers la moitié des années 90 par la Douma russe qui s'était opposée à la sortie des biens du territoire russe s'agissant de prises de guerre qui rentraient désormais dans le patrimoine national. Seulement en 2000 eut lieu une importante reprise des restitutions des fonds d'archives à la France qu'apparemment n'a pas encore été complétée [12].

Néanmoins, il paraît légitime de souligner le rôle pionnier des archives (publiques) parmi les catégories des biens culturels sous l'angle de leur restitution, car aucun autre bien culturel n'a pu bénéficier d'une telle individualisation juridique. À côté de cette observation il est, d'ailleurs, le cas de remarquer dans ce contexte l'affirmation du principe de territorialité des archives, qui reconnaît le lien privilégié entre les archives et le territoire/lieu de production et de formation organique. Il n'est, par contre, pas certain que l'on puisse affirmer que le principe de territorialité ainsi conçu soit susceptible de s'étendre par connexion à l'ensemble des biens culturels.

Pour compléter ce bref portrait concernant certains aspects de la protection des biens en cas de conflit armé il reste à mentionner le rôle de la Convention de La Haye du 14 mai 1954. Non seulement il s'agit du premier exemple de traité dédié exclusivement à la protections des biens culturels –

---

[11] V. p. ex. art. 7 du Traité de paix 10 février 1947 France-Italie « le gouvernement italien remettra au gouvernement français toutes les archives historiques et administratives antérieures à 1860 qui se rapportent au territoire cédé à la France par le traité du 24 mars 1860 et par la convention du 23 août 1860 ».

[12] Voir décret n° 93-901 du 12 juillet 1993 portant publication de l'accord entre le Gouvernement de la République française et le Gouvernement de la Fédération de Russie sur la coopération en matière d'archives publiques, fait à Paris le 12 novembre 1992 ; www.diplomatie.gouv.fr/fr/ministère_817/archives-patrimoine.

dorénavant devenus une véritable catégorie juridique – mais aussi du traité international qui fait rentrer expressément les archives dans la catégorie des biens culturels. En fait, d'après son article 1 la définition des biens culturels inclut les « ...collections scientifiques ainsi que les collections importantes de livres, d'archives ou de reproductions des biens définis ci-dessus ».

Les archives et la protection des biens culturels en temps de paix

D'après une opinion doctrinale tout à fait considérable la Convention de La Haye de 1954 devrait être considérée comme le seul instrument international accordant une protection particulière aux archives étatiques [13]. Par conséquent, suivant cette opinion, les archives ne seraient pas prises en considération par les règles issues notamment des conventions internationales concernant la protection des biens culturels en temps de paix.

Ladite opinion peut être partagée si on constate l'absence de règles concernant les archives des organisations internationales ; les traités constitutifs sont muets à ce propos et le sujet est abordé seulement dans les accords de siège ou dans les accords concernant les privilèges et immunités. Les archives sont effectivement déclarées inviolables, mais aucune norme règle leur condition ni leur régime juridique, ce qui concerne aussi le sujet de la succession entre organisations, comme est le cas de la Société des Nations/Organisation des Nations unies, ainsi que de l'OECE-OCDE [14].

Cependant, il faut souligner que les plus significatives conventions internationales concernant la protection des biens culturels meubles en temps de paix font expressément rentrer les archives dans leur domaine d'application.

C'est le cas notamment de la Convention Unesco du 14 novembre 1970 concernant les mesures à prendre pour interdire et empêcher l'importation, l'exportation et le transfert illicites des biens culturels, dont l'article 1 j) stipule que « Aux fins de la présente Convention sont considérés comme biens culturels les biens qui, à titre religieux ou profane, sont désignés par chaque État comme étant d'importance pour l'archéologie, la préhistoire, l'histoire, la littérature, l'art ou la science, et qui appartiennent aux catégories ci-après... j) Archives, y compris les archives phonographiques, photographiques et cinématographiques ».

---

[13] Cfr. J. Verhoeven, « Archives », cit., à 28.

[14] Cfr. encore J. Verhoeven, « Archives », cit., à 35 et E. Jouve, « Le patrimoine documentaire mondial et sa protection internationale », dans M. Cornu et J. Fromageau (sous la dir.), *Archives et patrimoine*, cit. t. II, p. 11 ss.

C'est encore le cas de la Convention Unidroit du 24 juin 1995 sur les biens volés ou illicitement exportés, dont la liste de biens de l'annexe, inclut à sa lettre j) les « Archives, y compris les archives phonographiques, photographiques et cinématographiques » parmi les biens susceptibles de rentrer dans le régime de protection.

Il est intéressant d'observer que dans les deux cas mentionnés ci-dessus la protection envisagée par les règles internationales concerne l'obligation de restitution des archives volées et/ou de retour des archives illicitement exportées.

Au niveau régional européen et d'une façon sensiblement plus large le même genre de protection est assuré sur le plan européen par la directive 93/7 relative à la restitution de biens culturels ayant quitté illicitement le territoire d'un État membre. La formule adoptée par la directive est très proche de celle prévue par la convention d'Unidroit, mais avec un texte plus nuancé, l'annexe à la directive fait rentrer dans son domaine d'application les « 11. Archives de toute nature comportant des éléments de plus de 50 ans, quel que soit leur support ».

Pour ce qui concerne le fonctionnement des mécanismes de coopération prévus par la directive, l'expérience des années successives à son adoption – et à la mise en œuvre des réglementations nationales de transposition – montrent à vrai dire qu'en général la directive est peu fréquemment appliquée. Plus particulièrement, il faut remarquer que la coopération entre les autorités administratives compétentes au niveau national est encore insuffisante et que les autorités centrales des États membres ne disposent même pas des données concernant l'application concrète de la directive. Et encore, l'action judiciaire en restitution qu'un État membre peut introduire vis-à-vis du possesseur d'un bien ayant quitté illicitement son territoire auprès du tribunal d'un autre État membre requis, prévue par l'article 5 de la directive, représente un outil encore assez rarement utilisé.

À ce propos et après avoir constaté que pendant la période 1999-2003 seulement trois actions en restitution ont été exercées par les États membres, la Commission dans son deuxième rapport sur l'application de la directive, semble ne pas dramatiser la portée de ces donnés lors qu'elle considère que « le faible nombre des actions peut s'expliquer par le fait que la simple existence d'une action juridictionnelle a une influence positive sur la recherche de solutions à l'amiable en dehors des tribunaux » [15].

---

[15] Voir *Rapport de la Commission au Conseil, au Parlement européen et au Comité économique et social européen*, Deuxième rapport sur l'application de la Directive 93/7/CEE du Conseil à la resti-

Par ailleurs, il faut ajouter que l'un des exemples le plus intéressant de coopération contre le trafic illicite de biens culturels au niveau européen concerne un cas de vol d'archives de fonds publics. Dans la célèbre « affaire Frey », à la suite de la découverte à Liège chez un receleur belge de 33 000 documents provenant des fonds d'archives français volés par un particulier français, la coopération entre les autorités de police des deux pays a permis la saisie des biens. En outre l'Office central de lutte contre le trafic des biens culturels (OCBC), en tant qu'autorité centrale, a introduit pour la première fois après la mise en œuvre de la directive, une action de restitution concernant des fonds d'archives [16].

Conclusion

En guise de brève conclusion on peut répondre à la question qu'on s'était posé au début, en soulignant le caractère unitaire de la discipline des archives telle qu'elle ressort de l'origine et de l'histoire des règles, ainsi que de la pratique internationale.

L'unité est notamment confirmée non seulement par le principe de respect des fonds, mais surtout par le rôle joué par le lien de rattachement avec le territoire et donc par sa traduction juridique représentée par le « principe de territorialité des archives ».

Ce principe a trouvé application dans le domaine de la discipline juridique concernant la succession des États, ainsi que dans le domaine de la protection des biens culturels. Dans ce dernier domaine les archives ont exercé une fonction pionnière, notamment en ce qui concerne l'affirmation de l'obligation de restitution au « pays d'origine ».

Il serait vraisemblablement exagéré de proposer une assimilation complète de la discipline (de la restitution) des archives à la pareille discipline des biens culturels dans leur ensemble, surtout si l'on pensait pouvoir interpréter cette dernière comme une évolution ou une extension automatique de la première. Le respect du principe de territorialité référé au déplacement des archives, impose la restitution au pays où les archives ont été produites. On ne pourrait par contre pas affirmer qu'une règle pareille ait été confirmée lorsqu'il s'agit de l'affirmation d'un lien de rattachement entre d'autres biens culturels et un territoire ou un État déterminé. Dans ce dernier cas non seulement, d'une part, la pratique internationale nous montre des nom-

---

tution de biens culturels ayant quitté illicitement le territoire d'un État membre, COM (2005) 675 final, p. 8.

[16] Voir *Rapport de la Commission au Conseil, au Parlement européen et au Comité économique et social européen*, p.11.

breux exemples d'États qui interdisent la sortie ou demandent la restitution de biens qui n'ont aucun véritable lien avec le territoire ni pour ce qui concerne le lieu de production, ni la nationalité de l'auteur, mais il serait d'autre part très difficile de soutenir qu'une règle de droit international coutumier concernant l'obligation de restitution en temps de paix sur la base du principe de territorialité se soit formée [17].

[17] Pour une réaffirmation récente de certains principes de « droit international du patrimoine culturel » concernant la restitution aux pays d'origine, dont le principe de « non-appauvrissement » serait l'un des traits caractéristiques, , voir T. Scovazzi, « La restituzione dell'obelisco di Axum e della Venere di Cirene », dans *Rivista di diritto int. privato e processuale*, 2009, p. 555 ss.

Notions d'archives et de patrimoine en droit français, mise en perspective historique

CHRISTINE NOUGARET
Conservateur général du patrimoine
Professeur à l'École nationale des chartes

Depuis 1990, il n'existe plus dans les services d'archives publics d'archivistes mais des conservateurs du patrimoine, formés dans la spécialité archives, à l'Institut national du patrimoine créé la même année. En 2004, la promulgation du code du patrimoine a entraîné l'abrogation de la loi sur les archives votée en 1979 [1]. Prochainement, la révision générale des politiques publiques doit conduire à une réorganisation du ministère de la Culture et à la création d'une direction générale des patrimoines qui englobera un service des archives [2]. Ce « tout patrimonial » ou « tout patrimoine », comme on a qualifié cette évolution à la suite de Pierre Nora, nous conduit à nous interroger. Les archives sont-elles ou non solubles dans le patrimoine ? De quand datent ces noces entre archives et patrimoine ? Et quelles conséquences institutionnelles en tirer ?

Pour tenter de répondre à ces questions, j'examinerai les notions de patrimoine et d'archives, et les liens qu'entretiennent les deux concepts, à partir de quelques jalons législatifs ou réglementaires qui me paraissent significatifs. Cette approche ne prétend pas épuiser le sujet, qui est complexe et nécessiterait des recherches plus approfondies que celles que j'ai pu conduire pour cette communication. Par ailleurs, je ne prétends pas non plus renouveler profondément la réflexion par cette approche juridique, mais seulement apporter un éclairage complémentaire sur une problématique traitée

[1] Loi n° 79- 18 du 3 janvier 1979 sur les archives.
[2] Communiqué de la ministre de la Culture, 17 avril 2008 : (http://www.culture.gouv.fr/culture/actualites).

par d'autres avant moi. Je renvoie tout particulièrement aux travaux essentiels de Françoise Hildesheimer qui, à la faveur de l'histoire de l'administration des archives, interroge l'évolution de la notion d'archives [3].

La notion de patrimoine, une conception extensive

Soulignons-le d'emblée, le terme de patrimoine est ambigu. Du sens originel de « biens hérités des ascendants », attesté dès le XIIe siècle, ont découlé plusieurs acceptions toujours en vigueur aujourd'hui [4]. Dans le domaine culturel, qui seul nous intéresse ici, deux définitions sont admises, l'une générique, l'autre spécifique, comme en témoigne le communiqué de presse de la ministre de la Culture, en date du 20 novembre 2008, confirmant que la direction générale des patrimoines rassemblera musées, archives, **patrimoine** (c'est moi qui souligne) et architecture.

Au sens restreint du terme, le patrimoine désigne traditionnellement les monuments historiques, et, par voie de conséquence, les services qui en ont, ou en ont eu la charge, comme la Direction du patrimoine fondée en 1978 au sein du ministère de la Culture. C'est cette acception étroite, limitée au patrimoine monumental, que retiennent Jean-Pierre Babelon et André Chastel dans leur ouvrage *La notion de patrimoine* [5], retraçant l'histoire du concept du Moyen Âge à nos jours. C'est aussi cette acception qui sous-tend les « Entretiens du patrimoine », organisés à partir de 1988 par la direction du même nom. Il en va de même dans un certain nombre d'ouvrages publiés sous les auspices du ministère de la Culture dont les titres, *a priori* génériques, désignent en réalité le seul domaine monumental, de l'archéologie à l'architecture : ainsi du livre de Xavier Laurent, *Grandeur et misère du patrimoine de Malraux à Jacques Duhamel* [6] ou de celui de Philippe Poirrier et Loïc Vadelorge, *Pour une histoire des politiques du patrimoine* [7].

Mais le terme patrimoine possède aussi une acception plus large, consacrée par la loi, qui dépasse le patrimoine monumental. Depuis 2004, en effet, le code du patrimoine définit celui-ci comme l'ensemble des biens culturels, publics ou privés, soit l'équivalent du *cultural heritage* anglo-saxon :

---

[3] « Les Archives nationales au XIXe siècle, établissement scientifique ou administratif ? », dans *Histoire et archives*, n° 1, 1997, p. 105-135 ; « Échec aux archives : la difficile affirmation d'une administration », dans *Bibliothèque de l'Ecole des chartes*, n° 156, 1998, p. 91-106.

[4] À titre de curiosité, signalons qu'une requête sur le mot patrimoine dans la soixantaine de codes en vigueur reçoit 753 réponses.

[5] Dans *Revue de l'art*, n° 49, 1980, réédition Liana Levi, Paris, 1994 (coll. Opinions).

[6] Paris, La Documentation française, 2004.

[7] Paris, La Documentation française, 2003.

Article L1 : « Le patrimoine s'entend, au sens du présent code, de l'ensemble des biens, immobiliers ou mobiliers, relevant de la propriété publique ou privée, qui présentent un intérêt historique, artistique, archéologique, esthétique, scientifique ou technique ».

La revue de l'Institut national du patrimoine – *Patrimoines* – qui traite à la fois de musées, d'archives, d'architecture, d'archéologie ou de zoologie [8] s'inscrit dans cette lignée. L'ajout d'un adjectif, comme artistique, archivistique, architectural, écrit, monumental ou naturel..., permet de circonscrire la notion si besoin.

Bien qu'utile, la définition du code du patrimoine n'embrasse pas la totalité du concept dans le domaine culturel. L'usage commun reconnaît aujourd'hui au terme une définition plus large englobant « [l'] ensemble des richesses culturelles accumulées par une nation, une région, une ville... et qui sont valorisées par la société [9] ». Depuis trente ans, le concept de patrimoine se dilate bien au-delà des biens matériels, aboutissant ainsi à la reconnaissance du patrimoine immatériel ou même virtuel. L'Unesco définit le patrimoine immatériel comme l'ensemble des pratiques, connaissances, savoir-faire, représentations... que les individus ou les groupes reconnaissent comme faisant partie de leur patrimoine culturel ; s'y rattachent la langue, les arts du spectacle, l'artisanat, les rituels festifs, pour ne citer que quelques exemples. Le patrimoine virtuel a, quant à lui, accompagné le développement des nouvelles technologies de l'information, puisque l'expression désigne l'utilisation de ces technologies pour la conservation et la diffusion du patrimoine culturel, qu'il s'agisse de créer des musées ou des expositions virtuels ou de reconstituer virtuellement des sites historiques disparus.

Si, comme le soulignait Alain Rey aux « Entretiens du patrimoine » de 2001 [10], propriété et transmission sont au cœur du concept, la notion de patrimoine a donc progressivement transcendé la propriété individuelle pour qualifier l'héritage culturel que la société ou l'humanité se reconnaissent en partage [11] ou encore, pour citer Pierre Nora, « le bien constitutif de la cons-

[8] *Patrimoines,* revue de l'Institut national du patrimoine, 2007, n° 3.

[9] *Dictionnaire culturel en langue française* d'Alain Rey, Dictionnaire le Robert, 2005.

[10] Alain Rey, « Lexicographie du patrimoine », dans *Le regard de l'Histoire. L'émergence et l'évolution de la notion de patrimoine au cours du XXe siècle en France. Entretiens du patrimoine 2001*, Paris, Fayard, 2003, p. 25-30.

[11] Conception qui sous-tend le magazine *Midi-Pyrénées Patrimoine,* lancé en 2005 pour restituer, auprès du plus large public, les connaissances sur le patrimoine matériel et immatériel, naturel et culturel de la région Midi-Pyrénées.

cience collective d'un groupe [12] ». C'est ce sens que vient d'entériner la révision constitutionnelle de juillet 2008, inscrivant les langues régionales au patrimoine de la France :

Constitution de la Vᵉ République, article 75-1 : « Les langues régionales appartiennent au patrimoine de la France ».

Archives et patrimoine

Paradoxalement, la notion d'archives est assez stable si l'on veut bien considérer que, depuis la plus haute Antiquité, les institutions de toutes sortes ont conservé leurs archives pour les besoins de leur gestion et la preuve de leurs droits et qu'à toutes les époques des historiens ont eu recours aux sources d'archives, que ce soit directement ou indirectement : qu'on songe à Hérodote enquêtant auprès des prêtres et des fonctionnaires ayant accès aux documents écrits pour rédiger son *Histoire*.

Pourtant jusqu'au XIXᵉ siècle, les définitions juridiques distinguent les archives, ou titres à portée juridique, et les manuscrits ou monuments à portée historique. La définition contemporaine des archives, formulée dans la loi sur les archives du 3 janvier 1979, est la première à lier les deux notions sous l'appellation unique d'archives [13] :

« Article 1. Les archives sont l'ensemble des documents, quels que soient leur date, leur forme et leur support matériel, produits ou reçus par toute personne physique ou morale, et par tout service ou organisme public ou privé, dans l'exercice de leur activité.

« La conservation de ces documents est organisée dans l'intérêt public tant pour les besoins de la gestion et de la justification des droits des personnes physiques ou morales, publiques ou privées, que pour la documentation historique de la recherche ».

La loi de 2008 relative aux archives n'a pas remis en cause cette définition [14].

Le lien entre archives et patrimoine est plus tardif encore puisqu'il n'est formalisé que par l'incorporation, en 2004, de la loi sur les archives de 1979 dans le code du patrimoine. Il est à ce titre significatif que l'ouvrage d'Hervé Bastien, le *Droit des archives* [15], ne parle pas de patrimoine, hormis pour dési-

[12] Pierre Nora, « Introduction des *Entretiens* », dans *Science et conscience du patrimoine. Entretiens du patrimoine 1994*, Paris, Fayard, 1997, p. 12.

[13] Sur les définitions juridiques antérieures qui lient archives et titres juridiques, voir F. Hildesheimer, « Échec aux archives... », *op. cit.* note 3, p. 94-95. La définition actuelle des archives, légèrement complétée en juillet 2008, figure aux articles L 211-1 et L 211-2 du code du patrimoine.

[14] Loi n° 2008-696 du 15 juillet 2008 relative aux archives.

[15] Paris, La Documentation française, 1996.

gner les conservateurs du même nom ; même silence dans l'*Abrégé d'archivistique* de l'Association des archivistes français [16], tandis que la *Pratique archivistique française* [17] utilise alternativement les expressions patrimoine archivistique ou patrimoine historique comme des synonymes d'archives sans en délimiter la portée.

À y regarder de plus près, plusieurs textes législatifs ou réglementaires français ont annoncé le rapprochement des archives et du patrimoine. En 1968, la loi Malraux [18], instituant la procédure de dation, se donne pour but de favoriser la « conservation du patrimoine artistique national », en exonérant de droits de mutation les propriétaires faisant don à l'État de biens culturels, en particulier des « documents de haute valeur artistique ou historique », expression qui englobe les documents d'archives.

Le terme patrimoine relié spécifiquement à celui d'archives apparaît pour la première fois dans l'arrêté d'organisation de la Direction des Archives de France de 1979, faisant des archives publiques une part essentielle du patrimoine historique de la Nation [19] :

« La Direction des Archives de France a pour mission de gérer ou de contrôler les archives publiques qui constituent la mémoire de la nation et une part essentielle de son patrimoine historique ».

Le décret de 1988 sur le contrôle scientifique et technique de l'État, pris en application des lois de décentralisation, légitime l'intervention de l'État sur les archives des collectivités territoriales au titre de la protection et de la valorisation du patrimoine [20].

« Le contrôle scientifique et technique de l'État sur les archives des régions, des départements et des communes porte sur les conditions de gestion, de collecte, de tri, d'élimination des documents courants, intermédiaires et définitifs et sur le traitement, le classement, la conservation et la communication des archives. Il est destiné à assurer la sécurité des documents, le respect de l'unité des fonds et de leur structure organique, la qualité scientifique et technique des instruments de recherche, la compatibilité des systèmes de traitement, la mise en valeur du patrimoine archivistique ».

---

[16] 2e édition revue et augmentée, Paris, 2007.

[17] Jean Favier (dir.), *La pratique archivistique française*, Paris, Archives nationales, 1993.

[18] Loi n° 68-1251 du 31 décembre 1968 tendant à favoriser la conservation du patrimoine artistique national.

[19] Arrêté ministériel du 23 octobre 1979 relatif à l'organisation de la Direction des Archives de France, article 1.

[20] Décret n° 88-849 du 28 juillet 1988 relatif au contrôle scientifique et technique de l'État sur les archives des collectivités territoriales, article 1.

Même approche dans l'arrêté de 1992 organisant l'inspection générale des archives de France [21] :

« Les membres de l'inspection générale des archives ont vocation à participer aux travaux des instances consultatives nationales compétentes en matière de contrôle, de collecte, de conservation, de tri, de classement, d'inventaire, de communication et de mise en valeur du patrimoine archivistique ».

La qualité patrimoniale des archives est véritablement assise par le code du patrimoine qui leur consacre tout son livre II. L'inscription des archives dans le patrimoine a été rendue possible parce qu'elles présentent, selon la définition du code, « *un intérêt historique, artistique, archéologique, esthétique, scientifique ou technique* ».

Si la reconnaissance légale des archives comme élément de patrimoine est formellement tardive, la réalité est plus ancienne, l'intérêt historique des archives étant affirmé dans la loi ou les règlements depuis deux siècles :

— La loi du 7 messidor an II, qui ordonne le triage des titres, prescrit de conserver « *les chartes et manuscrits qui appartiennent à l'histoire, aux sciences et aux arts* [22] ».

— Le projet de décret d'organisation des archives nationales de 1855 assoit leur compétence sur « *les documents d'intérêt public appartenant à l'État et qui, n'étant plus instruments habituels de gouvernement ou d'administration, sont devenus monuments de l'histoire nationale* [23] ».

— Le décret du 21 juillet 1936 rend obligatoire le versement des papiers des administrations « *dans l'intérêt de l'histoire* [24] ».

— Le décret du 17 juin 1938 autorise le classement comme archives historiques des « *documents d'archives détenus par des particuliers, dont la conservation présente, au point de vue de l'histoire nationale, un intérêt public* [25] ». Le rapport au président de la République présentant ce

[21] Arrêté ministériel du 28 décembre 1992 relatif aux missions et à l'organisation de l'inspection générale des archives de France, article 4.

[22] Loi du 7 messidor an II concernant l'organisation des archives établies auprès de la Représentation nationale, article 12.

[23] Décret d'organisation des archives nationales du 22 décembre 1855 cité par F. Hildesheimer, « Les archives nationales au XIXe siècle… », p. 108-109. La rédaction définitive est plus laconique, y sont déposés « tous les documents d'intérêt public dont la conservation est jugée utile et qui ne sont plus nécessaires au service des départements ministériels ou administrations qui en dépendent ».

[24] Préambule au décret.

[25] Décret du 17 juin 1938 relatif au classement des documents d'archives privées.

décret insiste sur la prééminence du caractère patrimonial de certaines archives privées par rapport à la propriété privée :
« *En ce qui concerne les fonds d'archives privées très anciennes ou anciennes [...], on admet généralement que [...] ils ont jusqu'à un certain point perdu le caractère d'une propriété individuelle, et que la science historique a des droits sur eux*[26] ».
Notons que la même analyse sous-tend aujourd'hui le code du patrimoine qui consacre plusieurs articles aux archives privées en mains privées qu'il convient de protéger par la procédure du classement.

— La loi sur les archives de 1979 justifie la conservation des archives par leur intérêt public. Celui-ci a deux composantes : l'intérêt administratif et l'intérêt historique. Le premier fonde la conservation des archives publiques utiles à la gestion et à la justification des droits (art. 1 et 4)[27] ; le second légitime la conservation de certaines archives publiques dont l'intérêt administratif a expiré, mais aussi celui de certaines archives privées, dénuées de tout intérêt administratif, que les services d'archives peuvent recevoir ou faire classer pour les protéger (art. 4, 10 et 11)[28].

— Enfin, la loi de 2000 relative aux droits des citoyens dans leurs relations avec l'administration vient compléter la loi de 1979 en prescrivant la conservation des données nominatives informatisées qui, bien que périmées, présentent un « *intérêt scientifique, statistique ou historique*[29] ».

---

[26] *Code des archives de France*, tome II, Paris, 1958, p. 9-10. Même argument utilisé tout récemment par les historiens de l'économie protestant contre la destruction d'archives anciennes à BNP-Paribas (archives du Comptoir national d'escompte) : « Les historiens économistes s'élèvent contre la destruction en cours d'archives de BNP Paribas, en appellent à la responsabilité sociale de la Banque et lui demandent de bien vouloir stopper immédiatement son opération de liquidation de documents d'un intérêt historique national et international. Ces documents qui touchent à l'histoire économique et financière française et européenne **appartiennent au patrimoine de la collectivité** (c'est moi qui souligne). C'est en tant que tels qu'ils intéressent les historiens, plus soucieux de restituer des réalités collectives que d'étudier des cas individuels ».

[27] Aujourd'hui articles L 211-2 et L 212-2 du code du patrimoine : il est intéressant de noter que depuis la nouvelle rédaction de l'article, en juillet 2008, l'utilité administrative a remplacé l'intérêt administratif.

[28] Aujourd'hui articles L 212-2 et L 212-15 du code du patrimoine : la nouvelle rédaction de l'article L 212-2, en juillet 2008, mentionne l'intérêt historique ou scientifique.

[29] Loi 2000-321 du 12 avril 2000, article 9 créant l'article 4 bis de la loi de 1979 sur les archives. Incorporé désormais dans le code du patrimoine, article L 212-3.

L'appartenance des archives au patrimoine a plusieurs conséquences juridiques dont certaines sont développées dans ce colloque :

- un régime commun de protection pour l'ensemble des biens culturels : contrôle à l'exportation, restitution des biens sortis illicitement de France, classement des trésors nationaux ;
- le pouvoir de contrôle de l'État sur l'ensemble du patrimoine public, qui prend la forme pour les archives du contrôle scientifique et technique exercé par la Direction des Archives de France sur les archives des collectivités territoriales [30] ;
- la gestion de l'ensemble du patrimoine de l'État par un corps statutaire de fonctionnaires, les conservateurs du patrimoine [31] : « *Les conservateurs du patrimoine exercent des responsabilités scientifiques et techniques visant à étudier, classer, conserver, entretenir, enrichir, mettre en valeur et faire connaître le patrimoine. Ils peuvent participer à cette action par des enseignements ou des publications. Ils concourent à l'application du code du patrimoine* ».

Les archives, un patrimoine en construction

Tout pourrait sembler clair et tranché désormais, après des décennies d'incertitudes. Et pourtant, force est de le constater, le caractère patrimonial des archives n'est pas toujours bien compris.

En premier lieu, ce caractère patrimonial des archives ne préexiste pas : c'est l'archiviste qui par son travail de collecte et de tri transforme des archives en patrimoine, contrairement aux autres domaines du patrimoine pour lesquels il n'y a pas transformation mais prise en charge d'objets sélectionnés par le temps, comme l'a mis en évidence le rapport Querrien de 1982 [32]. Le code du patrimoine est sans ambigüité sur la question en affirmant que tout document est archives dès sa création, quel que soit son sort final : conservation illimitée, destruction partielle ou totale. Toutes les archives ne deviennent pas archives historiques ; elles ne sont donc pas toutes patrimoniales.

---

[30] Le principe figure dans le code du patrimoine, article L 212-10.

[31] Décret n° 90-404 du 16 mai 1990 portant statut particulier du corps des conservateurs du patrimoine, article 3 modifié.

[32] « Pour une nouvelle politique du patrimoine ». Rapport au ministre de la Culture, juin 1982. Ce rapport a débouché sur la création de l'Institut national du patrimoine et sur le statut unique des conservateurs.

La théorie des trois âges ou du cycle de vie des documents, qui permet de distinguer entre archives à détruire et archives à conserver et d'établir les responsabilités des différents acteurs de la conservation et du tri, est implicitement admise dans l'article L 212-2 du code [33] :

« Article L 212-2. À l'expiration de leur période d'utilisation courante, les archives publiques [...] font l'objet d'une sélection pour séparer les documents à conserver des documents dépourvus d'utilité administrative ou d'intérêt historique ou scientifique, destinés à l'élimination. La liste des documents ou catégories de documents destinés à l'élimination ainsi que les conditions de leur élimination sont fixées par accord entre l'autorité qui les a produits ou reçus et l'administration des archives ».

En deuxième lieu, le caractère patrimonial des archives peut se heurter à d'autres intérêts, en particulier ceux de l'administration. Même historiques, les archives restent un outil potentiel de l'administration : elles sont donc susceptibles de conservation par les services producteurs, voire de reprise si elles avaient été versées, au risque d'une « balkanisation » dénoncée en son temps par Guy Braibant [34] ; ou, plus sûrement, d'une coupable négligence comme l'a souligné récemment l'*Audit de modernisation relatif à l'archivage* [35] conduit par le ministère du Budget, qui souligne la faible prise en compte par les ministères de la valeur stratégique de leurs archives. Pour parer aux dangers de mauvaise gestion et de destruction intempestive, la loi permet désormais, depuis juillet 2008, une externalisation encadrée de la gestion des archives courantes et intermédiaires, les archives patrimoniales demeurant de la compétence exclusive des services publics d'archives [36].

En dernier lieu, les archives constituent un patrimoine non directement accessible, puisque c'est même le seul pour lequel sont édictées des règles précises visant à en encadrer la communication, afin de garantir les secrets protégés par la loi, voire d'assurer le droit à l'oubli [37]. Ainsi, dans sa première rédaction, la loi informatique et liberté promulguée en 1978 conduisait à l'effacement automatique des données devenues inutiles pour leurs produc-

---

[33] Rédaction de juillet 2008.

[34] Guy Braibant, *Les archives en France. Rapport au Premier ministre*, Paris, La Documentation française, 1996, p. 85.

[35] *Audit de modernisation relatif à l'archivage. Rapport interministériel, juin 2007*, Paris, Direction générale de la modernisation de l'État, 2007, 126 p.

[36] Code du patrimoine, article L 212-4 modifié par la loi n° 2008-696 du 15 juillet 2008 relative aux archives.

[37] Outre les archives, le dépôt légal fait l'objet de dispositions sur l'accès dans le code du patrimoine qui rappelle que la consultation des documents conservés au titre du dépôt légal se fait dans le respect des règles de la propriété intellectuelle (article L 131-1).

teurs, sans envisager leur intérêt historique potentiel ni leur mise à la disposition de la recherche [38].

Paradoxalement, alors que les besoins de l'histoire justifieraient l'ouverture la plus large, ce sont les exigences démocratiques d'information des citoyens qui ont conduit à la réduction la plus sensible des délais, aboutissant en 2008 au principe de libre communicabilité des archives publiques, en vigueur depuis 1978 pour les documents administratifs [39] :

Code du patrimoine, article L 213-1 : « Les archives publiques sont, sous réserve des dispositions de l'article L 213-2, communicables de plein droit. »

Conclusion

Pour conclure, je voudrais attirer l'attention sur le fait que la complexité des archives comme objet de patrimoine entretient de grandes ambiguïtés, voire des tensions, quant à la responsabilité sur celles-ci.

Depuis deux cents ans, la littérature archivistique n'a de cesse de s'interroger sur le caractère administratif ou scientifique des services d'archives. Le rattachement de la Direction des Archives de France au ministère de la Culture, à sa création en 1959, a affirmé clairement le caractère historique des archives et le choix de l'État en la matière. Pour autant, la fonction « archivage » constitue un outil stratégique pour l'administration, ainsi que pour les entreprises, comme cela apparaît nettement lors d'affaires judiciaires ou de pertes informatiques dommageables.

Plutôt que d'opposer archives et patrimoine, qui participent d'un même processus, il serait souhaitable de donner corps à la définition légale des archives – qui sont archives dès leur création –, en identifiant les conditions d'un bon archivage administratif et patrimonial, en clarifiant les responsabilités à chaque étape de la chaîne, et en finançant toutes les missions afférentes, le ministère de la Culture et ses conservateurs du patrimoine ne pouvant à eux seuls tout embrasser. La « circulaire Jospin » de 2001 [40] et l'audit d'archivage déjà cité ont établi le diagnostic et envisagé des remèdes. Des

---

[38] Depuis 2004, l'intérêt historique potentiel de ces sources a été pris en compte et elles font l'objet désormais des mêmes règles de sélection que les autres archives (code du patrimoine, article L 212-3).

[39] Loi n° 78-753 du 17 juillet 1978 portant diverses mesures d'amélioration des relations entre l'administration et le public et diverses dispositions d'ordre administratif, social et fiscal.

[40] Circulaire du 2 novembre 2001 relative à la gestion des archives dans les services et établissements publics de l'État.

solutions sont expérimentées en quelques endroits [41]. Pourtant c'est une véritable politique d'archivage de l'État et des collectivités territoriales qui est désormais attendue [42] : de même que les archives définitives ont leurs services compétents (le réseau des services d'archives publics) et leurs spécialistes (les conservateurs du patrimoine), les archives courantes et intermédiaires doivent avoir les leurs, financés par les services producteurs, le contrôle à l'amont restant exercé par l'administration des archives [43]. Il est à souhaiter que l'affichage patrimonial de la Direction des Archives de France par son rattachement à la nouvelle Direction générale des patrimoines ne soit pas le signe d'un affaiblissement que d'aucuns craignent, mais l'affirmation d'un partage plus net et effectif des responsabilités sur les archives entre administration des archives et services producteurs. C'est à ce prix, pour plagier Paul Valéry, que les archives seront « l'avenir du passé [44] ».

---

[41] Voir la note d'information de la Direction des Archives de France DITN/RES/2007/006 du 23 juillet 2007 « Records management et gestion des archives courantes et intermédiaires dans le secteur public ».

[42] Comme l'affirme la note ci-dessus : « Dans tous les cas, une stratégie réussie en matière de « records management » n'est possible qu'avec l'appui hiérarchique au plus haut niveau au sein de l'organisme où des projets de cet ordre sont mis en œuvre (ministères, conseils généraux, préfectures, mairies, établissements publics…) ».

[43] Services intégrés ou externalisation, peu importe dès lors que la prise en compte est faite, dans le respect de la loi.

[44] *Cahiers*.

Archives et mémoire collective

Les Archives de l'Union européenne : un outil au service de la recherche historique et de la bonne gouvernance institutionnelle ?

JEAN-MARIE PALAYRET
Directeur des Archives historiques de l'Union européenne

Les contributions présentées au cours de ce colloque se réfèrent principalement à l'avenir des systèmes nationaux d'archives, la territorialité demeurant l'un des principes fondamentaux de l'organisation archivistique. De ce point de vue, la problématique soulevée par les Archives de l'Union européenne les apparente souvent, aux yeux des archivistes nationaux, à un « objet archivistique non identifié ».

Le système mis en place au sortir de la Seconde Guerre mondiale par Jean Monnet et les « Pères fondateurs de l'Europe », ne visait-il pas à créer un type de solidarité inédite, et à instaurer un nouveau genre d'organisation internationale, dite « supranationale », dont les institutions et les agents se caractérisaient par leur indépendance par rapport aux États, lesquels abandonnaient à la Communauté ainsi créée une part de leur souveraineté ? Cependant, la Communauté ne disposait pas, jusqu'au traité de Maastricht, des instruments légaux lui permettant d'intervenir dans le domaine culturel, dont le patrimoine archivistique est partie intégrante, ou dans le domaine de l'information des citoyens, base de toute libéralisation de l'accès aux documents. Enfin, si les archives étaient indispensables au niveau de la pratique administrative pour assurer l'authenticité et la transmission documentaire dans le jeu complexe des navettes interinstitutionnelles (proposition de la Commission, consultation du Parlement européen, décision du Conseil des ministres) et l'exercice du pouvoir normatif confié à la Communauté, le « déficit démocratique » dont souffrait cette dernière à ses débuts n'impliquait aucune notion de « document recours » ou de « culture d'ouverture » destinés à un citoyen européen qui restait amplement virtuel.

Confrontés à ce relatif « vacuum réglementaire », administrateurs et archivistes et autres responsables de la production et de la gestion documentaire ne sortaient pas du néant. Ils empruntèrent aux formations et traditions de leurs pays d'origine. Ils ne pouvaient faire totalement abstraction des législations nationales, ne fut-ce qu'en raison de l'interaction constante existant entre les administrations nationales et l'administration communautaire, ou des nombreux documents originaires des États membres reçus et conservés par cette dernière. En conséquence, au moment d'élaborer ses premiers règlements d'archives, la Communauté naissante s'est inspirée à la fois des législations des États membres et de la réglementation des organisations internationales préexistantes.

I – Le système archivistique institutionnel de l'Union européenne

A – Un cadre légal longtemps marqué par l'empirisme

Les Archives de l'Union européenne se placent, du point de vue juridique, au confluent de deux traditions, celle des organisations internationales, et celle des États membres : Charles Kecskemeti, Secrétaire général du Conseil international des archives a défini en ces termes le cadre juridique des organisations internationales :

« Chaque institution est le possesseur de ses archives à perpétuité, et si celle-ci cesse d'exister, ses archives sont transférées à l'institution qui reprend ses attributions [...] Les accords de siège passés entre les organisations intergouvernementales et les gouvernements des pays-hôtes spécifient toujours que les archives sont la propriété de l'organisation et qu'elles sont inviolables » [1].

Il existe donc une doctrine et des instruments juridiques qui protègent l'intégrité et la confidentialité des archives de l'Union européenne, intégrité que l'État d'accueil est tenu de protéger contre toute violation.

Pendant longtemps, il n'exista en revanche ni doctrine, ni instruments susceptibles d'imposer à ces organisations l'obligation d'organiser, de sauvegarder ou de rendre accessibles leurs archives. Les premiers textes auxquels on peut se référer en la matière furent les résolutions de 1984 et 1989 du Comité administratif de coordination des Nations unies recommandant à toutes ses agences de préserver la mémoire institutionnelle et de se doter d'un système d'archives et les résolutions émises par la section des archivis-

---

[1] Charles Kecskemeti, « Towards an Archival Policy in Major Intergovernmental Systems », in *International Congress of Historical sciences,* Madrid, August 1990.

tes des organisations internationales du Conseil international des archives, concernant les programmes d'archivage et l'accès du public auxdites archives [2].

B – L'ouverture au public des archives historiques communautaires

C'est au début des années quatre-vingt que la Commission européenne prit conscience de la nécessité d'ouvrir ses archives historiques et celles des autres institutions communautaires au public. La première Communauté supranationale, la Communauté européenne du charbon et de l'acier allait fêter son trentième anniversaire, délai usuel en Europe occidentale pour la communication des archives publiques, et la communauté scientifique, représentée auprès de la Commission par le « Groupe de liaison des professeurs d'histoire contemporaine [3] », accentuait ses pressions pour obtenir l'accès aux documents communautaires.

Dans une communication au Conseil du 29 avril 1981, la Commission justifiait sa décision par les motivations suivantes :

- imiter les autres organisations internationales qui, telles les Nations unies, l'Union de l'Europe occidentale ou le Conseil de l'Europe, avaient ouvert leurs documents anciens aux chercheurs ;
- susciter l'intérêt de l'opinion pour les activités de la Communauté en encourageant les recherches sur le processus d'intégration ;
- accroître la visibilité des mécanismes institutionnels et opérationnels communautaires, difficilement compréhensibles aux yeux des citoyens européens, pour favoriser leur adhésion aux objectifs de la Communauté [4].

---

[2] On verra à ce propos le point 5 des résolutions du XIIIe Congrès international des archives, tenu à Beijing, en septembre 1996. Cf. « Actes du XIIIe Congrès international des archives » Beijing, 2-7 septembre 1996, in *Archivium,* vol. XIII, 1997, p. 377.

[3] Groupe plurinational d'universitaires constitué près la Commission pour organiser des colloques et organiser les recherches sur l'histoire de la construction européenne, il comprenait des professeurs éminents : René Girault, Raymond Poidevin, Alan Milward, Ennio Di Nolfo, Hans Peter Schwarz, Gilbert Trausch et Michel Dumoulin.

[4] Jean-Marie Palayret, « Privacy et raison d'État versus Transparency et légitimité démocratique. Evolution et révolution en matière d'accès aux documents des institutions européennes », in *Revue des Archives fédérales suisses*, cahier 14, printemps 2003 p. 73-79.

Au moment d'élaborer ses premiers règlements d'archives, la Communauté naissante s'inspira de ceux d'autres organisations internationales préexistantes, mais aussi des lois d'archives en vigueur dans les États membres.

Le règlement CEE, Euratom n° 354/83 du 1er février 1983 et la Décision CECA n° 359/83 du 5 février 1983, premiers textes relatifs à l'ouverture au public des archives historiques des Communautés européennes, qui constituent les actes fondateurs du système d'archives institutionnel, sont marqués par cette ambivalence :

- ils se singularisent par la grande indépendance laissée à la CECA et à la CEE/CEEA en matière de conservation et de déclassification de leurs archives : les institutions, propriétaires de leurs archives, sont libres de déposer leurs archives historiques où bon leur semble ; chaque institution s'est dotée de son propre service d'archives, principe qui s'est également traduit, en décembre 1984, par la décision des institutions de déposer les originaux de leurs archives historiques à l'Institut universitaire européen de Florence ; certains documents, comme les dossiers du personnel des Communautés, les documents contenant des données personnelles, les affaires portées devant la Cour de justice, ou concernant les résultats des recherches nucléaires effectuées dans le cadre d'Euratom, sont déclarés incommunicables sans précision de délais ou non déclassifiables ;
- ils adoptent le délai d'ouverture trentenaire et la définition des archives « historiques » communément admis en Europe occidentale.

C – Une infrastructure archivistique éclatée

Chaque institution dispose, à Bruxelles ou à Luxembourg, de son propre service d'archives, rattaché selon les cas au secrétariat général, à la présidence, voire à la bibliothèque. Dans chaque institution, les documents de valeur historique sont déclassifiés, évalués, classés et inventoriés avant d'être transférés, par tranches annuelles et à l'échéance d'un délai de trente ans, aux Archives historiques de l'Union européenne – attachées à l'Institut universitaire européen de Florence – qui assurent leur conservation permanente (près de 6 000 ml), l'harmonisation des descriptions (normes ISAD/G et ISAAR.CPF) et la mise en accès au public via des inventaires en ligne et la communication dans leur salle de lecture. Depuis peu s'y ajoutent la numérisation et la diffusion des documents sur le site web des Archives [5] (base de données FLORA des AHUE, base DORIE de la Commission). L'originalité de Florence réside aussi dans la collecte et le traitement des archives privées de personnalités, mouvements et organisations ayant joué un rôle éminent dans le processus de construction européenne des années trente à nos jours.

Ces archives sont de plus en plus consultées par les chercheurs (plus de 800 séances de travail enregistrées et 12 600 dossiers communiqués en salle ou en ligne en 2008) qui y trouvent non seulement des documents de référence sur l'histoire institutionnelle et la mise en œuvre des principales politiques communes, mais aussi, cumulées au dépouillement des archives des ministères des Affaires étrangères des États membres, sur la mécanique complexe des négociations communautaires ou le rôle de personnalités emblématiques comme Jean Monnet, Sicco Mansholt, Robert Marjolin, Walter Hallstein, Altiero Spinelli ou, plus près de nous, Jacques Delors. Chaque année, plus de 60 thèses ou articles sont publiés sur la base des sources conservées à Florence.

II – La révolution de l'accès aux archives courantes

Longtemps marquée par l'empirisme, la réglementation en matière d'accès aux documents de la Communauté/Union européenne a connu depuis 1993 une véritable révolution sous l'influence de deux facteurs : l'extension spatiale et normative des prérogatives communautaires suite aux élargissements et à l'Acte unique et son corollaire, l'exigence d'une meilleure transparence et « gouvernance » des institutions en charge des politiques européennes communes.

Jusqu'à la fin des années quatre-vingt prévalait une tradition de confidentialité qui relevait de raisons historiques. La construction européenne à ses débuts avait été l'affaire d'une élite éclairée, peu soucieuse d'une opinion considérée comme demeurée majoritairement nationaliste, et d'une diplomatie opérant dans la discrétion. La démarche allait perdre de sa crédibilité après 1987, lorsque des centaines de directives et règlements liant les gouvernements des États membres et le secteur privé furent pris à huit clos dans les instances de la Commission et du Conseil pour établir le marché unique.

La question devint brûlante lorsque le Traité de Maastricht (7 février 1992) portant création de l'Union européenne définit la notion de citoyenneté européenne. La Déclaration n° 17, annexée au traité, soulignait déjà la

---

[5] Adresse : http://eui.eu/ECArchives/EN/

nécessité de « rendre le processus décisionnel transparent pour renforcer le caractère démocratique des institutions et la confiance des citoyens à l'égard de l'administration communautaire » [6]. Les référendums danois et français qui suivirent firent sur les eurocrates et les leaders européens l'effet d'un électrochoc, en leur faisant réaliser la suspicion que pouvaient engendrer des décisions prises sans le consentement des opinions publiques. Pour rapprocher les institutions de l'Union des citoyens, démocratie, subsidiarité et transparence devinrent les mots d'ordre à suivre. Cette inflexion aboutit, dans un premier temps (décembre 1993-février 1994) à l'adoption conjointe d'un « Code de bonne conduite » pour la Commission et le Conseil qui constitua un volet complémentaire essentiel de leur politique d'information et de communication, mais laissait subsister un grand nombre d'exceptions à l'accès, en particulier les documents internes de la Commission et les procès-verbaux des délibérations du Conseil [7]. Pour la Commission, la revue bisannuelle du code effectuée par le médiateur européen évoquait « les difficultés constatées dans l'application du code, dues au fait que la culture d'ouverture manque encore chez les fonctionnaires ». La transparence était moins grande encore au Conseil qui avait converti le code conjoint en une décision promettant « le plus large accès possible à ses documents » y incluant une exception de taille invoquant « la nécessité de protéger les intérêts de l'institution par la confidentialité de ses délibérations ». En réalité, une majorité d'États membres considéraient, dans la pratique, que tout document révélant un point de vue national devait être réservé, ce qui aboutissait à imposer un véritable « black out » sur les délibérations du Conseil [8].

Les années 1997-2000 ont connu « la plus grande avancée vers la création d'une Europe du citoyen [9] ». En 1995, l'élargissement de l'Union aux pays scandinaves, qui disposaient d'un *Freedom of Information act*, depuis 1776, et qui intégraient le droit à l'information dans leurs Constitutions, accentua

---

[6] Ian Thomson, « The emergence of the Transparency Theme », in Veerle Deckmyn and Ian Thomson, eds. *Openness and Transparency in the European Union,* European institute of public administration – Maastricht, 1998, p. 1-8.

[7] *J.O des Communautés européennes*, 18.2.1994. Décision de la Commission du 8 février 1994 relative à l'accès du public aux documents de la Commission (94/90 CECA/CE/EURATOM). Pour plus de détails, on pourra consulter le *Guide sur l'accès au public des documents de la Commission*, Commission européenne, Secrétariat général, Bruxelles, 1996.

[8] Pour une justification de la position du Conseil, cf. Hans Brunmayr, « The Council's Policy on Transparency » in Veerle Deckmyn, Ian Thomson, *Openness and Transparency in the European Union, op. cit.*, p. 69 -74.

[9] Rapport annuel 2000 du médiateur européen, M. Soderman, à la commission des pétitions du Parlement européen, 17 avril 2001.

un mouvement qui allait bousculer l'approche « sécuritaire » qui avait prévalu jusqu'alors en matière d'accès aux documents communautaires. En 1997, le Traité d'Amsterdam, dans son article 255, octroyait aux citoyens et résidents des États membres un droit d'accès aux documents internes des trois institutions majeures, Commission, Conseil, Parlement sans délai et sans que ceux-ci eussent à justifier leurs demandes. Cet article, ainsi que le Livre blanc publié par la Commission en novembre 2001 sur la « bonne gouvernance » proclamée lors du Sommet des Chefs d'État et de gouvernement de Nice (décembre 2000) visaient surtout à assurer une meilleure participation des citoyens au processus décisionnel communautaire et à garantir un accès aussi large que possible aux documents dans le cas où les institutions agissaient en qualité de « législateur », ce qui explique la distinction alors faite entre ces trois institutions et les autres (Cour de Justice, Cour des comptes, Comité économique et social, Comité des régions, Agences).

Les principes et limites régissant ce droit d'accès ont été fixés par le Règlement CE n° 1049/2001 du 30 mai 2001. Ce texte a fait l'objet d'un accord à l'arraché entre le Parlement européen, tenant de la transparence totale, la Commission et le Conseil des ministres désireux de garantir un certain niveau de sécurité et de confidentialité. Le Conseil désirait en particulier conserver le droit de classifier toute une catégorie de documents intéressant la PESD ou sur le troisième pilier (coopération en matière de justice et de police) [10]. La Commission estimait qu'un « espace de réflexion devrait être réservé » et plaidait en faveur de l'introduction dans le dispositif d'un « test de dommage » au titre duquel lorsqu'un organe examinerait la question de l'accès à certains documents internes, notamment « préparatoires », la nécessité de protéger devrait être mise en balance avec l'intérêt supérieur du public d'avoir accès à de tels documents informels. En dépit de ces résistances, sous la pression conjuguée des pays nordiques (Suède, Finlande, Danemark, Pays-Bas) et de certains groupes de pression spécialisés dans la défense des libertés civiles et du droit à l'information (Statewatch, Fédération européenne des journalistes) la tradition de secret et d'opacité qui protégeait les activités de la Commission, mais surtout du Conseil, allait être rompue.

Le nouveau Règlement, publié au *JOCE* du 30 mai 2001 [11], a marqué le point d'aboutissement du processus de démocratisation de l'accès en levant

---

[10] Pour une vision plus complète des discussions entre Conseil et Parlement européen (commission des libertés et des droits des citoyens) à propos de l'élaboration du Règlement, cf. Mirella Monbelli Castracane, Luigi Caiani, *L'Europa dell'idendità e della transparenza. I cittadini dell'UE e il diritto di accesso ai documenti riservati.* Rubbettino, Milan, 2008, p. 39-46.

[11] Règlement (CE) n° 1049/2001, publié au *JO* L 145 du 31.5.2001, p. 43.

les ultimes barrières qui entravaient la communication des documents produits et reçus par le Conseil, la Commission et le Parlement européen, tout en garantissant le niveau de sécurité nécessaire à l'image, au bon fonctionnement des institutions et au respect de la vie privée ou de l'intérêt des pays membres.

Il prévoit que les documents dits « sensibles » ne sont pas exclus *a priori* du champ d'accès au public mais bénéficient d'un régime spécifique. Les institutions refusent l'accès d'un document dans le cas où sa divulgation porte atteinte à la protection :

— de l'intérêt public en ce qui concerne la sécurité publique, la défense et les questions militaires, les relations internationales, les politiques financières, monétaires ou économiques de la Communauté ou de l'un de ses États membres ;
— du respect de la vie privée et de l'intégrité des individus, dans le contexte de la protection des données personnelles ;
— des intérêts commerciaux, y compris la propriété intellectuelle, à moins qu'il n'y ait un intérêt public supérieur justifiant sa divulgation.

La protection des documents est au maximum de trente ans mais peut être prolongée dans certains cas.

Les principales innovations introduites dans ce règlement sont les suivantes :

— l'accès est étendu aux documents provenant de tiers,
— un registre de documents sera mis à la disposition du public par chaque institution pour en faciliter l'accès,
— les délais de réponse sont réduits à quinze jours ouvrables,
— la possibilité, pour le requérant qui se voit opposer un refus d'accès, de faire appel de la décision devant le médiateur ou le tribunal de première instance de l'UE.

Le règlement ne modifie pas les législations applicables en matière d'accès dans les États membres. Conformément au principe de loyauté régissant les rapports entre les institutions communautaires et les États membres, (art. 10 du traité CEE), les institutions consultent l'auteur avant de prendre une décision définitive sur la divulgation du document.

En décembre 2001, les trois institutions concernées ont publié leurs règlements d'application internes. L'année suivante, Commission, Parlement et Conseil ont établi des registres facilitant l'identification des documents (ils contiennent la cote et la description succincte incluant le service de provenance, le statut juridique ou la catégorie, le lieu d'archivage et les langues disponibles). La Commission a ainsi produit un registre répertoriant certaines catégories de documents législatifs : documents portant les cotes COM (communications), et SEC (documents internes) ainsi que les procès-verbaux des réunions de la Commission produits depuis le 1er janvier 2001.

Le règlement est d'application depuis le 3 décembre 2001. Les rapports soumis par différentes institutions, par le médiateur européen et surtout une première évaluation de la mise en œuvre du règlement publiée par la Commission le 30 janvier 2004 ont conclu à son bon fonctionnement : il a entraîné une forte et constante augmentation des demandes d'accès aux documents (environ 50 % d'augmentation par an en ce qui concerne les demandes d'accès auprès de la Commission) et de leur divulgation au public (66 % en moyenne des demandes satisfaites avec un pic de 80 % pour le Parlement européen, ce qui s'explique en grande partie par la nature publique de ses débats) ; il a garanti, avec les exceptions prévues, une protection adéquate des intérêts légitimes des institutions ou des tiers. Cependant, l'évaluation a également fait ressortir que le Conseil a interprété le règlement 1049 de façon restrictive, n'appliquant pas les règles prévues pour assurer la publicité des négociations entre délégations nationales, classifiant comme réservés les ordres du jour des réunions du groupe à haut niveau et du groupe de travail CEE-USA, au motif que les autorités américaines s'opposaient à leur publication. Concernant les bénéficiaires, il a remarqué que si les citoyens ont été de plus en plus nombreux à faire usage de leur droit d'accès, la plupart des demandes ont émané de spécialistes des affaires européennes (opérateurs économiques, cabinets d'avocats, ONG et monde académique). L'importance des lobbies est confirmée par les principaux domaines d'intérêt : les affaires de concurrence (aides d'État), la fiscalité, le marché intérieur, l'environnement, les marchés publics (Commission), ainsi que la justice et la sécurité (Conseil). Les demandes ont souvent trait à des dossiers spécifiques complets intéressant une question déterminée. De nombreuses demandes concernent des litiges (informations éventuellement utiles pour l'introduction d'une plainte ou la saisine d'une juridiction). La Commission a toutefois estimé qu'il n'était pas nécessaire de modifier le règlement à brève échéance, dans la mesure où, en tout état de cause, il devrait être réexaminé après l'entrée en vigueur du traité établissant une Constitution pour l'Europe.

Depuis cette première évaluation, l'expérience et l'émergence d'un corpus juridictionnel nouveau concernant l'interprétation du règlement ou l'adoption d'un règlement (CE) n° 1367/2006 appliquant la convention d'Aarhus aux institutions et organes de la Communauté, qui renvoie au règlement CE n° 1049/2001 pour l'accès aux documents contenant des informations environnementales, ainsi que le règlement d'un certain nombre de plaintes par le médiateur européen, ont conduit à la nécessité de modifier le règlement. Lorsque la Commission a décidé, le 9 novembre 2005, de lancer une « initiative européenne en matière de transparence » appelant à une plus grande ouverture, celle-ci a prévu le réexamen du règlement n° 1049/2001. Dans le même temps, dans une résolution du 4 avril 2006, le Parlement européen a appelé à présenter des propositions de modifications au règlement. Enfin, dans ce contexte, la nouvelle politique de publicité des délibérations du Conseil (2006) a revêtu une importance particulière.

Au titre de la première étape du processus de réexamen, la Commission a publié, le 18 avril 2007, un Livre vert sur « l'accès du public aux documents détenus par les institutions de la Communauté européenne » qui a servi de base à une consultation publique sur le sujet : la Commission a invité les citoyens, des organisations de la société civile, les opérateurs économiques, des autorités publiques et d'autres organisations intéressées par les affaires européennes à commenter le régime d'accès et à réagir aux options présentées dans ledit document [12]. La Commission a reçu un total de 81 contributions au Livre Vert, dont 30 des ONG et de la société civile (Statewatch), 25 des autorités publiques (représentations des États membres et associations professionnelles), 14 du monde de l'entreprise et 12 de citoyens (presque tous axés sur la nécessité du recours à un *open system* pour l'accès aux documents).

Il convient tout d'abord de signaler à titre liminaire que la majorité des répondants se sont interrogés sur la réelle opportunité d'engager une révision d'ensemble du règlement 1049/2001 à la lumière des résultats positifs déjà obtenus au cours des années précédentes et du point d'équilibre jugé satisfaisant entre transparence et protection des intérêts légitimes. Ils ont estimé toutefois que des améliorations pourraient être envisagées, concernant les points suivants [13] :

---

[12] *Green paper* publié sur le site Europa : http://ec.europa.eu/transparency/revision/index_en.htm *"Review of the Rules on access to documents. Regulation 1049/2001"*.

[13] *Ibid.* : "Consultation process".

1) Diffusion active : les opinions convergent sur la nécessité d'une plus grande facilité d'accès et d'harmonisation des sites Internet. Une interface commune incluant des hyperliens aux websites des différentes institutions devrait être mise en place. La portée des registres devrait être étendue. Ceux-ci ne contiennent pas tous les documents détenus par les institutions mais principalement des références aux documents rédigés et échangés entre les institutions dans le cadre du processus législatif de l'UE. Or la définition de « document législatif » visée à l'article 12 du règlement est insuffisamment précise. Il est prévu de remanier cette disposition en y ajoutant l'accès direct aux « actes non législatifs d'application générale ».

2) Notion de document : le sentiment général est que la définition large actuellement en vigueur devrait être conservée. Elle devrait inclure les données contenues dans des bases de données, pour autant qu'elles puissent être extraites sous une forme lisible.

3) Bénéficiaires : il est prévu d'étendre l'accès à toute personne physique et morale, indépendamment de sa nationalité et de son État de résidence.

4) Traitement des demandes manifestement excessives et volumineuses. Une faible majorité d'États membres ainsi que le secteur privé sont favorables à des mesures spécifiques dérogeant aux règles normales lorsque la charge administrative engendrée par un examen concret des documents dépasse ce qui peut être raisonnablement exigé. La solution – préconisée par la plupart des répondants – pourrait résider dans l'allongement du délai prévu (15 jours ouvrables) pour la réponse. Le médiateur européen, une importante minorité d'États membres et les ONG s'opposent à l'application de règles spécifiques. On s'oriente vers la proposition d'étendre la capacité de demander des éclaircissements conformément à l'article 6, paragraphe 2. Les demandes confirmatives seraient traitées dans un délai de trente jours.

5) La capacité des États membres à s'opposer à la divulgation de documents émanant de ces États membres (art. 4, §5 du règlement). Le Parlement souhaitait limiter et mieux définir le droit des États membres à s'opposer à la divulgation de leurs documents. Ce point a été clarifié par un arrêt de la Cour de Justice. La Cour a, le 18 décembre 2007, annulé l'arrêt du tribunal de première instance de 2004 concernant le droit des États membres de s'opposer à la divulgation, par les

institutions, de documents émanant d'eux (lorsque l'État membre d'origine demande qu'un document ne soit pas divulgué, la demande d'accès à ce document est régie par les dispositions nationales pertinentes et non par le règlement). Les institutions consulteront toujours les autorités de l'État membre lorsqu'elles recevront une demande d'accès à un document émanant de cet État membre. Si celui-ci indique les raisons de ne pas divulguer sur la base du règlement n° 1049/2001 ou de règles applicables similaires ou spécifiques figurant dans sa législation nationale, l'institution refusera l'accès à ces documents.

6) Précisions au régime des exceptions : Commission et Parlement souhaitent y ajouter la protection des procédures de sélection (concours administratifs) afin d'en sauvegarder l'objectivité et l'impartialité.

7) Respect du secret professionnel. Le principe de transparence établi par l'article 255 du traité CE est contrebalancé par l'obligation de respecter le secret professionnel énoncée à l'article 287. Ce point revêt une importance toute particulière dans la politique de concurrence, où la Commission détient des informations fournies par les entreprises, mais aussi dans les affaires de marchés publics. Les représentants du secteur privé et des entreprises tiennent particulièrement au maintien de la confidentialité sur de tels documents.

8) Alignement du règlement n° 1049/2001 sur la Convention d'Aarhus. Le 6 septembre 2006, le Parlement et le Conseil ont adopté le règlement CE n° 1367/2006 concernant l'application de la Convention d'Aarhus sur l'accès aux informations environnementales, la participation du public au processus décisionnel et l'accès en justice en matière d'environnement. Les règles se chevauchent en partie et les exceptions au droit d'accès fixées dans les deux règlements ne sont pas identiques. La proposition d'aligner le règlement sur les dispositions relatives à l'accès aux informations environnementales a reçu un large soutien. Les réserves émises proviennent principalement d'ONG environnementales et des secteurs de la chimie et des biotechnologies.

9) Protection des données à caractère personnel. La pratique actuelle, qui consiste à caviarder les noms et les données personnelles figurant dans les documents à divulguer, est perçue comme trop restrictive, en particulier lorsque des personnes agissent en qualité d'autorité publique. Le tribunal de première instance a statué sur cette question. La

plupart des répondants ont estimé que l'octroi d'un accès partiel aux documents, expurgés des données à caractère personnel, est un compromis satisfaisant permettant d'assurer à la fois la transparence et la protection des données à caractère personnel.

10) Délai d'application des exceptions. Le règlement reste muet sur l'applicabilité des exceptions dans le temps : la fixation d'un délai précis d'applicabilité concernant certaines exceptions (protection des inspections, enquêtes et audits, procédures d'infraction, les actions en justice, les décisions pendantes concernant les secteurs non législatifs) permettrait de concilier les impératifs de confidentialité avec les intérêts de transparence. Ces documents ne seront pas accessibles au public tant que l'enquête n'est pas close ou que l'acte n'est pas définitif. L'expérience a montré qu'il y avait lieu de refuser d'accéder aux documents concernant des procédures juridictionnelles, d'arbitrage ou de règlement des litiges.

Conclusion

C'est bien d'une révolution des mentalités dont il s'est agi. L'action du médiateur européen et des États membres riches d'une tradition de *freedom of information*, jointe au souci grandissant de *transparency and accountability* partagé par nombre de gouvernements des États membres et par les eurodéputés après les « affaires » qui ont éclaboussé la commission Santer et le rejet du projet de Constitution, puis du traité de Lisbonne, lors des référendums français, néerlandais et irlandais, attribués en partie au défaut de communication, sont parvenus à alléger des procédures qui trahissaient (surtout au sein du Conseil) une forte tentation sécuritaire. Si l'Union européenne peut aujourd'hui se targuer d'un des modèles les plus avancés en matière d'accès au sein du groupe des organisations intergouvernementales, la bataille de l'ouverture n'est pas gagnée pour autant, comme l'observent les rapports du médiateur ou la récente résolution – déposée en décembre 2009 [14] – par les parlementaires européens, reprochant à la Commission européenne de ne pas avoir modifié sa proposition malgré ses appels à le faire

[14] *Agence Europe*, bulletin quotidien n° 10045, 22 décembre 2009, « Le PE estime que la mise à jour des règles sur l'accès aux documents est urgente ».

Quelles spécificités pour les archives privées ?

CHRISTINE DE JOUX
Direction des Archives de France, cellule des archives privées

Si l'accent a été mis, dans la loi du 15 juillet 2008, sur les dispositions relatives à la communication des archives publiques, les archives privées n'y conservent pas moins la place éminente qu'elles occupaient dans la loi du 3 janvier 1979. Celle-ci leur consacrait près de la moitié de ses articles sans en donner pour autant d'autre définition qu'une définition par défaut : les archives privées resteront donc « l'ensemble des documents définis à l'article L.211-1 qui n'entrent pas dans le champ d'application de l'article L.211-4 », autrement dit, l'immense multitude des fonds et des documents qui ne procèdent pas de « l'activité de l'État, des collectivités territoriales, des établissements publics et des autres personnes morales de droit public ou des personnes de droit privé chargées d'une mission de service public ».

À cette catégorie d'archives, qui recouvre des réalités multiples, des archives personnelles ou familiales aux archives de partis politiques en passant par les archives d'entreprises et d'associations, s'appliquent, en principe, des règles de droit privé, qui régissent en particulier leur mode de dévolution et leur utilisation. Cependant, dès lors qu'elles présentent un intérêt qui justifie leur entrée dans les collections publiques ou la mise en œuvre de mesures de protection lorsqu'elles se trouvent en mains privées, elles sont soumises à des dispositions exorbitantes du droit commun, qui les distinguent des autres biens culturels et leur assurent un statut original dans le corpus de lois rassemblées dans le code du patrimoine.

Il est intéressant d'examiner comment le législateur a progressivement pris en compte cette catégorie d'archives et comment a pu se constituer ce corpus de dispositions spécifiques, qui a trouvé place dans la loi de 1979.

Pour la première fois, des dispositions visant à la protection des archives privées s'accompagnent de mesures destinées à favoriser l'enrichissement des collections publiques.

En matière de protection, la loi du 3 janvier 1979, puis celle du 15 juillet 2008 se sont largement inspirées du décret-loi du 17 juin 1938, et nous verrons que la plupart des dispositions relatives aux archives privées découlent de la volonté de protection qui est à l'origine de ce texte.

L'intérêt des archives privées pour l'écriture de l'histoire s'affirme à la fin du XIXe et l'on ne se privera pas de citer une nouvelle fois l'ardent plaidoyer du marquis de Vogüé sur « les services que peuvent rendre les archives privées et les devoirs qui incombent à ceux qui les possèdent » [1]. Même si les services d'archives ne pratiquent qu'une politique de collecte encore balbutiante, des enquêtes sont néanmoins lancées pour connaître les fonds privés et pour les localiser. Cependant, ces actions de sensibilisation se révèlent insuffisantes pour éviter dispersions et disparitions.

La loi du 31 décembre 1913 ayant mis en place un dispositif relatif à la protection des biens mobiliers et à leur classement au titre des monuments historiques, sans y intégrer explicitement les archives, il paraissait pertinent de soumettre ces dernières à un régime similaire. Au reste, il était d'autant plus urgent d'intervenir que des fonds prestigieux étaient menacés de dispersion et qu'en particulier la vente, à Londres, des archives du maréchal Berthier, risquait d'entraîner d'autres démembrements et faisait peser de sérieuses menaces sur les archives en mains privées. C'est donc par un décret-loi, qui, après l'avis du Conseil des ministres, fut soumis à la signature du Président de la République puis au contre-seing du président du Conseil, des ministres de l'Éducation nationale, des Finances, de la Marine militaire, des Affaires étrangères et des Colonies, que se virent assimilés au régime des objets mobiliers « les documents d'archives détenus par des particuliers, dont la conservation présente du point de vue de l'Histoire un intérêt public ».

L'exposé des motifs de ce décret-loi mérite que l'on s'y arrête [2]. Les termes n'en sont pas anodins. Il affirme en effet que les fonds d'archives visés par ces dispositions ont « jusqu'à un certain point perdu le caractère d'une propriété individuelle et que la recherche historique [a] des droits sur eux ». De surcroît, les propriétaires sont considérés comme de simples

[1] Marquis de Vogüé, « Discours sur l'importance des archives de famille », dans *Annuaire - bulletin de la Société de l'Histoire de France*, 1891, p. 89-105.

[2] *Manuel d'archivistique*, Paris, 1970, p. 83-84.

« détenteurs », ce qui semble introduire un doute d'autant plus fort sur leur droit de propriété que les fonds qu'ils détiennent, transmis au fil des générations et « constitués en quelque sorte automatiquement au cours des âges », ne leur ont « coûté ni effort ni argent ». Le contexte politique explique en partie le caractère quelque peu revendicatif de ce discours. Ces dispositions devaient, à l'origine, être intégrées à un projet de loi plus générale sur les papiers publics déposé en 1936 sur le bureau de la Chambre des députés. Ce projet ayant pris quelque retard, c'est donc l'urgence imposée par la vente déjà citée des papiers Berthier qui a déterminé l'adoption de ce dispositif autonome visant uniquement la protection des archives privées et consacrant leur singularité parmi les catégories d'objets que l'on n'appelait pas encore « biens culturels ».

Le règlement d'administration publique pour l'application de ce décret-loi, pris le 13 janvier 1940, prévoyait trois mesures, qui reprenaient les dispositions de la loi de 1913 : l'inscription sur une liste, qui constitue un système de protection mineur, le classement avec le consentement écrit du propriétaire, le classement d'office après avis du Conseil d'État. Comme pour les biens visés par la loi de 1913, les archives classées sont imprescriptibles et leur exportation est interdite.

Les « détenteurs », craignant, sans doute à tort, que leurs papiers ne fassent l'objet de revendications de la part de l'État, ne manifestèrent guère d'enthousiasme pour ce nouveau dispositif. Ce n'est qu'en raison des menaces liées à la Seconde Guerre mondiale que quelques-uns uns d'entre eux sollicitèrent le classement de leurs fonds, afin de se prémunir contre une exportation éventuelle. Tel fut le cas, en 1941, des archives du duché d'Uzès, de celles du château d'Arlay ou encore du riche fonds de l'armateur bordelais Gradis. Toutefois, il fallut toute la persévérance et la diplomatie déployées par Charles Braibant, directeur des archives de France, au lendemain de la guerre, pour dissiper le malentendu qui s'était installé entre l'État et les propriétaires, lesquels ne furent pas nombreux, pour autant, entre 1945 et 1979, à solliciter le classement de leurs fonds d'archives.

La loi du 3 janvier 1979 a efficacement contribué à clarifier la situation des archives privées, en affirmant la capacité des services publics d'archives à les accueillir et à les collecter, en leur donnant des moyens juridiques pour accomplir ces missions, tout en maintenant et en développant le dispositif de protection mis en place en 1938.

De même que les objets mobiliers, les archives « présentant du point de vue de l'histoire un intérêt public » peuvent être classées comme archives historiques par décision de l'autorité administrative ou à la demande de leur propriétaire. De la même façon, si leur état l'exige, et à défaut du consentement de leur propriétaire, le classement peut être prononcé d'office par décret pris sur avis conforme du Conseil d'État, et cette disposition peut alors donner lieu au paiement d'une indemnité « représentative du préjudice pouvant résulter, pour le propriétaire, de la servitude du classement d'office ».

Les servitudes qui découlent du classement sont sensiblement les mêmes pour les archives et pour les objets mobiliers : obligation pour le propriétaire de se soumettre à un droit de visite, obligation de notifier dans des délais fixés par décret tout déplacement d'un lieu dans un autre, de faire connaître tout projet et tout accomplissement d'aliénation dans un délai fixé par décret, interdiction, sauf autorisation de l'administration, de soumettre les archives classées à des opérations susceptibles de les modifier ou de les altérer.

La loi du 15 juillet 2008 introduit quelques modifications, qui visent à mieux encadrer les opérations de déplacement et d'aliénation des archives classées.

Il est important de remarquer qu'il n'est nulle part question d'une obligation pour le propriétaire de conserver le fonds dans son intégrité. C'est là assurément que réside le principal écueil de la loi. Comment faut-il comprendre les verbes « modifier » et « altérer » ? Si l'on se réfère au règlement d'administration de 1940 déjà cité, l'on observe qu'ils ne visent que des opérations matérielles (les documents classés ne peuvent « notamment être collés, doublés, restaurés ou exposés à l'action de réactifs chimiques ou de radiations » sans l'autorisation de l'administration.).

Peut-on considérer, par extension, qu'il s'agit également d'opérations visant à démembrer les ensembles et à porter atteinte ainsi à leur unité, au mépris du principe du respect des fonds ? Les travaux préparatoires de la loi du 15 juillet 2008 ne laissent malheureusement aucun doute à cet égard : il s'agit bien d'opérations matérielles, car des dispositions visant à interdire à un propriétaire d'archives privées classées de les démembrer, à l'occasion d'un partage ou d'une vente, ont paru incompatibles avec les droits de la propriété privée. On peut rappeler que des propositions de loi visant, en matière d'objets mobiliers, à préserver des ensembles se sont heurtées, récemment, à la même difficulté.

La loi de 1979 et, après elle, la loi de 2008 ne reconnaissent plus qu'un seul niveau de protection, le classement. Le régime mineur de protection que constitue l'inscription, qui n'existe plus, dans la version actuelle de la loi de 1913, pour les objets mobiliers privés, n'a pas été maintenu pour les archives privées. D'autre part, contrairement aux biens mobiliers classés, qui peuvent appartenir à l'État ou aux collectivités territoriales, on constate que seules les archives privées relevant de la propriété privée peuvent être classées au titre des archives historiques. On peut en effet considérer que l'incorporation aux collections publiques constitue une protection suffisante et ne justifie pas d'autre mesure. En revanche, rien n'interdit le classement d'archives privées entrées par voie de dépôt dans les services d'archives, et des fonds classés peuvent parfaitement rejoindre les collections publiques soit par voie d'acquisition (archives Sully), soit par voie de dation (archives Malesherbes), soit enfin sous la forme de libéralités.

Une autre différence entre le régime des archives privées classées et celui des objets mobiliers réside dans une faculté présentée par les commentateurs de la loi de 1979 [3] comme une mesure extrêmement novatrice, mais fort heureusement abolie depuis lors. Il s'agit du régime de l'exportation. Le décret-loi de 1938, calqué sur la loi de 1913, interdisait l'exportation des archives privées classées. La loi de 1979 l'autorise sous certaines conditions. Son article 21 stipule en effet que lorsqu'un propriétaire d'archives privées classées se propose d'exporter *tout ou partie* de ses documents (on notera ici l'atteinte autorisée, *de facto*, à l'unité des fonds), il est tenu d'en demander l'autorisation à l'administration des archives, qui dispose d'un mois pour faire connaître sa décision. Elle peut alors soit donner son autorisation par accord tacite, soit interdire l'exportation et acheter au prix fixé par l'exportateur en appliquant un « droit de rétention » prévu par la loi du 23 juin 1941 relative à l'exportation des œuvres d'art, soit enfin consentir à l'exportation – et c'est là que réside toute l'originalité du dispositif – en subordonnant celle-ci à un microfilmage de tout ou partie des documents.

Il est intéressant de rappeler que lors de l'élaboration de la loi du 31 décembre 1913, il avait été envisagé d'autoriser l'exportation des objets classés, mais de conditionner celle-ci à une photographie [4].

Vraisemblablement fondée sur le constat que l'État n'avait pas la capacité financière de faire face à des acquisitions souvent très onéreuses, et que l'intérêt de conserver le contenu primait sur celui de conserver le document lui-même, cette disposition, qui distinguait l'intérêt patrimonial et l'intérêt

[3] Chantal de Tourtier Bonazzi, « La loi de 1979 et les archives privées », *Gazette des archives*, 1979, p. 261-274.

[4] Information communiquée par M. Noé Wagener, que je remercie pour ses conseils.

scientifique, n'a fort heureusement jamais eu à s'appliquer. Elle a été abrogée avec l'entrée en vigueur des textes communautaires sur la circulation des biens culturels et la transposition par la France du règlement CEE du 9 décembre 1992 dans la loi du 31 décembre de la même année relative aux produits soumis à certaines restrictions de circulation et à la complémentarité entre les services de police, de gendarmerie et des douanes (livre 1 du code du patrimoine). L'article 4 de cette loi dispose, en particulier, que les archives classées sont considérées au même titre que les biens appartenant aux collections publiques et aux musées de France (...) comme trésors nationaux (article L.111-1). Dès lors, leur exportation ne peut plus être autorisée qu'à titre temporaire, à des fins de restauration, d'expertise, de participation à des manifestations culturelles ou de dépôt dans une collection publique (article L.111-7).

Depuis 1993, les archives privées ne peuvent quitter le territoire à titre définitif que lorsqu'elles ne sont pas classées, qu'elles n'appartiennent pas aux collections publiques ou qu'elles n'ont pas reçu, à la suite d'un refus de certificat, la qualification de trésor national. La loi, cependant, et cela reste une de ses originalités par rapport aux dispositions du code du patrimoine relatives à d'autres catégories de biens culturels, a maintenu la possibilité de conditionner à une reproduction l'exportation de pièces ou de fonds qui n'auraient pu être achetés, dont l'intérêt patrimonial ne justifiait pas, par ailleurs, un refus de certificat, mais dont il semblait intéressant de garder une trace. Les modalités de la réalisation et de l'utilisation de telles reproductions n'étaient pas précisées dans la loi de 1979. Elles le sont désormais dans la loi de 2008. Si l'État continue à bénéficier, comme par le passé, de cette faculté, elle peut également s'exercer, et c'est un élément nouveau, pour le compte d'une collectivité territoriale, d'un établissement public ou d'une fondation reconnue d'utilité publique. Quant à la communication du microfilm pour laquelle on déplorait un vide juridique pénalisant pour la recherche historique, elle est désormais autorisée « à toute personne qui en fait la demande, sauf si le propriétaire en a stipulé autrement avant l'exportation, cette information étant donnée au propriétaire lors de la demande de reproduction » (article L.212-29).

Si l'entrée dans les collections constitue, pour les archives privées, le stade ultime de la protection, dans la mesure où elle leur assure une conservation pérenne dans des conditions optimales, encore faut-il que l'État puisse disposer d'instruments pour faciliter cette collecte. Le droit de préemption participe donc également de ces mesures de sauvegarde ; dans la loi de 1979, l'État *doit l'exercer*, s'il l'estime nécessaire à la protection du patrimoine d'archives ; dans celle de 2008, il *l'exerce* : cette nuance, sur laquelle on pourrait s'interroger, n'affecte pas la condition même de l'exercice de ce dispositif, qui privilégie, lui aussi, la nécessité de protéger le patrimoine archivistique et l'enrichissement des collections publiques. Classées ou non, toutes les archives privées peuvent, lorsqu'elles sont vendues en vente publique, à condition qu'elles présentent un intérêt patrimonial incontestable, être préemptées. Le législateur reconnaît cependant implicitement qu'un fonds, fût-il classé, peut être divisé et vendu par lots. Il est exceptionnel, en effet, qu'un ensemble soit proposé en un lot unique. Cherchant avant tout la rentabilité, l'expert ou la société de vente distinguera les autographes, les plans, les documents précieux comme autant d'entités. Cette pratique peut conduire à la dispersion de fonds classés, dont la vente, si elle est soigneusement encadrée, comme nous l'avons vu, n'en est pas moins licite. Si les effets du classement suivent les archives, en quelques mains qu'elles passent (article L.212-21 du code du patrimoine), il n'en reste pas moins vrai que la dispersion d'un fonds classé rendrait rapidement tout contrôle impossible. En effet, les documents changent très rapidement de mains, sous la pression d'un marché de plus en plus spéculatif, et l'on a vite fait, dès lors, de perdre toute trace des pièces dispersées. Un exemple récent montre que ce danger est réel : il nous est revenu fortuitement que le propriétaire d'un fonds classé prestigieux se proposait (sans en avoir avisé l'administration des archives, première infraction) de vendre en vente publique quelques documents issus de son chartrier. Les demandes d'exportation déposées à cette occasion ne mentionnaient pas le classement. Les certificats n'ont, bien entendu, pas été délivrés et les acheteurs ont été avisés de l'existence de contraintes liées au classement. Pratiquement, il est très difficile d'assurer un suivi, et rien ne garantit que ces pièces, soit par mauvaise foi, soit par ignorance, ne seront jamais exportées.

Cependant, face aux menaces de démembrement, une prise de conscience semble se manifester chez les propriétaires d'archives privées. À ce jour, 53 fonds bénéficient du classement comme archives historiques. C'est peu, au regard des chiffres enregistrés pour les monuments historiques, mais il est difficile de comparer un fonds d'archives, qui contient souvent des milliers de pièces, et un objet isolé, dont la protection matérielle est plus facile à assurer et qui court moins le risque d'être démembré.

On peut observer que les demandes récentes témoignent, de la part des propriétaires, d'un désir très fort d'empêcher la dispersion des fonds dont ils se considèrent généralement comme les gardiens, investis d'une responsabilité morale vis-à-vis de leurs ancêtres et de leur postérité. Le recours au classement est, par conséquent, perçu le plus souvent comme une sécurité, et les servitudes imposées par la loi pèsent moins à leurs yeux que l'assurance de trouver, de la part de l'administration des archives, par le biais du contrôle auquel ils sont assujettis, un soutien efficace et une aide appréciée.

L'HARMATTAN, ITALIA
Via Degli Artisti 15 ; 10124 Torino

L'HARMATTAN HONGRIE
Könyvesbolt ; Kossuth L. u. 14-16
1053 Budapest

L'HARMATTAN BURKINA FASO
Rue 15.167 Route du Pô Patte d'oie
12 BP 226
Ouagadougou 12
(00226) 76 59 79 86

ESPACE L'HARMATTAN KINSHASA
Faculté des Sciences Sociales,
Politiques et Administratives
BP243, KIN XI ; Université de Kinshasa

L'HARMATTAN GUINÉE
Almamya Rue KA 028
En face du restaurant le cèdre
OKB agency BP 3470 Conakry
(00224) 60 20 85 08
harmattanguinee@yahoo.fr

L'HARMATTAN CÔTE D'IVOIRE
M. Etien N'dah Ahmon
Résidence Karl / cité des arts
Abidjan-Cocody 03 BP 1588 Abidjan 03
(00225) 05 77 87 31

L'HARMATTAN MAURITANIE
Espace El Kettab du livre francophone
N° 472 avenue Palais des Congrès
BP 316 Nouakchott
(00222) 63 25 980

L'HARMATTAN CAMEROUN
BP 11486
(00237) 458 67 00
(00237) 976 61 66
harmattancam@yahoo.fr

628919 - Novembre 2015
Achevé d'imprimer par